박경리 세금은 처음이지? 가르쳐줘

손원준 지음

세법개론

K.G.B
지식만들기

이론과 실무가 만나 새로운 지식을 창조하는 곳

본서의 주요 내용

여러분의 지식의 가치를 하찮게 생각하지 마세요

여러분의 지식을 본인 스스로 하찮게 생각하는 순간 그 지식은 공짜 정보밖에 되지 않고 그것으로 얻을 수 있는 수익은 한계가 발생한다.

누구나 공부한 지식은 같을지 모르지만, 경험은 다르다.

경험에 담긴 의미와 해석은 모두 다르므로 거기서 나오는 가치는 다를 수밖에 없다.

그 경험을 수익으로 연결해보세요

수많은 사람이 그 작업을 하고 있으며, 이 책을 보는 여러분 중의 한 명이 대박의 주인공이 될 수도 있다. 하지만 그 대박의 주인공이 되기 위해서는 노력이라는 준비물이 필요하다.

준비하지 않은 자 기회도 없다.

그 지식과 경험의 시작을 처음이지 가르쳐줘 시리즈로 준비해보세요.

'박경리 세금은 처음이지 가르쳐줘 세법개론' 은 창업해서 회사를 운영하면서 처음 접하는 세금, 물어볼 수도 없고 물어봐도 안 가르쳐 주는 세금의 기본 원리와 실무를 가르쳐주는 책이다.

1. 창업을 준비한다면 회사의 기초를 만드는데, 꼭 필요한 세금 제도와 절세방법을 가르쳐준다.

2. 창업 후 세금에 대해서 아무것도 모르는 상황에서 세금계산서를 발행하고, 증빙을 관리하는 최소한의 세금 지식과 이를 통해 세는 세금을 사전에 막아준다.

3. 혼자서 해볼 수 있는 가장 쉬운 세금은 부가가치세다. 그래서 직접 하는 사장님이나 실무자도 많다. 부가가치세를 관리하고 직접 신고할 수 있는 기본적인 지식을 쌓게 해준다.

4. 법인세와 종합소득세는 세무조정이라는 과정을 거치므로 사실 초보자가 단시간에 학습하기에는 다소 무리가 있다. 하지만 남에게 알고 맡기는 것이랑 모르고 맡기는 것은 천지 차이 법인세와 소득세의 계산 흐름과 신고 때 준비해야 할 사항, 평소에 관리해야 할 경비 등 어렵지만 필수적으로 알고 있어야 할 지식을 체크하고 갈 수 있다.

5. 최근에는 가족회사가 많아지고 있다. 가족회사라도 인건비를 지급해야 세금을 절세할 수 있고, 혹시 직원이라도 채용하거나 외부 용역을 사용하는 경우 지급할 때 원천징수를 해서 신고납부해야 한다. 그리고 원천징수 신고납부는 부가가치세 신고납부와 함께 회사에서 스스로 직접 하는 예가 많다. 따라서 원천징수와 관련한 세금의 공제 방법과 신고납부 방법을 각종 서식과 함께 제공해주고 있다.

세법개론이라는 제목이 다소 이론서 같은 느낌, 수험서 같은 느낌이지만 본서는 이론 세법개론이 아닌 실무 세법개론이라고 보면 된다. 이론 세법개론에서 다루지 않는 실무적인 부분만 골라서 더욱 쉽게 실무에 접근할 수 있는 길을 제시하고자 한다.

저자 손원준

Contents

CHAPTER **Ⅰ** 돈 버는 회사는 세금부터 챙긴다.

CHAPTER Ⅱ 증빙 관리가 안 되면 세금폭탄

CHAPTER Ⅳ 개인이 내야 하는 세금 소득세

CHAPTER Ⅴ 법인의 소득에 대한 세금 법인세

CHAPTER VI 인적용역에 대한 세금 원천징수

돈 버는 회사는
세금부터 챙긴다.

사업자등록 5가지 절세전략

V

① 대표 선택도 잘해야 세액감면 받는다.

청년창업중소기업 세액감면은 생애 최초로 창업한 사장님들 중 개인
사업자 사장님이라면 소득세를 법인사업자 사장님이라면 법인세를
창업 지역과 사장님 나이에 따라 50~100%까지 감면해주는 제도다.
단, 법인사업자라면 최대 주주 혹은 최대출자자여야 한다.

창업 후 최초로 소득(매출 − 경비)이 발생한 해와 그 후 4년까지 총
5년간의 세액을 감면해준다. 단, 외식업 매장 중 주점을 운영하거나
오락·유흥을 목적으로 한다면 신청할 수 없다.

구 분	주요 내용
조건	1. 최초 창업이어야 한다. 2. 청년창업이어야 한다. 창업 시 사장님 나이가 15~34세에 해당한다면 '청년창업'으로 분류 된다.

구 분	주요 내용
	군 복무를 한 경우 최대 6년까지 나이 제한이 군 복무 기간만큼 늘어난다. 예를 들어 2년간 군대를 다녀왔으면 34살에 2년을 더한 36살까지 청년창업으로 인정받을 수 있다.
혜택	창업 후 최초로 소득이 발생한 연도(사업 개시 후 5년이 되는 날까지 소득이 발생하지 않는 경우 5년이 되는 날이 속하는 과세 연도)와 그 후 4년간 법인세의 50(75·100)%를 매년 감면한다. 1. 수도권 과밀억제권역 수도권 과밀억제권역에서 15세~34세 사장님이 창업할 경우 세액 50%를 감면받을 수 있다. 예를 들어 서울 성수역에서 창업하더라도 청년창업이면 소득이 발생한 연도부터 5년간 50%의 세액을 감면받을 수 있다. 수도권 과밀억제권역에서 일반창업한 사장님은 세액감면 혜택을 받을 수 없다. 2. 수도권 과밀억제권역 이외 지역 수도권 과밀억제권역 이외 지역에서 청년창업을 했다면 세액 100%를 감면받아 세금 '0원'을 낼 수 있다. 35세 이상인 사장님이 일반창업해도 수도권 과밀억제권역 외 지역에 창업했다면 50%의 세액감면 혜택을 받을 수 있다. [체크포인트] 창업중소기업 세액감면 제도는 소득이 발생한 해부터 5년간 유효하다. 즉, 창업 4년 차 때부터 소득이 발생하였다면 4년 차인 연도부터 5년간 세액감면 혜택을 받을 수 있다. [예시] 창업중소기업세액감면은 최초 소득이 발생한 연도부터 4년간 적용된다. 예를 들어, 2024년 12월에 창업한 경우, 2024년부터 2028년까지 감면 혜택을 받을 수 있다. 만약 2024년에 결손이 발생한다면, 감면 기간은 1년 연장된다.

구 분	주요 내용
	[체크포인트] 현금영수증 가맹점으로 가입하지 않았거나 복식부기 의무자 등 사업용 계좌 신고대상자가 신고하지 않았다면 세액감면 혜택을 받지 못한다.
적용 제외 대상	1. 사업을 승계하거나 자산을 인수 또는 매입하여 종전사업과 같은 사업을 영위하는 경우 2. 거주자가 하던 사업을 법인으로 전환하여 새로운 법인을 설립하는 경우 3. 폐업 후 사업을 다시 개시하여 폐업 전의 사업과 동종의 사업을 영위하는 경우 4. 사업을 확장하거나 다른 업종을 추가하는 경우 등 새로운 사업을 최초로 개시하는 것으로 보기 곤란한 경우 위 1~4 사례에는 해당하지 아니하더라도 새로운 사업을 최초로 개시하는 것으로 보기 곤란한 경우에는 창업의 범위에서 제외한다.
대상 업종	1. 제조업 등 감면 대상 업종으로 창업한 중소기업 광업, 제조업, 수도, 하수 및 폐기물 처리, 원료 재생업, 건설업, 통신판매업, 물류산업(비디오물 감상실 제외), 음식점업, 정보통신업(비디오물 감상실 운영업, 뉴스제공업, 블록체인 기반 암호화 자산매매 및 중개업 제외), 금융 및 보험업 중 정보통신을 활용하여 금융서비스를 제공하는 업종, 전문, 과학 및 기술 서비스업(엔지니어링사업 포함, 변호사업 등 일부 업종 제외), 사업시설 관리 및 조경 서비스업, 사업지원 서비스업 해당하는 업종, 사회복지 서비스업, 예술, 스포츠 및 여가 관련 서비스업(자영 예술가, 오락장 운영업 등 일부 업종 제외), 개인 및 소비용품 수리업, 이용 및 미용업, 직업기술분야 학원 및 훈련시설, 관광숙박업·국제회의업·유원시설업 및 관광객이용시설업, 노인복지시설 운영업, 전시산업 등 18개 업종

구 분	주요 내용
	2. 창업 후 3년 이내에 벤처기업으로 확인받은 감면 대상 업종 영위 창업중소기업
	벤처기업법 § 2①에 따른 벤처기업 중 같은 법 § 2의 2 요건(같은 조 1항 제2호 나목은 제외)을 갖추거나 연구개발비가 당해 과세 연도 수입금액의 5% 이상인 법인
	3. 중소기업창업 지원법에 따라 창업보육센터사업자로 지정받은 내국인
	4. 에너지 신기술중소기업
감면 신청	법인세는 매년 3월, 소득세는 매년 5월에 신고·납부 할 때 각 세금 신고 시 관할세무서에 '세액감면신청서'를 추가 제출하면 되며, 국세청 홈택스에서 세금 신고하는 사장님은 '세액감면신청서' 탭을 통해 신청할 수 있다.

② 개인사업자로 할지? 법인으로 할지 선택

1인 가족법인이 많고 법인 대표이사도 회사자금을 본인 마음대로 사용하다 보니 개인사업자든 법인이든 소득을 대표가 갖는다고 생각하는 실무자가 많은데, 법적으로는 개인사업자는 대표 개인이 법인은 법인이 소득을 갖는다. 즉 법인의 소유주는 대표이사가 아니라 법인이라는 점이다. 법인이 사람이 아니라 사람과 같은 활동을 하지 못하므로 이는 대표이사가 대리해주는 것이라고 보면 된다.

앞서 설명한 바와 같이 개인회사보다 법인을 선호하는 가장 큰 이유는 법인세율이 개인사업자가 적용받는 소득세율보다 상대적으로 낮아 세금을 적게 낸다는 인식 때문이다. 하지만 법인이 반드시 유리하지는 않다. 아래 표에서 보는 바와 같이 개인사업자는 종합소득세 하나의 세금으로 모두 끝나지만, 법인의 경우 법인소득은 법인세를 내고, 대표이사 개인도 급여 및 배당에 대해서 별도로 세금을 내야 한다. 따라서 개인사업자처럼 운영하는 1인 법인 즉 법인의 재산이 곧 대표이사의 재산인 것으로 간주하는 법인은 법인세뿐만 아니라 대표이사 본인의 세금도 합산한 후 개인사업자가 내는 세금과 비교·판단해야 한다.

구 분	소득 귀속	세금
개 인 사업자	모든 소득은 사장님 개인의 소득	종합소득세 신고납부
법 인	법인소득	법인세 신고납부
	대표이사 개인소득	원천징수 또는 종합소득세 신고납부

③ 사업자 유형의 선택

구 분			세금의 종류	적용세법
사업 유형	과 세 사업자	간 이 과 세 자	연 매출 4,800만원~1억 400만원 사업 형태는 개인사업자	부가가치세법
		일 반 과 세 자	연 매출 1억 400만원 이상인 사업자 사업 형태는 개인사업자와 법인	부가기치세법
	면세사업자		부가가치세 납세의무는 없지만, 소득세(법인세) 납부의무는 있다.	소득세법

구 분		세금의 종류	적용세법
사업 형태	법인	법인세	법인세법
	개인	종합소득세(사업소득세)	소득세법

구 분		책임과 납세의무
사업 형태에 따라	개인사업자 (종합소득세)	개인이 사업 주체이며, 소득과 부채 모두 개인이 책임진다.
	법인사업자 (법인세)	법인이 사업 주체이기 때문에 소득과 부채 모두 대표이사 개인의 것이 아닌 법인 책임이다.
부가가치세 과세 여부에 따라	과세사업자	면세사업자를 제외한 모든 사업자로, 부가가치세, 소득세를 모두 납부한다.
	간이과세자	주로 소비자를 대상으로 하는 업종으로 연간 매출액이 4,800만 원~1억 400만 원 미만인 소규모 개인사업자이다.
	일반과세자	간이사업자를 제외한 모든 과세 사업자를 말한다.
	면세사업자	부가가치세가 면제되는 재화 또는 용역을 공급하는 사업자로, 부가가치세 납부의무가 없다. 소득세는 납부한다.

4 사업장 주소 선택

수도권 과밀억제권역 등 수도권에서 창업하는 것보다 지방에서 창업하는 것이 앞서 설명한 청년창업중소기업 세액감면과 같은 세액감면 혜택을 더 많이 볼 수 있다.

세금 감면 혜택을 받기 위해 실질적인 사업 활동은 수도권에서 하면서 형식상 사업자등록 주소지만 비상주 공유 오피스에 해둔 사업자가 세금 탈세로 세금을 추징당한 사례도 있다.

5 업종 선택의 중요성

업종은 각종 감면 적용을 판단하는 기준이 되기도 하고 개인사업자는 추계신고 때 경비율을 결정하는 중요한 요소이므로 창업 시 업종 선택을 신중히 해야 한다. 간혹 엉뚱한 업종으로 등록해 세금 탈세의 수단으로 악용하는 사업자도 있다.

참고로 업태는 판매를 어떻게 하는지를 나타내고, 종목은 무엇을 판매하는지를 나타낸다.

사업자등록 후
가장 먼저 해야 할 5가지

국세청 홈텍스에 가입하여 부가가치세와 소득세 신고 및 각종 증빙 자료 등 필요한 자료를 관리한다.

> **국세청 홈텍스 가입 방법 : 국세청 홈택스 접속 → 회원가입 → 사업자/세무대리인 가입 클릭 → 공인인증서/휴대전화/신용카드 중 하나의 방법으로 본인인증 → 회원 정보 작성 후 가입 완료**

① 사업용 계좌등록

기존 통장으로 사업용 계좌등록이 가능하나 가사 관련 비용과 사업용 지출을 구분하기 위해 별도로 통장을 개설하고 신용카드를 발급받는 것을 권한다.

통장을 새로 개설하고 신용카드도 새로 발급받아 사업과 관련된 자금만 입출금되도록 한다. 상품 또는 소모품 등 세금계산서나 계산서 (농수산물 매입 시)의 대가지급은 반드시 사업용 계좌에서 입출금되도록 한다.

공인인증서는 통장을 개설할 때 범용공인인증서를 발급받아 이용하면 편리하다.

사업용 카드는 신규 개설한 통장에서 결제가 되도록 한다.

❶ 통장과 기업 카드를 은행에서 새로 만들 때 인터넷뱅킹이 가능하도록 하고, 공인인증서를 따로 발급받아 통장과 신용카드 사용내역을 조회와 엑셀로 1년 이상 자료 다운이 가능하도록 한다.

❷ 통장(사업용 계좌) 세무서에 신청, 현금영수증 사업자는 가맹(세무서)

홈택스 〉 국세 증명 · 사업자등록 · 세금 관련 신청/신고 〉 세금 관련 신청 · 신고 공통분야 〉 사업용 · 공익법인 계좌 개설/조회 〉 사업용 · 공익법인 계좌 개설/해지

법인은 별도로 사업용 계좌를 등록할 필요가 없다.

복식부기 의무자와 전문직 개인사업자는 사업용 계좌를 홈텍스에 등록하고 사용해야 한다.

📝 증빙불비 시 입증 편리

거래할 때는 법적으로 인정된 적격증빙을 받는 것이 중요한데, 사업을 하다 보면 부득이하게 그런 서류를 발급받지 못하는 상황이 벌어진다. 이때 적격증빙을 발급받지 못한 것에 대해 가산세를 부담하는 대신 사업 비용으로 인정받을 수 있다. 즉 아무 증빙도 없이 '사업 비용으로 사용한 것이 맞다'라고 주장하면 아예 인정받지 못하지만, 사업용 계좌를 이용하면 2%의 가산세를 물고 비용으로 인정받을 수 있다.

📝 거래 내역 파악이 쉽다.

사업용 계좌를 사용해서 사업상 거래 내역만 따로 분리해야 실질적으로 매출은 얼마나 발생했고, 비용은 얼마나 지출되었는지 파악하기가 쉽다. 영세사업장일수록 거래 흐름을 잘 파악할 수 있어야 시간과 돈이 절약된다.

📝 거래내역 누락 방지

본인이 직접 하지 않고 세무 대리인을 통해서 기장 대리를 맡기는 경우 그때 통장 사본을 제출하는데, 개인 계좌 내역까지 확인하는 세무 대리인은 많지 않다. 애초에 세무 대리인이 개인 계좌까지 꼼꼼히 확인하지 않기 때문에 개인 계좌로 입출금된 거래내역은 실제 발생한 매출과 비용임에도 세금 신고에서 누락될 가능성이 크다. 이를 방지해 준다.

📝 사업용 계좌 무신고·미사용 시 불이익은?

⊙ 사업용 계좌를 무신고 · 미사용하는 경우에는 가산세가 부과된다. 사업용 계좌를 관할세무서에 신고는 하였으나 사용하지 않은 경우는 결정세액에 사업용 계좌를 사용하지 않은 금액의 0.2%에 상당하는 금액을 추가로 내야 한다.

> 신고기한 내 사업용 계좌를 신고하지 않은 경우는 다음 중 큰 금액을 추가로 내야 한다.
> ❶ 신고하지 않은 기간(신고기한의 다음 날부터 신고일 전일까지)의 수입금액의 0.2%
> 수입금액 = 해당 과세기간의 수입금액 × 미신고 기간 ÷ 365(윤년 366)
> 미신고 기간이 2 이상의 과세기간에 걸쳐 있으면 각 과세기간 별로 적용
> ❷ 거래대금, 인건비, 임차료 등 거래금액 합계액의 0.2%

⊙ 사업용 계좌를 신고하지 않거나 미사용하는 경우 시설 규모나 영업상황으로 보아 신고내용이 불성실하다고 판단되면 과세표준과 세액을 경정할 수 있다.

⊙ 창업중소기업세액감면, 중소기업특별세액감면 등 각종 세액의 면제 · 감면 혜택이 배제될 수 있다.

② 사업용 신용카드 등록

개인사업자가 사업 관련 경비의 지출 용도로만 사용하는 사업용 신

용카드를 홈택스에 등록해 사용한다.

홈택스 〉 전자(세금)계산서 · 현금영수증 · 신용카드 〉 신용카드 매입 〉 사업용 신용
카드 등록 및 조회

사업용 신용카드 사용은 세금계산서와 같이 사업용 비용지출로 인정
되며, 부가가치세 매입세액공제를 받을 수 있다.

등록한 개인사업자는 사업용 신용카드 사용 내역을 홈택스 홈페이지
에서 조회할 수 있고, 부가가치세 신고 시 "신용카드매출전표 등 수
취명세서"에 거래처별 합계자료가 아닌 등록한 신용카드로 매입한
합계금액만 기재하면 매입세액공제를 받을 수 있다. 단, 공휴일, 주
말, 홈쇼핑, 자택 근처 등에서 사용하면 업무 관련성을 입증해야 하

며, 가사용 비용을 사업용 카드로 사용하면 세무조사를 받을 수 있다.

③ 현금영수증 의무발행

📝 가입 의무대상자

- ⟫ 소비자 상대 업종(소득세법 시행령 별표 3의2) 사업자 중 직전 과세기간 수입금액 2,400만 원 이상 개인사업자
- ⟫ 소비자 상대 업종을 영위하는 법인사업자
- ⟫ 의사 · 약사 등 의료보건 용역 제공 사업자
- ⟫ 변호사 · 변리사 · 공인회계사 등 부가가치세 간이과세 배제 전문직 사업자
- ⟫ 소득세법 시행령 별표 3의 3에 따른 현금영수증 의무발행업종 사업자(이것은 인터넷으로 찾아보세요)

📝 가입기한

구 분		가입기한
개 인 사업자	소비자 상대 업종 (의무발행업종 제외)	수입금액이 2,400만 원 이상 되는 해의 다음 연도 3월 31일
	의무발행업종	사업개시일, 업종 정정일 등 요건 해당일로부터 60일 이내
	법인사업자	개업일 등이 속하는 달의 말일부터 3개월 이내

📝 발급 의무

소비자 상대 업종을 영위하는 현금영수증 가맹점이 재화 또는 용역을 공급하고 그 대금을 현금으로 받은 경우 거래상대방이 현금영수증을 요구하면 발급을 거부하거나 사실과 다르게 발급해서는 안 된다.

특히 현금영수증 의무발행업종 사업자는 건당 10만 원 이상의 현금거래 시 소비자가 발급을 요청하지 않아도 반드시 현금영수증을 의무 발급해야 한다. 소비자가 현금영수증 발급을 요청하지 않거나 인적 사항을 모르는 경우는 현금을 받은 날로부터 5일 이내 국세청 지정 코드(010-000-1234)로 발급해야 한다.

📝 가맹점 스티커 부착 의무

현금영수증 가맹점은 가맹점을 나타내는 스티커를 아래의 장소에 부착해야 하며, 스티커는 관할세무서를 통해 받을 수 있다.

구 분	부착 위치
계산대가 있는 사업장	계산대나 계산대 근처의 벽·천정 등 소비자가 잘 볼 수 있는 곳
계산대가 없는 사업장	사업장 출입문 입구나 내부에 소비자가 잘 볼 수 있는 곳

📝 현금영수증 발급 등에 따른 혜택

부가가치세 신고 시 현금영수증 발급 금액의 일정 비율(1%)을 세액공제 받을 수 있다. 연간 공제 한도는 1,000만 원이며, 법인사업자 및 직전연도 재화 또는 용역의 공급가액 합계액이 10억 원을 초과하는 개인사업자는 세액공제 대상에서 제외된다.

개인사업자가 전화망을 이용해 5,000원 미만 거래금액에 대해 현금영수증 발급 시 발급 건당 20원의 소득세 세액공제를 받을 수 있다 (소득세 산출세액 한도).

사업과 관련해 현금(지출 증빙)이 기재된 현금영수증을 받은 경우, 부가가치세 매입세액공제를 받을 수 있으며, 필요경비로 인정받을 수 있다(건당 3만 원 초과 현금 지급 시 현금영수증을 수취해야 지출증빙으로 인정).

④ 전자세금계산서 발행

1인 회사 또는 영세한 회사의 경우 프로그램을 사용하지 않는 회사가 많다. 이 경우 (전자)세금계산서 발행하고 사업용 계좌와 신용카드를 활용하는 경우 복식 장부는 안 되지만 세금 부분에서는 자체 기장하는 효과를 낼 수 있다. 여기에 세무 기장을 맡기는 경우 복식 장부까지 완벽하게 된다. 창업단계에서 자금 사정상 기장 대행을 맡기지 못하거나 경리직원을 쓰지 못하는 경우 (전자)세금계산서를 발행하고 사업용 계좌와 신용카드만 활용한다면 시간을 절약하면서 상당수의 세금 업무도 해결할 수 있다.

(정기 신고) 사업장별 재화 및 용역의 공급가액의 합계액이 1억원 이상(2024년 7월부터는 8천만 원)인 해의 다음 해 제2기 과세기간과 그다음 해 제1기 과세기간 총수입금액 1억 원(2024년 7월부터는 8천만 원) 이상은 부가가치세 과세 공급가액 및 면세 수입금액의 합계액을 기준으로 판단함

(수정신고 등) 사업장별 재화 및 용역의 공급가액의 합계액이 수정신고 또는 경정·결정으로 1억 원(2024년 7월부터는 8천만 원) 이상이 된 경우 수정신고 등을 한 날이 속하는 과세기간의 다음 과세기간과 그다음 과세기간

5) 가스료 등 공과금 신용카드로 자동이체

가스료, 전기료, 수도료의 경우 지로용지로 청구된다. 이 경우 해당 기관에 사업자등록 정보를 보내 지로용지에 본사의 사업자등록 내역이 기재되어 청구되도록 해야 한다.

그러나 이는 불편하므로 자동이체를 은행 계좌로 하지 말고 사업용 신용카드(법인카드)로 등록해 두면 자동으로 거래내역이 홈택스에 등록돼 업무가 편할 수 있다.

반드시 알고 일어야 할 세금 신고의 기본원칙 5가지

∨

① 납부할 세금이 없어도 신고는 해야 한다.

부가가치세, 소득세, 법인세 등 국세는 신고납부 제도를 채택하고 있다. 즉 납세의무자가 스스로 세금을 신고납부할 의무가 있는 것이다. 그런데 상당수의 실무자는 납부할 세금이 없으면 신고 자체도 안 해도 되는지 판단하는 경우가 많다. 하지만 신고납부 제도라는 것은 납부할 세금이 없어도 신고를 해야 하는 것이 원칙이다.

따라서 부가가치세, 소득세(원천세 포함), 법인세는 납부할 세금이 없어도 무실적으로 신고해야 하며, 면세사업장 신고 등 제반 의무도 이행해야 한다. 모든 국세는 납부할 세금이 없어도 무조건 신고한다.

아예 매출, 매입실적이 없어서 신고 안 하려 하거나, 어차피 적자인데 귀찮아서 안 하려고 많이들 한다. 하지만 세법은 자진 납세 제도를 채택하고 있으므로 실적이 있든 없든 사업자가 자진 신고를 해야 한다.

무실적인데, 세무대리인에게 맡기면 돈 들어갈까 봐 걱정하지 말고, 홈택스 가입 후 무실적 신고하면 무료로 가능하다.

② 신고 때 증빙을 다 제출하는 것이 아니다.

사업을 처음 시작하는 분이나 초보분들이 가장 헷갈리는 것 중의 하나가 증빙을 제출해야 하냐 내가 의무적으로 소명해야 하냐 다.

이것을 전문용어로 입증책임의 문제라고 한다.

세금은 증빙은 일일이 한 장 한 장 그 내역을 일일이 작성해서 제출하는 것이 아니라 모든 내역을 신고서에 집계해서 작성 후 제출하는 개념이라고 보면 된다. 즉 한 장 한 장 제출하는 것도 그것을 입증하기 위해 신고서에 일일이 거래 내역을 기록하는 것도 아니라고 보면 된다. 따라서 홈택스로 소득세나 법인세를 신고 때 증빙을 한 장 한 장 올리는 칸은 없으며, 대다수의 증빙은 매일 주고받는 세금계산서 등 적격증빙의 수불로 대신한다고 보면 된다.

그런데 왜 증빙이 필요하냐 하면 입증책임 때문이다. 예를 들어 세무조사 시 국세청에서 우리가 국세청 자료를 분석한 결과 당신은 이 항목에 대해서 세금계산서 등 적격증빙도 없는데 매입세액공제도 받고 비용처리를 해서 종합소득세(법인세)도 적게 냈는데 입증(소명)을 하라고 하면 소명자료가 필요하잖아요?

그럴 때 증빙이 필요하다.

그리고 법인은 법인카드를 사용하고 개인은 사업용 카드를 사용하라고 하는 이유는 각 지출내역이 국세청에 자동으로 기록되어 기본적으로 경비로 인정받기 쉽고 나중에 소명의 번거로움이 줄어들기 때문이다.

그렇다고 무조건 비용인정을 해주는 것은 아니다. 예를 들어 사업용카드를 사용해 마트에서 세제를 사고 두부 콩나물을 산다면 이건 누가 봐도 가정용 지출이므로 이런 것은 인정을 안 해준다. 다만, 컴퓨터 책상 등은 가정용으로 사용하는 예도 있지만 반대로 사무용으로도 사용하는 경우가 있으므로 "사업자가 가정용이 아니라 사업용이다." 라고 주장하면 세무서는 "그게 아니라 가정용이다." 라고 반박하면 다툼이 발생한다. 이 경우 그 입증책임은 납세자에서 세무서로 넘어가게 된다. 세무서도 애매하면 그 입증이 쉽지 않아 비용으로 인정해줄 가능성이 크다는 것이지 100% 그렇게 한다는 것은 아니다.

> 한 장 한 장 정성스럽게 모은 증빙은 차곡차곡 5년간 보관하고, 세금 신고 때는 이를 모은 총괄표를 작성 제출한다고 보면 된다.
> 특히 국세청에서 조회되는 증빙은 종이로 별도로 보관할 필요는 없으나 불안한 마음에 홈택스 + 종이로 관리하는 사장님도 많다.

③ 홈택스 자료와 사업자 자료가 다른 경우

세금 신고를 할 때 내가 가지고 있는 자료랑 국세청 홈택스 자료랑 다를 때 가장 고민을 많이 한다. 어느 것을 기준으로 할지

원칙은 세금 신고의 책임은 사업주에게 있고 단지 국세청은 신고하는데 편리하게 참고자료만 줄 뿐이다. 만일 국세청 자료가 무조건 정확하다면 그냥 국세청에서 납부 고지서 보내고 납부하라고 하면 되지 왜 일일이 신고하라고 할까?

세법에서는 세금 신고를 부과고지 방법과 신고납부제도 2가지를 운영하고 있다. 부과고지는 국세청에서 다 계산해서 고지서를 보내고 특별한 이상이 없으면 부과된 대로 납부만 하는 것이다. 반면 신고납부는 내가 책임지고 모든 세금을 계산해 자진해서 신고하는 제도이다. 따라서 신고를 틀리게 하면 그에 대한 책임으로 가산세 제도가 있는 것이다.

대다수 세금은 신고납부 제도를 채택하고 있다.

결정의 기준은 내가 된다. 홈택스 자료와 평소에 차곡차곡 모아둔 내 자료 중 정확한 자료로 신고하고 그 책임도 모두 내가 지는 것이다.

> 무조건 홈택스 자료로 신고하는 것이 아니라 내 자료와 홈택스 자료 중 정확한 자료를 판단해 스스로 신고해야 한다. 따라서 무조건 국세청이 제공하는 자료로 신고했다가는 가산세를 물 수 있다. 특히 4대 보험 자료가 일치하지 않아 고민하는 경우가 가장 많은데 4대 보험은 매월 납부든 연말정산의 결과든 해당 연도에 실제로 납부한 금액을 기준으로 적용되므로, 홈택스와 납부액이 차이가 나는 경우 공단에서 실제 납부한 금액을 조회한 후 공단을 기준으로 신고하면 된다.

4 | 4대 보험과 국세청 신고자료는 일치한다.

국세청 신고자료와 4대 보험은 서로 전산망을 공유하므로 그 신고내역은 일치해야 한다. 틀리면 한쪽이 틀리게 한 것이므로 4대 보험료를 추징당하거나 세금을 추징당하게 된다.

⑤ 낸 세금이 없으면 국세청은 돌려주지 않는다

사업자나 근로자가 가장 많이 착각하는 것이 세금 계산 때 비용 차감하고 소득공제, 세액공제 등 모든 조세 혜택을 적용해 마이너스가 나오면 마이너스 금액만큼 환급받는다고 생각하는 사람이 의외로 많다.

하지만 국세청은 절대 마이너스 금액을 다 환급해주지 않는다. 환급해주는 한도는 사업주가 납부한 세금이나 개인이 납부한 세금까지다. 예를 들어 계산상으로는 마이너스가 100이 생겨 100을 받을 수 있을 것 같지만 실제로 해당 세금에 대해 회사나 개인이 총납부한 세금이 50이라면 50만 환급해준다. 즉, 회사가 납부한 50에 국가가 국가 돈 50을 더해서 100을 환급해주지는 않는다는 점이다.

모든 세법이 이 원칙을 따른다.

따라서 갑자기 세금 계산을 하는데, 각종 공제 혜택이 적용되지 않고 아래가 쭉 0이 되는 현상을 보고 당황하는데, 이는 쓸데없는 환급금액을 표시하지 않기 위함이다. 즉 계산 단계까지의 차감액으로 이미 납부할 세금은 없고, 혹시 원천징수 등으로 납부한 세금이 있으면 환급해주는 금액은 원천징수 당한 금액만 표시된다.

참고로 소득세나 법인세를 장부에 의해 신고하는 때는 결손금이 발생하면 다음 연도 이익이 발생할 때 차감함으로써 세금을 줄일 수 있다. 단, 사업소득세를 추계(장부에 의하지 않고)에 의해 신고하는 경우는 동 혜택이 없다.

법인을 대표이사 개인 것처럼 운영하면 안 된다.

∨

사장은 회사업무의 최고 집행자를 의미한다.

개인회사를 흔히 자영업자라고 하기도 하고 개인회사의 대표를 법인의 대표이사와 구분해 사장 또는 대표라고 부른다(대표이사라고는 안함).

대표이사는 상법상의 용어이다.

상법상 회사의 의사결정은 이사회가 하고 그 대표가 바로 대표이사이다. 계약한다거나 중요한 결정을 내리는 대표라는 것이다.

상법상 법인은 사람과 같은 인격을 부여받았지만, 실제 현실에서는 사람과 같이 경제활동을 할 수 있는 실존하는 존재가 아니므로 법인의 실체적인 경제활동을 대표이사가 법인을 대신해서 하는 것이다.

우리는 흔히 생각하는 대표이사가 실제로는 법인을 운영하고 직원을 고용하며, 각종 지시를 하지만 법률상으로는 대표이사도 법인이라는 사장에 고용된 일반직원과 같다고 보고 업무처리를 해야 한다. 물론 세법상, 고용보험 적용상 일반직원과 다른 예외적인 사항도 있지만, 법률상 지위는 위에서 설명한 바와 같다는 것이다.

구 분	개인회사	법인
최고 우두머리	사장 개인	법인(인격을 가진 회사)
의사결정	사장 개인	이사회
회사의 소유주	사장 개인	법인의 주주
사장(대표이사)의 지위	회사 = 사장 개인 것	회사 = 법인 것 대표이사 = 우두머리인 법인을 대신해 회사를 경영하는 사람(의사결정 기구인 이사회의 대표) 따라서 법인에 고용된 사람
1인 회사(법인)	회사 = 사장 개인 것	회사 = 법인 것 대표이사 = 법인을 대신해 일하는 사람
결론	회사는 사장 개인의 것으로 회사의 자금을 마음대로 가져가고 가져올 수 있다.	회사는 법인의 것으로 대표이사는 단지 법인을 대신해 법인이라는 사장에 고용돼 대표적인 활동을 할 뿐 법인이 대표이사 개인 것이 아니다. 1인 법인이라도 법률상 법인이 대표이사 개인 것이 아니다. 따라서 자본을 대표이사 개인이 마음대로 가져오고 가져갈 때는 횡령이 될 수 있으며, 마음대로 쓰면 가지급금으로 세무상 불이익이 있다. 가져가려면 배당의 절차를 거쳐야 한다.

업종코드에 따라 세금 감면과 종합소득세가 달라진다.

V

① 사업자등록신청서상의 업종코드 선택

업종코드는 국세청이 기준경비율 및 단순경비율의 적용성 증대와 세원관리 등을 위해 일정한 규칙에 따라 업종마다 부여한 번호로서, 국세청은 업종별 기준경비율 및 단순경비율에 6자리 수(011000부터 950001까지)의 코드 번호를 부여하여 운용하고 있으며, 한국표준산업분류의 업종코드 번호는 5자리로 구성되어 있다.

업종코드 번호는 민원 봉사실 담당 조사관이 최종결정한다.

사업자가 사업자등록신청서에 주업태와 주종목을 기재하여 제출하면, 민원봉사실 담당 조사관은 납세자와의 대화를 통해 실제 영위 업종에 해당하는 업종코드 번호(실무상 "주업종 코드"라 한다)를 결정하여 차세대 국세 통합전산망(NTIS)에 전산 입력하게 된다. 다만, 교부되는 사업자등록증에는 업종코드 번호가 별도로 표시되지 않는다.

② 업종코드의 선택과 결정

주엄종의 선택은 사업자등록신청서의 필수적 기재 사항이다.

사업자등록신청서의 사업장 현황 업종란에 주업태·주종목과 부업태·부종목의 기재란이 있으며 주업태와 주종목에 해당하는 업종코드가 주업종 코드이며, 주업종의 선택은 사업자등록신청서의 필수적 기재 사항이다.

업종코드 번호의 결정은 민원 봉사실 담당 조사관이 하는 것이다.

납세자는 우선 한국표준산업분류에 따른 업종을 선택하며, 선택의 순서는 대분류 > 중분류 > 소분류 > 세분류 > 품목분류 순서로 찾아가며 열거된 업종이 없다고 납세자가 임의로 업종코드 번호를 선택할 수는 없다.

실무적으로 업종코드 번호는 납세자가 선택하는 것이 아니라 실제 영위하는 업종을 한국표준산업분류에 따라 사업자등록신청서에 기재하여 신청하면 민원 봉사실의 담당 조사관이 납세자가 영위하는 업종코드 번호를 결정하여 사업자등록증을 발급하게 된다.

성실신고 여부의 국세청 전산 검증 기준 중 하나가 업종코드 번호이다.

사업자가 주업종을 결정하면 기준경비율 및 단순경비율이 결정되며, 국세청에서는 사업자가 신고한 부가가치세, 종합소득세 및 법인세 등 신고서를 수집하여 선산 작업을 거쳐 데이터베이스화 하는데, 이러한 전산 분류기준 중 하나가 주업종 코드 번호이다.

소득세 신고 시 개인사업자는 업종코드 번호의 기준경비율 등을 적용한다. 담당 조사관이 결정한 주업종 코드에 해당하는 기준경비율과 단순경비율이 납세자가 종합소득세 신고 시 또는 추계신고 시 사용하는 기준경비율과 단순경비율이 된다.

따라서 납세자가 국세청으로부터 부여받은 주업종 코드에 해당하지 않은 다른 기준경비율 또는 단순경비율을 적용하여 종합소득세 신고서를 제출하면, NTIS(차세대 국세통합시스템)의 전산 분류 과정에서 기준경비율 등의 적용이 잘못되었다는 과세자료 불부합 자료가 발생하여 불필요한 가산세 부담을 받을 수 있다.

③ 실제 영위하는 업종과 다른 업종코드 사용

납세자가 실제 영위 업종과 다른 업종의 주업종 코드 번호로 국세청에 등록되어 있거나, 사업자등록증을 정정하지 않아 실제 영위 업종이 아닌 다른 업종으로 영위되고 있는 경우에는 다음과 같은 문제점이 발생할 수 있다.

감면업종과 비감면업종을 영위하는 경우 추가적인 구분기장의 문제

세무서장이 해당 업종과 관련하여 고지서를 발부하거나 자료 소명 요구를 한다면 사업자는 실제 영위 업종 간에 구분기장(예 : 감면/비감면, 제조업/비제조업 등) 여부 및 사실 거래임을 입증할 수 있는 근거 서류 준비 등에 추가적인 노력을 해야 한다.

📝 자료상거래 혐의자로 분류될 가능성

사업자가 신고하지 않은 업종과 관련하여 세금계산서를 수수하였다면 국세청은 관련 없는 업종의 거래로 보아 자료상거래 혐의자로 분류하여 해당 거래 건에 대해 소명 요청을 하거나 조사대상자로 선정하여 거래 전반에 대해 검증할 수 있다.

📝 과세·면세 겸업사업자의 경우 매입세액불공제 위험

면세사업자가 과세사업의 업종을 추가하여 과세·면세 겸영 사업자로 사업자등록증을 정정하지 않을 경우 과세사업 관련하여 수취한 매입세액에 대해 매입세액공제를 받을 수 없게 된다.

📝 업무 무관 비용으로 분류되어 손금불산입 위험

법인의 경우 해당 업종의 매입비용을 업무 무관 비용으로 인식하여 상여 처분을 받을 수 있으며, 개인은 가사 관련 비용 등으로 하여 필요경비 불산입될 수 있다. 결국, 이를 입증하기 위해서는 추가적인 노력이 발생하게 된다.

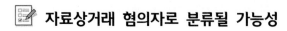

④ 업종코드 선택의 실무적 중요성

국세청은 부가가치세 예정신고 및 확정신고가 종료되면 업종코드 번호별로 부가율을 파악할 수 있는데, 조회범위는 관할세무서 내 평균 부가율, 관할 지방국세청 내 평균 부가율, 전국 평균 부가율 등을 비교 분석할 수 있도록 NTIS(차세대 국세통합시스템) 내에서 데이터베이스화된다.

따라서 사업자가 복수의 여러 업종을 영위하고 있으며, 업종별로 부가율에 차이가 크게 있을 경우는 하나의 사업자등록번호에 업종을 계속 추가하기보다는 별도의 사업자등록번호를 부여받아 관리하는 것이 바람직하다.

왜냐하면, 국세청 전산에 의한 전산 성실도 분석 시 주업종 코드 번호를 기준으로 전산 검증이 이루어지므로 하나의 사업자등록번호에 여러 업종이 혼합된 경우는 사업자의 신고 부가율과 업종평균 부가율에 차이가 크게 발생할 수 있으므로, 때에 따라서는 현장 확인 대상자로 선정되거나 조사대상자로 선정될 수 있기 때문이다.

시설투자금에 대한 세금 조기 회수

1. 사업용 시설에 대해서 조기환급

외식업 등 자영업을 창업하기 위해서는 많은 자금이 필요하다. 이 창업자금 중에 시설투자와 관련된 자금은 부가가치세를 조기에 환급받을 수 있다.

이는 사업자의 창업에 따른 자금부담을 줄여주려는 조치다. 부가가치세법은 매입세액 등이 매출세액을 초과하는 경우 초과 부분의 매입세액을 환급세액이라고 한다.

조기환급은 사업용 지출에 한해 해주는 것으로 슈퍼마켓 사업자가 가정용냉장고를 구입했다면, 사업상의 지출이 아니라 조기환급 대상이 아니다. 또한 비영업용 소형승용차 구입, 유흥업소·골프장, 단순투자목적으로 구입한 부동산 등 업무추진비 지출도 원래부터 매입세액불공제 대상이므로 매입세액공제액에서 빠진다. 즉, 사업에 직접 사용하는 자산으로 감가상각이 되는 것을 말한다. 인테리어공사 및 사무실 또는 업무용 차량 매입 시 부가가치세 조기환급이 가능하다.

조기환급 대상 설비자산	조기환급 안 되는 설비자산
• 사업에 직접 사용하는 자산으로 감가상각이 되는 것을 말한다. • 인테리어 및 사무실 공사 • 업무용 차량 매입	• 사업에 직접 관련 없는 자산 • 비영업용 소형승용차 구입 • 유흥업소 · 골프장 • 단순 투자목적으로 구입한 부동산

② 조기환급 신고와 신고 기간

환급세액은 과세기간 별로 환급하는 것이 원칙이나 예외적으로 수출이나 설비투자와 관련해 환급세액이 발생한 경우는 신속하게 환급을 통해 창업주들의 자금부담을 덜어주고 있다.

조기환급 신고는 시기별로 가능하므로 해당 조기환급기간 종료일부터 25일 이내에 신고하면 신고기한으로부터 15일 이내에 환급받을 수 있다. 여기서 주의할 점은 해당 조기환급 기간에 대한 조기환급 신고를 하는 경우 해당 기간의 모든 매출 및 매입을 신고해야 한다는 것이다. 만약 해당 기간에 대한 매출 부분을 누락한 경우라면 추후에 신고불성실가산세 및 납부불성실가산세 등의 불이익이 발생하게 되니 주의가 필요하다.

예를 들어 1월분에 대해 환급 신고를 한다면 1월 매출 및 매입 중 조기환급 즉 시설 투자한 부분만 신고하는 것이 아니라 1월 매출 및 매입 전체를 신고해야 하며, 조기환급에 대한 신고기한은 만약 1월분에 대해 조기환급 신고를 한다면 2월 25일, 1~2월분에 대해 조기환급 신고를 한다면 3월 25일이 된다.

투자금의 차입과 유상증자의 장단점

(예비) 벤처기업가뿐만 아니라 기존의 많은 기업이 자금이 필요할 때마다 비슷한 고민을 많이 하고 있다. 금융기관 등으로부터 차입을 했을 경우와 투자를 받았을 경우 차이점을 세무 효과를 중심으로 알아보면 다음과 같다.

일단 투자를 받는 방식은 크게 두 가지로 구분된다. 금융기관 등으로부터 차입을 하는 대부투자(貸付投資)와 소위 일반적으로 투자를 받는다는 표현을 사용하는 지분투자(持分投資)다.

1 │ 차입을 통한 투자(차입금)

먼저 대부 투자를 받는 경우는 일반적으로 가족, 지인 나아가 금융기관 등으로부터 돈을 빌리고 이를 법인의 차입금으로 계상하게 된다. 이때 가장 큰 특징 두 가지는 우선 차입금을 계상해야 하므로, 부채가 증가한다는 점이다. 또 대부 투자를 받으면서 특정 이자율을 약정하고, 그에 따른 이자(비용)가 정기적으로 나가게 된다는 점이다.

이러한 이자비용 때문에 지분투자와의 가장 큰 차이점이 발생한다. 차입금으로 발생하는 이자비용은 해당 사업소득세나 법인세 계산 시 소득에서 차감되어 사업소득세나 법인세를 감소시키는 효과가 발생한다.

이러한 장점으로 외부 차입이 아닌 특수관계자나 계열사로부터 대부 투자를 받을 경우는 이자비용도 계열사 등에 지급되므로 자금이 외부 유출되지 않고, 동시에 이자비용도 비용으로 공제할 수 있다. 부채비율이 늘어난다는 단점이 있지만, 대부 투자방식을 택하는 경우가 실무적으로 많이 발생하고 있다.

다만, 대부 투자를 한 특수관계자들이 해당 이자를 받을 때, 이에 대한 소득세 등도 발생하기 때문에 세부적인 분석이 필요하다.

하지만 모든 이자비용을 비용처리 할 수 있는 게 아니고, 다음의 세 가지 경우에는 비용처리가 불가능하도록 세법에서 규정하고 있어 주의해야 한다.

❶ 채권자 불분명 사채(私債)이자 또는 지급받은 자 불분명 채권이자다. 사채거래는 대표적인 비제도권 금융거래다. 그 사채권자가 신분 노출로 인한 이자소득의 종합과세를 회피할 개연성이 있다. 또 지급받은 자 불분명 채권이자도 채권자 중 일부는 이자소득의 종합과세를 회피하기 위해 비실명으로 이자를 수령할 수 있으므로, 이를 방지하고자 비용처리가 불가하도록 규정하고 있다.

❷ 건설자금 이자도 비용처리가 불가능하다. 특정 자산을 취득하기 위해 차입한 차입금에 대한 이자이기 때문에 자산취득과 관련된 직접비용 성격이 강하다. 비용으로 처리하지 않고, 해당 자산의 취득원

가로 처리하게 되어있다.

❸ 업무와 무관한 자산 및 업무 무관 가지급금 등에 대한 지급이자도 비용처리가 되지 않는다. 법인이 대부 투자로 받은 차입금으로 업무와 무관한 부동산 등 자산을 취득하거나, 다시 특수관계인에게 업무과 관련 없이 자금을 대여하는 것을 규제하기 위한 것이다.

② 지분투자(유상증자)

지분투자방식을 살펴보면, 가족과 지인 및 투자회사 등으로부터 자금을 조달받고, 법인의 일정 지분을 주는 방식으로 공식적인 용어로는 유상증자라고 한다. 즉 차입금(부채)이 늘어나는 대부 투자방식과 달리 지분투자방식은 자본이 증가해 상대적으로 법인의 재무 상태가 우량해 보이는 것이 큰 장점이다. 또 대부 투자방식과 달리 이자를 지급하지 않아도 되므로, 추가적인 현금유출이 없다는 장점도 있다.

그러나 그만큼 법인의 신주를 발행해 투자자에게 발급해야 하므로 기존 주주의 지분율 및 지배력이 감소할 수밖에 없다.

다만, 유상증자를 할 때도 등록세와 지방교육세를 내야 한다. 또 자본금에 대해 0.44%를 납부해야 하고, 수도권과밀억제권역 소재 법인의 경우에는 3배 중과되어 1.44%의 세금을 내야 한다.

그러나 이는 자본금에 대하여만 납부하는 것이므로, 유상증자 시 자본금과 주식발행초과금 비율을 적절히 결정하면, 해당 등록세 등의 절세도 가능하다.

둘 이상의 사업장이 있는 경우 세무관리

∨

① 사업자등록

📝 **기존 사업장 외에 다른 사업장을 신설하는 경우**

사업자등록은 사람을 기준으로 하는 것이 아니라 사업장을 기준으로 하는 것이므로 어느 한 사업장을 경영하면서 그 외 다른 사업장을 신규로 신설하면 그 신규 사업장도 각각 당해 사업장 소재지 관할 세무서에 사업자등록을 해야 한다.

📝 **기존 사업장에 동일인이 추가로 사업자등록을 하는 경우**

동일 사업장에서는 동일인이 추가로 신규 사업자등록을 할 수 없는 것이므로 사업을 추가하고자 하는 경우는 업종추가로 하여 사업자등록 정정 신고를 한다.

한 건물 내 분할된 장소에서 각각 동일 업종으로 사업자등록을 하고

자 하는 경우에도 단층 건물 내에서 분할된 각각의 장소가 별도의
사업장으로 볼 수 있는 경우에는 각 사업장별로 사업자등록이 가능
하나 사실상 동일 사업장에 해당이 된다면 하나의 사업자로 보는 것
이다.

이 경우 관할 세무서장이 조사한 사실에 따라 판단하여 가부 결정을
할 것이다.

한 사업장에 타인 명의의 사업자등록을 하는 경우

원칙적으로 구분되지 않은 한 사업장에 복수사업자가 등록할 수는
없는 것이나 동일인이 아닌 타인에게 경비감축 등의 기타 사유로 함
께 사용하고자 하는 경우는 동일 사업장에서 실질적으로 사업을 운
영할 수 있는지 등 세무서 담당자가 현지 확인 등의 절차를 밟아 사
실 판단을 한 후 가부 결정을 할 것이다.

이때 별도 구비서류는 규정되어 있지 않으나 검토 시 임차한 사업장
의 경우 추가 사업자 사용승낙에 대한 건물주의 동의서, 전대 계약서
등을 요구할 수 있다.

일반적으로 하나의 사업장에서 각각 별개의 사업을 하는 경우는 별
도의 사업자등록을 할 수 있는 것이지만, 별개의 사업장 해당 여부
등 사업자등록증 발급에 관한 사항은 관할 세무서장에 조사한 사실
에 따라 가부 결정을 하게 된다.

- 도로 또는 하천으로 인하여 연속되지 아니하고 가까이 떨어져 있는 장소에 각각 제조장이 설치되어 있는 경우 그 제조장들을 일괄하여 한 장소에서 제조 · 저장 · 판매 등의 관리를 총괄적으로 하는 등 그 실태가 동일 제조장으로 인정되는 경우는 동일한 사업장으로 본다.
- 여러 업종의 사업을 연접한 장소에서 영위하여 사실상 한 사업장으로 볼 수 있는 경우에는 당해 사업장 전체를 한 사업장으로 보아 사업자등록을 할 수 있다.
- 기존 사업장이 협소하여 임차한 인접 건물에 사업부 일부를 이전하여 사업을 영위하는 경우 사업과 관련된 경리 · 인사 · 총무 등의 모든 업무를 일괄하여 한 장소에서 하는 때에는 동일한 사업장으로 볼 수 있다.

② 종합소득세

사업소득 금액은 사업장별로 장부를 기장해서 각각 구분하여 계산할 수 있으나, 소득세 계산은 종합소득금액에 대해 거주자를 기준으로 산출하게 된다.

따라서 사업소득이 둘 이상의 사업장에서 각각 발생하였다면 각 사업장에서 발생한 사업소득 금액을 합산해서 과세표준과 세액을 계산하여 소득이 발생한 연도의 다음 연도 5월에 종합소득세를 주소지 관할 세무서에 신고하게 된다. 즉, 종합소득세액은 과세기간 중 발생한 모든 종합소득을 합산해서 계산하므로 사업장별로 구분하지 않는다.

📝 2개 이상 복수 사업장을 소유한 사업자의 업무추진비 한도액

업무추진비 한도액 계산 시 해당 사업장의 수입금액이 전체 수입금액에서 차지하는 비율로 안분해야 한다.

2개 이상의 사업장에서 각 사업장별로 지출한 업무추진비가 업무추진비 한도액에 미달하는 경우와 초과하는 경우가 발생하는 경우는 그 미달하는 금액과 초과하는 금액은 통산하지 않는다.

추계 신고하는 사업장의 경우는 수입금액이 없는 것으로 한다.

기본금액의 계산

$$\text{기본 한도액} \times \frac{\text{각 사업장의 당해 과세기간 수입금액}}{\text{각 사업장의 당해 과세기간 수입금액 총합계}}$$
(1,200만원 또는 3,600만원)

예를 들어 중소기업으로 전체수입이 1억 원이고 사업자 A는 3,000만원, 사업자 B는 7,000만의 수입이 있고 두 사업자 다 1년 과세기간 가정시 다음과 같이 계산한다.

사업자 A는 3,600만원 × 12/12 × (3,000만원/1억원) + (3,000만원×0.002)

사업자 B는 3,600만원 × 12/12 × (3,000만원/1억원) + (7,000만원×0.002)

당해 연도 중 신규로 개업하거나 폐업한 사업장이 있는 경우 당해 연도 중 당해 과세기간의 월수(추계결정 또는 경정한 사업장 제외)는 영업월수가 가장 긴 사업장을 기준으로 기본 한도액을 계산 한다

중소기업 해당 여부는 주업종 즉 수입금액이 큰 업종을 기준으로 판단한다.

수입금액 기준액의 계산

적용률은 각 사업장의 당해 과세기간 수입금액 합산액에 의하여 결정된다. 다만 각 사업장의 수입금액 합산액이 100억 원을 초과할 경우, 각 사업장의 적용률을 우선순위를 임의 선택할 수 있다.

2개 이상의 사업장에서 지출된 업무추진비가 각 사업장별로 한도액에 미달하는 경우와 초과하는 경우가 각각 발생할 때 이를 서로 통산하지 않는다.

공동사업장의 한도액 계산

공동사업장이 있는 경우에는 당해 공동사업장은 별개의 1거주자로 보아 단독사업장인 다른 사업장과 별도로 계산한다. 즉, 개인의 다른 사업장과 상관없이 별도의 1개인으로 간주하여 기본 한도액을 적용한다. 다만 사업자가 구성원이 같은 공동사업장을 2개 이상 가진 경우에는 사업자가 단독사업장을 2개 이상 가진 경우와 동일하게 업무추진비 한도액을 사업장별로 안분하여 계산한다.

📝 2개 이상 복수 사업장을 소유한 사업주의 홈택스 가입

홈택스에 가입할 경우 각 사업장별 사업자번호에 맞게 별개의 사업용 공인인증서를 발급한 후 공인인증서를 등록해야 한다.

📝 복수 사업장을 소유한 사업주의 사업용 계좌 신고

사업용 계좌는 사업장별로 복수 계좌 신고가 가능하며, 한 개의 사업용 계좌를 여러 사업장 계좌로 신고도 가능하나 관리가 어려울 뿐만 아니라 한 개의 사업용 계좌를 여러 사업장에서 사용하는 경우는 각 사업장별 사용내역 등의 관리가 철저히 이루어져야 한다.

여러 사업장에서 한 개의 계좌를 이용하는 것은 현실적으로는 관리가 안 되고 있어, 사업장별로 계좌를 개설해서 각 사업장 관할 세무서에 사업용 계좌를 신고하는 것이 맞다.

③ 부가가치세

부가가치세 신고·납부는 각 사업장별로 신고납부하는 것이 원칙이다. 다만, 둘 이상의 사업장이 있는 사업자가 한 사업장에서 신고·납부를 하고자 한다면 본점 또는 주사무소 관할 세무서장에게 사업자단위과세사업자 등록을 한 후 통합 신고·납부가 가능하다.

📝 사업자단위과세란?

부가가치세 신고 시 각 사업장별로 신고하는 것이 아니라, 각 사업장의 매출과 매입을 합산하여 주된 사업장에서 하나의 신고서로 작성하여 부가가치세를 신고하고, 납부도 주된 사업장에서 통산하게 된다. 물론, 세금계산서의 발급과 수취도 주된 사업장에서 총괄하여 이루어진다. 즉, 사업자 단위과세 제도를 신청할 경우 주사무소 및 본점의 사업자등록번호 하나만 적용이 되고, 나머지 사업장이나 지점의 사업자등록번호는 말소가 되어 주된 사업장으로 통합하여 관리된다고 보면 된다.

부가가치세의 신고 또한 모든 사업장이 주사무소 및 본점의 사업자등록번호 하나로 신고가 되며, 세금계산서의 발급이나 수취 등 모든 신고가 사업자등록번호 하나로 이루어진다.

결과적으로 기존의 종된 사업장이나 지점의 사업장은 별도의 사업장으로 보지 않게 되는 것이다.

면세사업자(과·면세 겸업자는 가능)는 사업자단위과세대상이 아니며, 확정일자는 주/종된 사업장의 임대차에 대하여 각각 확정일자를 부여한다.

구 분	신청기한
이미 사업장별로 사업자 등록을 마친 사업자	과세기간 개시 20일 전까지 신청일이 속하는 과세기간의 다음 과세기간부터 사업자 단위과세를 적용받는다.
현재 사업장이 하나이지만 추가사업장을 개시하려는 사업자	추가사업장의 사업개시일부터 20일 이내에 신청, 신청일이 속하는 과세기간부터 사업자 단위 과세를 적용받을 수 있다.
신규사업자	사업개시일로부터 20일 이내 신청일이 속하는 과세기간부터 사업자 단위과세를 적용받는다.

- 전자세금계산서 의무 발급 기준 : 전체 사업장 공급가액 합산금액으로 판정
- 신용카드매출전표 발급세액공제 : 사업자 단위로 연간 한도 1,000만원 적용
- 간이과세자 납부의무 면제 여부 : 전체 사업장 수입금액을 통산하여 판정
- 대출 및 입찰 거래 등 기타 제한 사항 발생 가능

세금계산서

세금계산서를 발행하고 받는 것도 통합된 주된 사업장의 사업자등록증(주된 사업자등록증)으로 이뤄진다.

종된 사업장(지점)에서 매출·입이 발생해도 세금계산서 발급은 본점 또는 주사무소의 상호/소재지를 기재하고, 비고란에 종된 사업장의 상호와 소재지를 기재한다(지점의 고유번호를 적는 란이 있어 지점번호를 적는 경우 비고란에 별도로 적을 필요 없음).

신용카드매출전표 등 발급세액 공제

사업자단위과세사업자로 등록한 경우의 부가가치세 세금신고는 각 사업장의 신용카드매출전표 등 발급세액을 합산하여 세액공제를 받을 수 있다.

📝 주사업장 총괄납부?

한 사업자가 둘 이상의 사업장을 가지고 있는 경우 관할 세무서에 신고하여 각 사업장마다 납부하지 않고, 주 사업장에서 다른 사업장의 부가가치세를 총괄하여 납부하는 제도이다.

주사업장 총괄납부와 사업자 단위과세의 차이점은 주사업장 총괄납부는 납부만 총괄해서 하는 것이고, 사업자 단위과세 신고와 납부 모두 총괄해서 하는 것이라고 보면 된다.

총괄납부 사업자는 과세기간 개시 20일 전에 주된 사업장의 관할 세무서장에게 신청으로 가능하며 납부만 총괄이므로 납부를 제외한 전자세금계산서 등은 사업장별로 발급 · 관리해야 한다.

총괄납부를 할 때 주의할 사항

- 각 사업장별로 각각 납부 환급세액을 계산하여 각 사업장 관할 세무서장에게 각각 신고
- 합산하여 신고할 경우 종된 사업장은 무신고로 처리되어 가산세 등 불이익 발생
- 세금계산서 등은 각 사업장별로 작성 · 발급 원칙
- 수정신고 · 경정청구 · 기한후신고는 사유가 발생한 사업장 관할 세무서장에게 신고와 동시에 납부
- 수정한 사업장별 부가가치세 과세표준 및 납부(환급)세액 신고명세서를 주사업장 관할 세무서장에게 제출

📝 사업자단위과세와 주사업장 총괄납부의 장단점

사업자단위과세는 납세의무를 이행하는데, 있어서 매우 간편하다는 장점이 있지만, 사업장별로 발생하는 각각의 매출과 비용이 구분되지 않아서 실적 파악이 어렵다는 단점도 있다. 반면 주사업장 총괄납부는 부가가치세 납부(환급)만 주사업장에서 진행하며 그 외의 업무는 모두 사업장별로 각각 진행하기 때문에 납세편의 측면에서 큰 이득

은 없으나, 사업자단위과세와 비교했을 때 사업장별로 매출과 비용을
파악하는 게 쉽다는 장점이 있다.

④ 사업자단위과세 종합소득세(법인세)

사업자단위과세 제도를 적용받게 되면 하나의 사업자등록번호만 부
여가 되므로, 주사업장 및 본점에서 모든 소득세 및 법인세 신고도
통합하여 이루어지게 된다.

각종 인건비 등의 원천세 신고 또한 주사업장 본점에서 하나의 사업
자등록번호로 이루어지게 되며, 이 경우 본점일괄납부 승인신청서를
제출하지 않아도 주사업장 또는 본점에서 총괄하여 납부를 할 수가
있다. 다만, 지방소득세의 경우 각 지자체에 신고하는 것이 원칙이고,
사업자단위과세 제도는 국세의 부가가치세법상 규정이므로 부가가치
세법상 사업자단위과세 제도를 적용받더라도 법인사업자의 지점에
대한 법인 지방소득세 및 원천세에 따른 지방소득세는 각 지자체에
별도로 납부를 해야 한다.

세금을 잘못 신고한 경우 수정하는 방법

1 소규모라도 추징액이 많으면 세무조사

부가가치세 신고는 사업자가 자율적으로 신고를 할 수 있도록 하되 신고 후에 신고내용을 분석하여 불성실 신고자를 가려내어 조사하게 된다.

신고내용의 분석은 국세청에서 가동하고 있는 국세청 전산망을 활용하여 종합적으로 분석하게 된다.

부가가치세의 불성실 신고 여부는 여러 가지 사항을 종합하여 판단하게 되는데

⊙ 사업장 규모나 종업원 현황 또는 업황 등에 비하여 낮게 신고한 경우

⊙ 매입자료의 양에 비하여 매출이 지나치게 적게 신고 된 경우

⊙ 세금계산서 신고자료가 허위로 확인된 경우 등이 이에 해당한다.

매출 누락 등의 부정행위를 국세청에서 알지 못할 것이라는 생각은 잘못된 것이다. 요즘의 세무 행정은 전산화돼 있으므로 사업자의 모

든 신고상황 및 거래내역이 전산처리 돼 다양하게 분석되고 있다. 즉, 사업자별로 지금까지 신고추세, 신고한 소득에 대비한 부동산 등 재산 취득상황, 동업자 대비 부가가치율, 신용카드 비율 및 신고내용과 세금계산서합계표 내용의 일치 여부 등이 종합적으로 전산 분석되는 것이다.

납세자가 과세기간마다 제출한 신고서 및 수집된 과세자료 등에 대한 신고성실도를 전산 분석 한 결과 불성실하게 신고한 혐의가 있는 사업자는 조사대상자로 선정해 세무조사를 실시한다. 이렇다 보니 매출누락이 적발되는 것은 시간문제라고 하겠다.

국세청은 사업자에 대한 과세정보는 누적 관리하고 있다가 세무조사를 할 때 한꺼번에 추징한다. 따라서 지금 당장 세무조사를 당하지 않는다고 해서 매출을 누락하는 등 신고를 게을리하면 크게 후회할 날이 올 것이다.

특히 부동산 취득을 조심해야 한다. 매출신고 내역은 적은데, 고가의 부동산을 취득하게 되면 자금출처를 조사하게 되고 이것이 세무조사로 연결되는 경우가 많다. 단지 세무조사를 안 받는 것은 조사 인원 투입 대비 추징하는 금액이 적어서이지 몰라서가 아니다.

얼마 전 자영업 커뮤니티 사이트에 소규모 체육시설을 운영하는데, 현금할인 조건으로 현금 결제받은 후 현금매출을 누락했다가 직원의 신고로 세금 2억 원을 추징당하게 생겼다는 사연이 올라왔다.

이같이 인원을 투입해 상당한 금액을 추징할 수 있다면 소규모라도 세무조사를 받을 수 있다는 점을 명심해야 한다.

또 한 사업자는 매출을 2,400만 원 신고하는데, 경조사비로 1,200만 원을 신고했더니 관할세무서에서 소명자료를 제출하라고 조사관이 연락이 왔다는 사연이 올라왔다. 이렇게 연락이 오는 일도 있냐? 는 사연이었다. 비록 세무조사는 아니라도 국세청 전산망의 발달로 이상 징후가 보이면 즉시 소명을 요구하는 경우도 많다는 점 유의해서 사업을 해야 할 것이다.

② 적게 냈다고 생각되면 수정신고를 한다.

수정신고란 이미 신고한 과세표준 및 세액 등이 실제보다 적게 신고한 경우 납세의무자가 이를 정정하여 신고하는 것을 말한다. 따라서 신고를 하지 않은 사업자는 수정신고를 할 수 없다.

수정신고는 잘못 신고된 내용에 대해 세무서에서 결정 또는 경정하여 통지하기 전까지 관할 세무서장에게 하면 된다.

과세표준 수정신고서를 법정신고기한이 지난 후 일정 기간 이내에 제출하고, 추가로 낼 세금을 같이 납부하는 경우에는 적게 신고한 데 따라 부담해야 할 가산세가 경감된다.

신고기한 경과	감면비율
법정신고기한이 지난 후 1개월 이내에 수정신고한 경우	해당 가산세액의 90%
법정신고기한이 지난 후 1개월 초과 3개월 이내에 수정신고한 경우	해당 가산세액의 75%
법정신고기한이 지난 후 3개월 초과 6개월 이내에 수정신고한 경우	해당 가산세액의 50%

신고기한 경과	감면비율
법정신고기한이 지난 후 6개월 초과 1년 이내에 수정신고한 경우	해당 가산세액의 30%
법정신고기한이 지난 후 1년 초과 1년 6개월 이내에 수정신고한 경우	해당 가산세액의 20%
법정신고기한이 지난 후 1년 6개월 초과 2년 이내에 수정신고한 경우	해당 가산세액의 10%

③ 가장 많이 환급신청을 하는 사례(경정청구)

경정청구란 이미 신고·결정·경정 절차가 완료된 과세표준 및 세액 등이 과다한 경우 과세 관청으로 하여금 이를 정정하여 결정 또는 경정하도록 촉구하는 납세의무자의 청구를 말한다.

경정청구는 법정신고기한이 지난 후 5년 이내에 관할 세무서장에게 하면 된다. 경정청구를 받은 관할 세무서장은 청구를 받은 날로부터 2개월 이내에 그 결과를 통지해준다.

최근에 경정청구가 많이 발생하는 사항을 살펴보면 다음과 같다.

📝 연말정산 간소화 서비스를 너무 믿다가 발생하는 연말정산 환급

대표적인 연말정산 실수로 환급이 발생하는 경우는 바로 연말정산 간소화 서비스를 이용하는 경우다.

연말정산 간소화 서비스는 신용카드 내역, 의료비, 교육비 등 각종 지출 내역이 자동으로 기입되어 손쉽게 연말정산을 할 수 있도록 국세청에서 도와주는 서비스다.

국세청에서 제공해준다는 이유로 100% 연말정산 간소화 서비스만 믿었다가는 받을 수 있는 세금 환급액이 줄어들 수도 있다. 간소화 서비스에 올라가지 않은 항목을 놓치기 쉽기 때문이다. 즉 국세청 간소화 서비스는 100% 정확한 것이 아니라 본인이 가장 정확한 것이다. 간소화 서비스는 단지 참고용으로 제공하는 자료라는 인식이 필요하다. 혹시 나도 환급받을 수 있지 않을까 하는 생각에 환급 영업 사이트에 접속해보고 환급이 뜨면 엄한 회사 직원에게 따지지 말고 본인의 실수라는 점을 미리 인지하기를 바란다. 주는 대로 신고한 사람은 무슨 죄가 있는가?

월세, 기부금, 의료비, 교육비 등 공제받을 수 있는 항목을 뒤늦게 발견했는데, 이미 소득·세액 신고서가 회사로 가버렸거나 회사에 수정 요청하기도 부담스럽고 이미 서류가 제출된 상태라면 수정 반영이 안 된다. 더군다나 월세 내역이나 부양가족 유무, 난임시술비 등의 민감한 개인 정보는 회사에 알리기 싫은 경우 본인이 직접 종합소득세 신고를 통해 수정하거나 이를 놓친 경우 결국 환급이 발생한다.

📝 채용을 늘리면 고용증대세액공제와 중소기업사회보험료 세액공제 체크

고용인원이 늘어나면 고용노동부에서 지급하는 고용지원금과 세금 감면으로 고용증대세액공제와 중소기업사회보험료 세액공제를 받을 수 있다. 하지만 중소기업의 경우 채용을 늘렸는데도 이 사실을 몰라 공제를 받지 않은 경우가 많은데, 경정청구를 통해 세금 환급을 받을 수 있다. 다만 고용인원이 줄어드는 경우 다시 환급받은 금액을 내야 하는 경우도 생길 수 있으니 지금 당장은 수수료까지 주고 환급받았다가 토해낼 수 있으니 신중해야 한다. 수수료는 돌려주지 않는다.

경정청구 시 주의할 사항은 근로계약서의 완전성 있는 작성 여부 및 가공 인건비로 오인될 수 있는 내용이 있으면 해당 부분에 대한 보완이 필요하다.

📝 사업용 자산을 구매했으면 통합투자세액공제 체크

투자와 관련한 세액공제를 누락하거나 잘못 적용한 경우 역시 통상적으로 발생하는 경정청구 사례다. 중소기업은 사업용 유형자산을 구매하거나 교체했을 때 통합투자세액공제를 받을 수 있다. 기계장치, 연구 인력 개발 시설, 안전시설, 근로자 복지 증진 시설 등을 마련하거나 업무용 특수 소프트웨어를 구매했을 때도 해당한다.

그러나 세법개정으로 통합투자세액공제가 시행된 지 얼마 되지 않아서인지 상당수의 회사가 통합투자세액공제를 누락하고 있다. 이런 경우 경정청구를 통해 환급받을 수 있다.

투자세액공제 신청 시 주의할 사항은 토지 및 건축물 및 중고자산을 취득한 경우는 해당 세액공제 대상에서 제외된다. 경락에 의해 취득하는 자산과 사업을 양수하면서 취득하는 자산은 중고자산에 해당한다. 또한 해외에서 매입하는 기계장치 등에 대하여도 중고 여부를 검토한다.

📝 창업한 스타트업일 때는 5년간 세금 0원

정부는 창업한 지 얼마 되지 않은 중소기업 및 벤처기업에 세제 지원을 하고 있다. 창업 후 최초로 소득(매출-경비)이 발생한 해와 그 후 4년까지 총 5년간의 세액을 감면해주고 있는데, 초기 창업과 영업준비에 바빠 이를 체크하지 않고 있다가 나중에 경정청구를 통해 환급받는 경우가 많다.

주의해야 할 사항은 과거 창업 경력이 있는지, 사업양수도 합병 등을 통하여 회사를 설립한 경우 창업으로 보지 않기 때문에 창업에 대한 검토가 필요하다.

④ 신고기한을 넘긴 경우 기한후신고

기한후신고는 일단 기한 내에 신고하지 않은 사업자가 세법에 맞게 과세표준이나 세액을 신고하는 절차이다. 이름은 '신고'이지만, 실제는 신고가 아닌 과세 관청이 승인해야 한다. 즉, 과세관청에서는 기한후신고를 부인하고 조사를 통해서 경정할 수도 있고, 맞는지 검증하는 과정을 거칠 수도 있다. 수정신고는 '신고'와 동일해서 일단은 믿고 지나간다면 기한후신고는 일단 의심하고 검증하는 절차가 수반된다. 물론 정당하게 신고하는 경우는 기한후신고를 받아들이지 않을 이유는 없다.

다음에 설명할 중소기업 조세지원 제도(세액감면, 세액공제)를 알지 못해 환급이
발생하는 경우가 많으므로 반드시 체크해 둔다.

⑤ 수정신고와 경정청구 방법

📝 수정신고의 절차

⊙ 과세표준 수정신고 및 추가자진납부계산서

⊙ 최초 신고서 사본 및 자진납부계산서(수정된 내용을 함께 기입한
다.) : 당초 분은 적색으로 정정 분은 흑색으로 표시해서 신고

예시 법인세 : 법인세 과세표준 및 세액신고서,

부가가치세 : 부가가치세 신고서 및 세금계산서합계표 등이다.

📝 경정청구의 절차

⊙ 과세표준 및 세액의 결정(경정) 청구서

⊙ 최초 신고서 사본 및 자진납부계산서(수정된 내용을 함께 기입한
다.) : 당초 분은 적색으로 정정 분은 흑색으로 표시해서 신고

예시 법인세 : 법인세 과세표준 및 세액신고서

부가가치세 : 부가가치세 신고서 및 세금계산서합계표,

연말정산 : 근로소득원천징수영수증, 소득공제신고서, 추가공
제 증명서류 등이다.

⊙ 경정(결정)청구 사유 증명자료

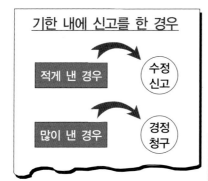

기한 내에 신고를 한 경우

적게 낸 경우 → 수정 신고

많이 낸 경우 → 경정 청구

세금 신고를 잘못 한 경우 처리방법

기한 내에 신고를 안 한 경우

세금을 기한 내에 신고하지 않은 경우 기한후신고를 한다.

사업자면 필수적으로 체크 해야 할 세액감면과 세액공제

⌄

① 중소기업에 대한 세금 지원내용

구 분	지원내용
창업중소기업 등에 대한 세액감면	• 창업중소기업, 창업 벤처기업 등 5년간 법인세(소득세)의 50%~고용 증가 시 최대 100%를 감면
중소기업에 대한 특별 세액감면	• 제조업 등 소득에 대한 법인세(소득세)의 5~30%를 매년 납부할 세금에서 공제(최대 1억 원)
설비투자 지원	• 기계장치 등 사업용 유형자산 등에 투자 시 투자금액의 10%, 신성장 사업화시설 12%, 국가전략 기술 사업화시설 25% 세액공제
지방 이전 지원	• 수도권 과밀억제권역 안의 본사, 공장이 지방으로 이전 시 7년(5년)간 법인세(소득세) 면제, 그 후 3년(2년)간 50% 감면
최저한세 적용 한도 우대	• 법인이 최소한 부담해야 하는 최저한세 적용기준을 일반 법인에 비해 3%~10% 포인트 우대 • 각종 감면 적용하기 전 과세표준 × 7%(일반 법인 10%~17%)

구 분	지원내용
	• 중소기업 졸업 시 유예기간 이후 3년간 8%, 그 이후 2년간 9%
수도권과밀억제권역안 투자에 대한 조세감면 배제 제외	• 수도권 과밀억제권역 안 대체투자의 경우 통합투자세 액공제 가능
결손금 소급 공제	• 직전 사업연도에 납부한 세금 중 당해 사업연도에 발생한 결손금만큼을 소급해서 환급 적용 가능
기업업무추진비 손금 인정 범위 확대	• 업무추진비 인정 한도 (① + ②) ① 기본금액 : 3,600만 원(일반기업 : 1,200만 원) ② 수입금액 × 적용률
구조조정 지원	• 중소기업 간 통합시 양도소득세 이월과세
원천징수 방법 특례	• 상시 고용인원이 20인 이하인 사업자는 관할 세무서 장의 승인을 받아 반기(6개월)별로 원천징수 신고 및 납부 가능
고용유지 · 증대 지원	• 고용유지 시 임금 감소액의 10%, 시간당 임금 증가액 15% 세액공제 • 고용 증가 인원의 사회보험료 증가분 50~100% 세액 공제 • 정규직 전환 · 육아휴직 복귀자 1인당 1,300만 원 세 액공제
기술이전 및 취득 지원	• 특허권, 실용신안권, 기술 비법 등 이전 소득 50% 감 면, 기술 대여 소득 25% 감면
상생 결제제도 이용 지 원	• 상생 결제제도를 이용하여 중소기업에 지급하는 구매 대금의(0.15~0.5%) 10% 한도 (지급기한별) 세액공제

일반기업과 같이 적용받는 세금 지원내용

구 분	지원내용
공장(본사) 지방이전에 대한 세금감면	• 공장(본사) 이전연도와 그 후 9년(6년)간 세금 감면 －이전연도와 그 후 6년(4년)간 100%, 그 후 3년(2년)간 50% 감면
연구·인력 개발에 대한 지원	• 직전 연도 초과액의 25%(중견기업 40%, 중소기업 50%)와 해당연도 지출액의 0~2%(중견기업 8%, 중소기업 25%)*중 큰 금액 세액공제 *중소기업 졸업 시 유예기간 이후 3년간 15%, 그 후 2년간 10% • 신성장·원천기술 연구개발비 최대 30%(코스닥 상장 중견기업·중소기업 최대 40%) 세액공제 • 국가 전략기술 연구개발비 최대 40%(중소기업 최대 50%) 세액공제
농공단지 등 입주 기업에 대한 감면	• 입주 후 소득이 발생한 사업연도부터 5년간 법인세(소득세)의 50% 감면
시설투자에 대한 감면 (통합투자세액공제)	• 기계장치 등 사업용 유형자산 등에 투자한 경우 －(기본공제) 투자금액의 1%(중견기업 5%, 중소기업 10%), 신성장 사업화시설 3%(중견기업 6%, 중소기업 12%), 국가전략기술사업화시설 15%(중소기업 25%) －(추가공제) 투자금액이 직전 3년간 평균 투자 또는 취득금액을 초과하는 경우 그 금액의 3%(국가 전략기술 4%) (기본공제 금액의 2배 한도) *2021년 1월 1일 이후 과세표준 신고분부터 적용 (2020년, 2021년 투자분은 기존 투자세액공제와 통합 투자세액공제 중 선택 가능)

구 분	지원내용
연구개발특구 입주기업에 대한 감면	• 첨단기술 및 연구소 기업에 대하여 소득 발생 후 3년 간 법인세(소득세) 100% 감면, 그 후 2년간 50% 감면 ※ 고용인원, 투자누계액과 연계하여 일정 한도 내 공제
전자신고 세액공제	• 소득세, 법인세, 부가가치세를 전자신고 방법으로 제출 시 1만 원~2만 원 세액공제
기업도시개발구역 입주기업 감면	• 기업도시개발구역 입주 기업 등에 대해 5년간 25%~100% 감면 ※ 고용인원, 투자누계액과 연계하여 일정 한도 내 공제
사회공헌사업 지원	• 사회적 기업으로 인증받은 기업 3년간 100% 감면, 이후 2년간 50% • 장애인표준사업장으로 인정받은 기업 3년간 100% 감면, 이후 2년간 50%
고용 증대기업 지원	• 상시근로자 증가 인원 1인당 중소기업은 700~1,200만 원, 중견기업은 450~800만 원, 일반기업은 400만 원 세액공제 • (통합고용세액공제) 상시근로자 증가 인원 1인당 중소기업은 850~1,550만 원, 중견기업은 450~800만 원, 일반기업은 400만 원 세액공제

위에서 설명한 세금 지원내용은 잘 알지 못해 놓쳤다가 환급 대행 사이트에 경정 청구 수수료까지 주면서 환급받는 항목이므로 잘 챙겨서 알아두어야 한다.

세금 낼 돈이 없으면 납부 기한을 연기할 수 있다.

사업이 어려운 경우에는 세금 납부 연기를 신청할 수 있다.
정부에서는 사업자가 재해를 당하거나 거래처의 파업 등으로 사업이 중대한 위기에 처하였을 때 납부기한 등의 연장제도를 통하여 일정 기간 세금 납부를 연기할 수 있도록 지원하고 있다.

① 납부 기한 등의 연장

다음과 같은 사유에 해당하는 경우 납부기한 등의 연장을 신청할 수 있다.

⊙ 납부기한 등의 연장신청 :「납부기한 등의 연장 승인신청서」를 납부기한 3일 전까지 관할 세무서장에게 제출

⊙ 납부기한 등의 연장 기간 : 기한만료일의 다음날부터 9개월 이내

⊙ 고용재난지역, 고용위기지역, 산업위기대응특별지역 및 특별재난 지역 중소기업은 기한만료일(특별재난지역은 선포된 날부터 2년 으로 한정)의 다음 날부터 2년 이내(법인세·부가가치세·소득세 및 이에 부가되는 세목 한정)

2 납부 기한 등의 연장 사유

① 납세자가 재난 또는 도난으로 재산에 심한 손실을 입은 경우

② 납세자가 경영하는 사업에 현저한 손실이 발생하거나 부도 또는 도산의 우려가 있는 경우

③ 납세자 또는 그 동거가족이 질병이나 중상해로 6개월 이상의 치료가 필요한 경우 또는 사망하여 상중(喪中)인 경우

④ 권한 있는 기관에 장부나 서류 또는 그 밖의 물건이 압수 또는 영치된 경우 및 이에 준하는 경우

⑤ 정전, 프로그램의 오류, 그 밖의 부득이한 사유로 한국은행 및 체신 관서의 정보통신망의 정상적인 가동이 불가능한 경우

⑥ 금융회사 등 또는 체신관서의 휴무, 그 밖의 부득이한 사유로 정상적인 세금 납부가 곤란하다고 국세청장이 인정하는 경우

⑦ 납세자의 장부 작성을 대행하는 세무 대리인 등이 화재, 전화, 그 밖의 재해를 입거나 도난을 당한 경우

⑧ ①~③에 준하는 사유가 있는 경우

3 영세개인사업자 체납액 징수 특례 제도

(대상자) 아래 요건 모두 충족

① 2022년 12월 31일 이전에 개인사업^주을 모두 폐업하고

^주 폐업일이 속하는 과세연도 포함 직전 3년 평균 총수입금액이 15억 원 미만

② 2020년 1월 1일~2025년 12월 31일 기간 중, 개업 후 1개월 이상 계속 사업 또는 취업 후 3개월 이상 계속 근무

③ 신청일 현재 종합소득세 · 부가가치세 합계 체납액(가산금 · 납부지연가산세 제외) 5천만 원 이하

(특례 내용) 가산금 · 납부 지연 가산세 면제 및 체납 국세 분할납부 (최대 5년) 허용

(신청 기간) 2020년 1월 1일~2026년 12월 31일

증빙 관리가 안 되면 세금폭탄

세금은 몰라도 우선 증빙부터 챙겨라.

V

사업을 준비하는 과정에서든 사업을 시작해서든 제일 먼저 해야 할 일은 세법에서 인정하는 적격증빙을 챙기는 일이다.

세법에서는 건당 3만 원 초과 거래를 할 때는 세금계산서, 계산서, 신용카드 매출전표, 지출 증빙용 현금영수증 4가지 증빙만을 적격증빙으로 인정한다.

그리고 건당 3만 원 이하 거래를 할 때는 간이영수증도 적격증빙으로 인정해준다.

반면 흔히 사용하는 거래명세서나 지출결의서는 세법에서 인정하는 적격증빙이 아니다.

구 분		종 류
세법에서 인정하는 적격증빙		세금계산서, 계산서, 신용카드 매출전표, 지출증빙용 현금영수증
적격증빙이 아닌 거래 증빙	무조건 적격증빙이 아닌 경우	거래명세서, 지출결의서

구 분	종 류
건당 금액 또는 지출 성격에 따라 적격증빙이 될 수 있는 경우	아래의 경우는 세법에 규정한 적격증빙은 아니지만, 예외적으로 적격증빙과 동일한 기능을 하는 증빙이다. • 건당 20만 원까지만 적격증빙이 되는 경우 : 청첩장, 부고장 • 건당 3만 원까지만 적격증빙이 되는 경우 : 간이영수증 • 급여 등 인건비 지출 : 원천징수영수증 • 전기료, 가스료, 수도료 등 공과금 : 본사의 사업자등록 내역이 기록되어 있는 지로용지. 지로용지에 본사의 사업자등록 내역이 안 나올 수 있으므로 결제 시 통장 자동이체가 아닌 사업용 신용카드 결제를 걸어둘 것을 권한다.

사업 준비과정에서 사업자등록번호가 없는데, 세금계산서를 어떻게 받는지 고민할 수도 있다. 이 경우는 사업자등록번호 대신 주민등록번호를 기재한 후 발급받는다. 다만, 사업자등록증이 나온 이후에는 주민등록번호로 세금계산서를 발급받으면 안 된다는 점을 명심해야 한다.

1 세금계산서와 계산서

세금계산서는 과세 사업자(일반과세자 + 간이과세자)가 과세물품이나 용역을 거래할 때 발급하는 증빙이고, 계산서는 면세사업자가 면세 물품이나 용역을 거래할 때 발급하는 증빙이다.

면세사업자는 과세물품이나 용역거래를 하지 못하며, 과세물품이나 용역거래를 위해서는 과세 사업자로 다시 사업자등록증을 발급받아야 한다.

결론은 사업자등록증은 과세 사업자, 면세사업자로 구분되어 발급되지만, 이와 상관없이 과세물품은 세금계산서를 면세 물품은 계산서를 발행해야 한다.

예를 들어 음식점을 운영하는 과세 사업자라도 음료수(과세)를 구매할 때는 세금계산서를 발급받고, 식자재(면세)를 구매할 때는 계산서를 발급받는다.

세금계산서와 계산서는 발급 방식에 따라 종이 세금계산서와 전자세금계산서로 발급되는데, 전자세금계산서는 발급과 동시에 홈택스에 자동 등록되어 별도로 등록 및 관리가 필요 없으나, 종이 세금계산서는 수기로 작성해 발급받고 홈택스에 자동등록이 되지 않으므로 별도로 등록 및 관리가 필요하다(거래처로부터 종이 세금계산서를 받았다면 실물 보관 후 세금 신고 시 비용 처리해준다.). 따라서 업무를 줄이기 위해서는 전자 세금계산서를 주고받는 것을 추천한다.

구 분	증빙 관리
과세사업자	• 세금계산서 발행기준 : 사업자등록증상 과세 사업자, 면세사업자 구분 없이 파는 물품이 과세면 세금계산서 발행, 면세면 계산서 발행 따라서 면세사업자는 과세물품을 팔고자 하는 경우 과세 사업자로 사업자등록증 변경

구 분	증빙 관리
	• 일반과세자 : 세금계산서 발행 가능
	• 간이과세자 : 연 매출 4,800만 원 미만 간이과세자는 세금계산서 발행 불가
	• 간이과세자 : 연 매출 4,800만 원~1억 400만 원 미만 간이과세자는 세금계산서 발행 가능
면세사업자	• 계산서 발행이 원칙. 과세물품을 팔고자 하는 경우 과세 사업자로 사업자등록증 변경

② 신용카드매출전표와 지출증빙용 현금영수증

체크카드나 신용카드를 사용할 경우 국세청에 기록이 남기 때문에 영수증을 따로 보관하지 않아도 된다.

현금 결제를 하는 경우도 사업자등록번호로 지출 증빙용 현금영수증을 발급받으면 영수증을 보관할 필요가 없다. 단, 세금 신고 시 매입세액공제 및 비용처리가 잘 됐는지 반드시 다시 한번 확인한다.

참고로 신용카드 매출전표를 발급받으면 세금계산서를 별도로 발급받지 않아도 된다.

구 분	적격증빙	신용카드 매출전표나 지출 증빙용 현금영수증
과세거래	세금계산서	세금계산서와 동일한 기능을 하는 과세용 신용카드 매출전표나 지출 증빙용 현금영수증이 된다.
면세거래	계산서	계산서와 동일한 기능을 하는 면세용 신용카드 매출전표나 지출 증빙용 현금영수증이 된다.

세금계산서 발행 후 나중에 신용카드로 결제받는 경우 적격증빙은 세금계산서가 되고 신용카드 결제는 단지 외상 대금에 대한 결제 수단으로써의 역할만 한다. 따라서 세금 신고는 세금계산서를 기준으로 따라가면 된다.

그리고 세금계산서 대신 신용카드 매출전표나, 지출 증빙용 현금영수증을 받은 경우는 해당 신용카드 매출전표나 현금영수증이 세금계산서 기능을 한다.

구 분		비용인정과 매입세액공제
신용카드 매출전표	법 인 카 드	업무용으로 사용한 경우 비용인정, 매입세액공제. 단, 업무추진비는 매입세액불공제
	개 인 카 드	업무용으로 사용한 경우 비용인정, 매입세액공제. 단, 업무추진비는 비용불인정, 매입세액불공제
현 금 영 수 증	지출증빙용	업무용으로 사용한 경우 비용인정, 매입세액공제. 단, 업무추진비는 매입세액불공제
	소득공제용	원칙은 연말정산 시 개인의 소득공제 목적으로 활용. 단, 업무용으로 사용한 경우 지출 증빙용으로 변경하는 경우 비용으로 인정받고, 개인의 소득공제 목적으로는 사용 못 함.

③ 간이영수증

간이영수증은 사업자가 서비스나 물품을 상대방에게 제공한 후 발행하는 영수증이다. 형태는 세금계산서와 유사할 수 없지만, 매입세액공제를 받을 수 없는 증빙이다.

구 분	적격증빙
3만원 이하	적격증빙으로써의 역할을 한다. 다만, 부가가치세 신고 때 매입세액공제는 받을 수 없다.
3만원 초과	적격증빙 역할을 하지 못한다.

간이영수증은 3만 원 이하 지출을 할 때만 적격증빙 역할을 하며, 3만 원 초과 지출 시에는 앞서 설명한 세금계산서 등 적격증빙을 반드시 받아야 한다. 즉, 사업과 관련 있고 건당 거래금액이 3만 원 이하인 경우 소득세나 법인세 납부 시 간이영수증으로 비용인정은 받을 수 있다. 다만, 부가가치세 신고 때는 매입세액공제를 받을 수 없다.

참고로 실제로는 3만 원 초과 거래를 하면서 간이영수증 2~3장을 이용해 3만 원 이하로 발행하는 때는 같은 날 동일 업체에서 발행한 간이영수증을 모두 합산한 금액이 1건으로 간주되어 적격증빙 역할을 하지 못한다.

구 분	매입세액공제	비용처리
세금계산서, 계산서, 신용카드매출전표, 지출증빙용 현금영수증	가능	가능
간이영수증	불가능	3만 원 이하 거래 시 가능

[예시1] 과세물품을 11만 원(부가가치세 1만 원 포함)에 구입한 경우

세금계산서 등을 받은 경우	간이영수증을 받은 경우
• 1만 원은 부가가치세 신고 때 매입세액공제 • 10만 원은 법인세나 소득세 신고 때 비용인정	• 매입세액불공제 • 비용불인정. 비용으로 인정받기 위해서는 거래금액의 2%를 증빙불비가산세로 납부

[예시2] 과세물품을 22,000원에 구입한 경우

세금계산서 등을 받은 경우	간이영수증을 받은 경우
• 2천 원은 부가가치세 신고 때 매입세액공제 • 2만 원은 법인세나 소득세 신고 때 비용인정	• 매입세액불공제 • 비용인정

④ 원천징수영수증

인적용역을 사용한 대가는 원천징수 후 원천징수영수증을 발급한 후 세무서에 신고하게 의무화되어 있으므로, 해당 원천징수영수증이 적격증빙으로 세법에 규정되어 있지 않아도 인적용역 관련 지출에 관해서는 적격증빙과 유사한 기능을 한다.

물론 인건비는 부가가치세 과세 대상이 아니므로 원천징수영수증으로 매입세액공제는 불가능하다.

구 분	증빙서류
근로소득	근로소득 원천징수영수증

구 분	증빙서류
퇴직소득	퇴직소득 원천징수영수증
자유직업소득	사업소득 원천징수영수증
전문적 인적용역, 사업 사회서비스업	공급자는 면세계산서를 발급하거나 소득 지급자가 작성·발급한 원천징수영수증을 제출하면 작성·발급한 것으로 본다.
기타소득	일반 원천징수영수증, 일반 지급명세서 3장(기타소득이라고 표시)

⑤ 청첩장과 부고장 등

임직원의 경조사비용은 복리후생비이고 거래처 경조사비는 업무추진비에 해당한다.

그리고 청첩장과 부고장에 대해서도 원천징수영수증과 마찬가지로 세법에서는 적격증빙으로 규정하고 있지 않다. 하지만 거래처 경조사비는 사회 통념상 발생하는 것이 현실이다. 따라서 이를 인정해주고 있는데, 다만 그 금액을 경조사비 + 화환 값해서 총 20만 원까지만 청첩장이나 부고장에 의해 확인되는 경우 인정해주고 있다.

반면 임직원의 경조사비는 회사의 규정이나 관행에 비추어 사회통념상 타당한 금액이라면 금액과 관계없이 인정해준다.

📝 거래명세서

거래처끼리 주로 사용하는 거래명세서는 거래 내역을 상세히 기록하기 위한 거래장부이지 세법에서 인정하는 적격증빙은 아니다.

따라서 거래명세서를 주고받을 때는 적격증빙인 세금계산서도 함께 반드시 받아야 한다.

거래명세서 작성 시에는 공급하는 자, 공급받는 자, 거래일, 인수자, 품목 등을 상세히 기재한다.

세금계산서처럼 본사와 거래처용 총 2장을 작성해 한 장씩 나눠 가지면 된다.

📝 지출결의서

지출결의서는 제목 그대로 중요 지출 내역을 결제받기 위한 서류라고 보면 된다. 즉, 사내 문서이다. 따라서 법적인 효력을 가지는 서류가 아니다. 지출결의서 뒤에는 항상 법에서 인정하는 적격증빙을 첨부해야 한다. 증빙이 없으면 지출결의서로 대체한다고 법에서 인정해 주는 것은 아니다.

그러면 작성하기 귀찮은데 작성 안 해도 되냐고 따지는 사람이 있다. 물론 사내 문서이므로 작성 여부의 결정은 회사가 하면 된다. 다만, 적격증빙이 없으면 전액 비용인정을 못 받지만, 지출결의서라도 작성해 비용지출 사실을 소명하면 2% 가산세를 부담하고 비용인정을 받을 기회가 있다는 점은 알고 있었으면 한다.

예를 들어 출장비를 일비로 지급한다고 세금계산서 등 적격증빙을 받지 않아도 되는 예외로 착각하는 실무자도 있다. 하지만 세법에서는 예외를 인정하지 않으므로, 건당 3만 원 초과 지출 시에는 다른 비용지출과 마찬가지로 세금계산서 등 적격증빙을 수취해야 경비인정을 받을 수 있다.

또한 출장비에 대해서 세금계산서 등 적격증빙을 받는 대신 지출결의서를 작성한다고 해서 해당 지출결의서를 세금계산서와 같이 적격증빙으로 인정해주는 세법상 예외가 있는 것도 아니다. 즉 지출결의서는 회사에서 임의로 작성하는 사적 증빙이지 세법에서 인정하는 적격증빙이 될 수 없다.

결론은 적격증빙이 없으면 지출결의서가 적격증빙을 대신하는 것도, 적격증빙의 역할을 하는 것도 아니다. 다만 그래도 지출결의서를 작성하라고 하는 이유는 출장비(일비)에 대한 적격증빙이 없는 경우 해당 비용에 대해 100% 비용인정을 못 받는데, 지출결의서라도 작성하는 경우 지출 사실이 인정되면 지출액의 2%를 가산세로 부담하는 대신 100% 비용처리가 가능하기 때문이다.

물론 업무추진비의 경우는 세금계산서 등 적격증빙을 받지 못한 경우 지출결의서를 작성해도 무조건 비용인정을 받을 수 없다.

참고로 실무자들이 헷갈리는 게, 결과적으로는 똑같은 출장비인데 일비라고 명칭을 바꾸거나 똑같은 복리후생비인데 그 명칭을 바꾸어 버리면 뭐 특별한 예외가 있는지 생각하는 것이다.

그러나 세법에서는 명칭과 관계없이 그 지출 성격에 따라 판단하므로 그 실질을 보고 업무처리를 하면 된다.

만일 명칭을 보고 결정이 된다면 세금 내기 좋아하는 사람 빼고는 다 세금 안내는 명칭을 사용하지 않을까?

구 분	내 용
성격	적격증빙이 아닌 사적 증빙이다. 따라서 작성 여부는 회사의 결정 사항이며, 그 형식도 법에서 정한 것이 아니므로 회사 자체적으로 만들어 사용하면 된다.
목적	상사에 대한 보고 및 적격증빙을 못 받았을 때 소명자료의 역할
관리	지출명세서를 작성해도 지출에 따른 적격증빙을 첨부해 두어야 한다.

6 소명을 위해서는 반드시 통장 거래

통장 거래란 법인사업자의 경우에는 법인통장을 말하며, 개인사업자의 경우에는 사업용 계좌를 말한다. 물론 법인사업자가 대표이사 통장으로 거래하거나 개인사업자가 개인 계좌를 통해 거래한다면 실지거래 사실 입증에 도움이 될 수 있으나 과세 관청에서 개인적 거래로 오해할 수 있어서 법인통장이나 사업용 계좌의 사용을 적극 권장한다. 특히 현금거래를 하면서 배우자나 가족 명의 통장으로 받는 경우는 탈세로 오해받을 수 있으니 혹시 해당 거래가 발생하면 즉시 배우자나 가족통장에서 사업용 계좌(법인통장)로 이체해야 한다.

사업자가 거래 사실을 입증할 때 가장 객관적이고 확실한 방법은 금융자료를 제시하는 것이다. 법인사업자의 경우 반드시 법인통장으로 거래하는 것을 생활화해야 하고 개인사업자의 경우 사업용 계좌를 통해 거래하는 것을 생활화해야 한다. 만일 과거의 거래가 위장(세금계산서를 잘못발행)·가공거래(실물거래 없이 세금계산서만을 발행)

판정을 받고 사업자가 실지 거래 사실을 입증하지 못한다면 세금을 추징당할 수 있는데, 이때 실지 거래 사실을 입증할 수 있는 핵심 증빙서류가 바로 통장 거래이다.

⑦ 회삿돈을 개인적으로 지출

❶ 법인 대표이사의 개인적인 회삿돈 사용액은 사장님에 대한 급여로 처리 후 원천징수를 한다. 물론 개인적인 회삿돈 사용액을 나중에 돌려주는 경우 회사가 대표이사에게 빌려준 것으로 보아 원금뿐만 아니라 적정 이자도 함께 받아야 하는 것이 원칙이다. 만일 실질적으로 받는 이자가 가중평균이자율과 당좌대월이자율 중 법인이 선택한 방법보다 적으면 동 차액에 대해서 손금불산입으로 법인세를 추가 부담하게 될 뿐만 아니라 사장 개인적인 급여로 보아 소득세도 추가 부담하게 된다.

❷ 사장님 개인적인 법인카드 사용액은 회사의 비용으로 인정받을 수 없을 뿐만 아니라 부가가치세 신고 시 매입세액도 공제받을 수 없다. 우선 들키지 않을 것이라고 비용으로 처리하는 경우 발각 시 세금을 추징당하고 가산세의 부담도 생긴다.

❸ 개인회사 사장님이 임의로 가지고 가는 회삿돈은 인출금 계정으로 처리하며, 법인과는 달리 커다란 제재는 없다.

개인사업자는 특히 가사 관련 비용을 회사경비로 처리하면 안 된다.

법에서 인정하는 적격증빙 수취와 관리

ⱽ

사업자가 다른 사업자로부터 건당 거래금액이 3만 원을 초과하는 재화 또는 용역을 구입하면서 비용을 지급한 경우 적격증빙을 받아서 5년간 보관해야 한다.

지출내역		금액 기준	적격증빙
업무추진비	경조사비	한 차례 20만 원 초과 (20만 1원부터)	세금계산서, 계산서, 신용카드매출전표, 지출증빙용 현금영수증, 필요적 기재 사항이 기록되어 있는 지로영수증(영수증은 안됨). 단 경조사비는 20만 원까지는 청첩장, 초대장 등 경조사를 증명할 수 있는 서류가 적격증빙이 된다.
	경조사비를 제외한 업무추진비	한 차례 3만 원 초과 (3만 1원부터)	
업무추진비를 제외한 일반비용		한 차례 3만 원 초과 (3만 1원부터)	세금계산서, 계산서, 신용카드매출전표, 지출증빙용 현금영수증, 필요적 기재 사항이 기록되어 있는 지로영수증(영수증은 안됨)
원천징수 하는 세금		금액 기준 없음	원천징수영수증

1

적격증빙 면제 대상 거래

면제 대상 거래	면제 대상 거래의 종류
적격증빙 수취대상 제외 사업자	• 국가 및 지방자치단체 • 비영리법인 • 금융보험업을 영위하는 법인 • 국내사업장이 없는 외국법인과 비거주자 • 연 매출 4,800만 원 미만 읍면지역 간이과세자(단, 읍면지역에 신용카드 가맹점인 경우 신용카드매출전표를 받아야 한다.)
적격증빙 수취대상 면제거래	• 농어민과의 거래 • 원천징수 대상 사업소득자로부터 용역을 공급받는 경우 원천징수영수증으로 증빙을 대체한다. • 건물·토지 구입 • 택시운송용역을 제공받은 경우 등 요즘은 신용카드 결제를 많이 하므로 신용카드매출전표를 증빙으로 받아서 보관하는 것이 좋다.
적격증빙 수취대상 면제거래(반드시 경비 등 송금명세서 제출)	• 연 매출 4,800만 원 미만 간이과세자에게 임대료를 지불하는 경우 • 개인으로부터 임가공용역을 제공받는 경우 • 연 매출 4,800만 원 미만 간이과세자인 운송업자(용달, 화물 등)에게 운임을 지불하는 경우 • 연 매출 4,800만 원 미만 간이과세자로부터 재활용 폐자원(고물, 파지 등)을 구입하는 경우 • 항공법에 의한 상업서류 송달용역을 제공받는 경우 • 공인중개사에게 중개수수료를 지급하는 경우 • 통신판매에 따라 재화 또는 용역을 공급받은 경우

2 ｜ 적격증빙을 받지 않은 경우

객관적인 자료에 의해 그 지출 사실이 확인되는 경우는 비용으로 인정되지만, 대신 증빙불비가산세를 납부해야 한다. 단, 업무추진비는 적격증빙을 받지 못한 경우 객관적인 자료에 의해서도 아예 비용인정 자체가 안 되지만, 증빙불비가산세도 납부하지 않는다.

구 분	증빙불비가산세
업무추진비	세금계산서를 수취하지 않거나 법인카드를 사용하지 않은 경우 비용 자체가 인정되지 않는 대신 증빙불비가산세도 없다. 단 개인사업자는 개인카드도 인정이 된다.
업무추진비를 제외한 비용	업무추진비를 제외한 비용은 소명이 되는 경우 비용인정이 되는 대신 증빙불비가산세를 내야 한다.

3 ｜ 적격증빙은 언제까지 보관하나?

소득세 또는 법인세를 계산할 때 비용으로 처리하는 경비는 그 비용의 지출에 대한 증빙서류를 받아 확정 신고기한 종료일로부터 5년간 보관해야 한다. 다만, 5년이 경과한 결손금을 공제받은 자는 해당 결손금이 발생한 과세기간의 증빙서류를 공제받은 과세기간의 신고기한으로부터 1년이 되는 날까지 보관해야 한다. 따라서 현재 결손 상태인 사업자의 경우 지출증빙의 보관이 5년보다 길어질 수 있다는 점에 유의해야 한다.

사업자가 내야 하는 세금을 파악한다.

초보들이나 1인 기업의 경우 신고날짜를 챙기는 것에서부터 시작해야 한다. 기장대리(세무서나 회계사에게 장부를 작성 관리해달라고 맡기는 행위)를 맡기지 않고 혼자서 하는 1인 사장의 경우 신고날짜를 놓치는 경우가 많으니 특히 유의해야 한다.

크게 중요한 세금은 소비에 대한 세금인 부가가치세와 소득에 대한 세금인 소득세(개인사업자)와 법인세(법인사업자)가 있다.

그리고 인적용역에 대한 원천세가 있다.

구 분	법인 세금	개인회사 세금
매출액 100만 원(소득)	법인세	종합소득세
부가가치세 10만 원	부가가치세	부가가치세
+		
인적용역에 대한 세금 (급여, 프리랜서, 사례금 등)	원천징수	원천징수

매출		매입	
판매액	부가가치세	구입액	부가가치세
100,000원	10,000원	50,000원	5,000원
법인세 익금 소득세 총수입금액	부가가치세 매출세액	법인세 손금 소득세 필요경비	부가가치세 매입세액

소득세(법인세) 소득
100,000원 - 50,000원

부가가치세 납부세액
10,000원 - 5,000원

① 소비에 대한 세금 부가가치세

소비에 대한 세금은 돈을 쓰거나, 물건을 파는 경우 내는 세금이다. 즉, 팔고 살 때 내는 세금이다.

사는 사람은 부가가치세를 내고 사고, 파는 사람은 팔 때 소비자에게 부가가치세를 받아서 부가가치세 신고·납부 기간에 관할세무서에 내는 것이다(내는 것은 세법에서는 납부라고 한다).

결과적으로 부가가치세는 소비자가 부담하지만, 사업주는 부가가치세를 받아서 납부하기 전에 모두 써버리고 납부할 때가 되면 괜히 내 돈이 나가는 느낌이 드는 것이다. 일부 사업자는 세금을 내기 싫어 물건을 팔지 않은 것처럼 매출을 속이는 경우가 많아 세무서는 세금계산서나 신용카드매출전표 같은 증빙을 만들어 판매지와 구매자가 상호제출하게 해 상호 대조를 함으로써 탈세를 방지하고 있다.

② 소득에 대한 세금 소득세와 법인세

소득은 흔히 돈을 버는 것을 말한다. 회사가 돈을 벌면 소득에 대해 법인세나 소득세 중 하나를 납부하게 되는데, 주식회사와 같은 법인이 납부하는 세금이 법인세, 개인사업자나 개인이 납부하는 세금이 소득세이다.

소득세 중 개인사업자가 가장 민감한 세금이 종합소득세 중 사업소득세이고, 일반개인이 가장 민감한 세금은 양도소득세이다.

3 부가세와 법인세·소득세 예정과 확정이 있다.

부가가치세와 법인세, 소득세는 모두 예정과 확정이 있는데, 예정이 있는 이유는 세금을 한꺼번에 내게 되면 부담스러우므로 예정기간에 일단 얼마를 내고, 확정 때 정확한 세금을 내는 원리다. 실무자는 2번 신경을 써야 하니 오히려 귀찮을 수 있다.

소득세와 법인세의 예정은 중간예납이라는 표현을 써 1년 중 6개월 분에 대해 중간예납을 한 후, 1년 치 소득을 합해 확정신고를 하게 된다. 소득세 확정신고는 종합소득세 확정신고 납부(5월)라고 하고, 법인세의 확정신고는 법인세 신고·납부(3월)라고 한다.

이처럼 법인세와 소득세는 법인과 개인이 세금의 종류만 다를 뿐 1번 예정 1번 확정이라는 절차는 같다.

반면 부가가치세는 법인과 개인이 틀린 데, 법인은 4번, 개인은 일반 과세자는 2번, 간이과세자는 1번 신고 및 납부를 한다. 즉, 법인은 4번의 신고·납부 기간 모두를 신고납부하게 되며, 개인사업자는 예정 2번을 생략하고 2번의 확정신고 및 납부만(2번은 납부만) 한다.

4 영리법인, 비영리법인 또는 일반과세자, 면세사업자가 중요한 것이 아니다.

가끔 비영리법인의 경리 담당자는 비영리가 붙어 세금도 무조건 안 내도 되는지 착각하는 경우가 있는데, 세법은 형식을 중요시하지 않고 실질을 중요시한다(이를 세법에서는 실질과세의 원칙이라고 한다.).

쉽게 말해 사업자등록증을 중요시하는 것이 아니라 그 회사가 파는 물품이 뭐고, 물품을 팔아서 소득을 내느냐가 중요하다는 것이다.

물품을 중요시한다는 것은 일반과세자가 과세물품인 사탕을 팔든 면세사업자가 사탕을 팔든 똑같이 세금을 부담해야 한다는 것이다.

일반과세자가 파는 사탕에는 사업자등록증상 과세 사업자라고 10%의 부가가치세를 매기고, 면세사업자는 사업자등록증상 부가가치세가 면세되는 사업자라고 사탕에 대해 부가가치세 10%를 면제해주는 것은 아니라는 것이다.

또한, 영리법인은 사업을 해서 번 돈을 법인세로 내고, 비영리법인은 무조건 번 돈을 내지 않는 것은 아니다. 비영리법인은 고유목적사업(비수익 사업)에서 번 돈에 대해서만 세금을 내지 않는 것이지, 부동산임대나 광고와 같이 수익사업에서 번 돈에 대해서는 영리법인과 동일하게 세금을 낸다.

종업원에 대한 급여 세금은 원천징수 방법이나 납부 방법도 같다. 이는 영리든 비영리든 구분하지 않고, 급여를 지급하는 원천징수의무자는 무조건 원천징수 후 매달 10일 신고·납부를 해야 한다. 즉 영리법인의 종업원은 근로소득세를 내고, 비영리법인의 종업원은 세금 자체를 안 내는 것이 아니다. 영리든 비영리든 종업원 급여에 대해서는 근로소득세를 동일하게 내며, 업무의 차이도 없다.

5 인적용역에 대한 대가는 무조건 원천징수

실무에서 자주 발생하는 원천징수는 앞서 말한 급여에 대한 원천징

수가 가장 대표적이며, 사업소득, 기타소득, 이자소득 등에 대한 원천
징수가 가장 많이 발생한다.

6 법인이 내야 하는 세금

세금의 종류	신고구분	신고 · 납부기한	신고대상 기간
법인세	확정신고	3월 31일	1월 1일~12월 31일
	중간예납	8월 31일	1월 1일~6월 30일
부가가치세	예정신고	4월 25일(1기) 10월 25일(2기)	1월 1일~3월 31일(1기) 7월 1일~9월 30일(2기)
	확정신고	7월 25일(1기) 다음 해 1월 25일(2기)	4월 1일~6월 30일(1기) 10월 1일~12월 31일(2기)
원천세	종 업 원 비사업자	지급 월 또는 반기(7월 10일, 1월 10일)의 다음 달 10일	매월 또는 반기 (1월~6월 또는 7월~12월)

 법인세 확정신고 시에는 중간예납 시 납부한 세금을 차감한 후 납부한다.
 사업자등록이 없는 비사업자에 대한 비용지출 시 사업소득은 3.3%를 차감한 후 지
급하고, 기타소득은 8.8%를 차감한 후 지급한다.

7 개인사업자가 내야 하는 세금

세금의 종류	신고 구분	신고 · 납부기한	신고대상 기간
소득세(종합소득세)	확정신고	5월 31일	1월 1일~12월 31일
	중간예납	11월 30일	1월 1일~6월 30일

세금의 종류	신고 구분	신고 · 납부기한	신고대상 기간
부가가치세	확정신고	7월 25일(1기) 다음 해 1월 25일(2기)	1월 1일~6월 30일(1기) 7월 1일~12월 31일(2기)
원천세	종 업 원	지급 월 또는 반기(7월 10일, 1월 10일)의 다 음 달 10일	매월 또는 반기(1월~6월 또는 7월~12월)
	비사업자		
사업장현황신고(면세사업자)		다음 해 2월 10일	1월 1일~12월 31일

㊟ 소득세 확정신고 시에는 중간예납 시 납부한 세금을 차감한 후 납부한다.

㊟ 개인사업자(직전 과세기간 공급가액이 1억 5천만 원 미만인 영세 법인포함)는 부가
가치세 예정신고 · 납부를 안 하는 대신 세무서에서 알려주는 예정 고지세액을 납부하
고, 확정신고 시 예정 고지 납부액을 차감한 후 납부한다.

㊟ 사업자등록이 없는 비사업자에 대한 비용지출 시 사업소득은 3.3%를 차감한 후 지
급하고, 기타소득은 8.8%를 차감한 후 지급한다.

8 종업원이 내야 하는 근로소득세

사업자가 종업원을 채용해서 월급을 줄 때는 근로소득세를 원천징수
해서 납부한다.

9 매달 신경 써서 제출할 간이지급명세서

원천징수 대상 사업소득 및 인적용역 기타소득을 지급했거나 일용근
로자가 아닌 상용근로자에게 근로소득을 지급했다면 간이지급명세서
를 제출해야 한다. 사업소득 및 인적용역 기타소득은 매달 말일 근로
소득은 반기별로 1년에 2번 제출한다.

원천징수 대상 사업소득에 대한 간이지급명세서는 매달, 상용근로자에 대한 근로소득 간이지급명세서는 1~6월 지급분은 7월 31일까지, 7~12월 지급분은 다음 해 1월 31일까지 제출한다.

제출기한까지 내지 않거나 기재된 금액 등 지급 내역이 사실과 다를 경우 가산세를 내야 하니 꼼꼼히 잘 챙겨야 한다

⑩ 1년에 1번 신경 써야 할 지급명세서

일용근로자에게 지급하는 근로소득에 대해서는 매달 말일 일용근로소득 지급명세서를 제출해야 한다. 다만 고용보험 가입 후 매달 15일 근로내용확인신고를 제출한 경우는 제출을 생략할 수 있다.

구 분	소득 지급 시기	제출기한	가산세 50% 경감 기한
근로 · 퇴직 · 사업	1월~12월	다음연도 3월 10일	다음연도 6월 10일
일용근로소득	1월~12월	지급일이 속하는 달의 다음 달 말일	제출기한이 지난 후 1개월 이내
간이지급명세서(근로소득)	1월~6월	7월 말일	10월 말일
	7월~12월	다음 연도 1월 말일	다음연도 4월 말일
간이지급명세서(거주자의 사업소득)과 인적용역 기타소득	1월~12월	지급일이 속하는 달의 다음 달 말일	제출기한이 지난 후 1개월 이내

1. 사업소득(연말정산 사업소득 제외), 기타소득은 간이지급명세서(사업 · 기타소득)를 제출하는 경우 지급명세서 제출을 생략한다.

2. 연말정산 사업소득(보험모집인, 방문판매원, 음료 배달원)의 경우, 해당 귀속 연도의 사업소득을 12월 말일까지 미지급한 경우 12월에 지급한 것으로 작성하여 다음 연도 1월 31일까지 제출한다.

12월 근무에 대한 소득을 다음 연도 1월에 지급했다면, 아래와 같이 처리한다.

- 12월 지급분 간이 지급명세서에 포함하여 제출
- 다음 연도 1월 간이 지급명세서 제출 시에는 해당 금액을 제외

3. 12월 근로소득을 12월 말일까지 지급하지 않고 다음 연도 1월에 지급했다면, 아래와 같이 처리한다.

- 하반기분 간이 지급명세서의 12월 지급분(12월 귀속분)에 포함하여 제출
- 다음 연도 상반기분 제출 시 12월 귀속분은 제외하고 제출

4. 6월 30일(상반기)에 퇴사했는데 6월 근무에 대한 근로소득을 7월 10일(하반기)에 지급했다면 아래와 같이 처리한다.

- 소득자 인적 사항과 근로소득 내용을 하반기 간이 지급명세서에 포함하여 제출
- 근무 기간은 지급일인 7월 15일 – 7월 15일로 기재

11 근로내용확인신고

일용직을 고용했다면 근로한 날을 기준으로 다음 달 15일까지 일용직에 대한 근로내용확인신고를 한다. 신고하지 않으면 과태료를 내야 하고 근로내용확인신고를 한 일용근로자는 일용근로소득지급명세서의 제출을 안 할 수 있다.

(전자)세금계산서 발행 및 전송

∨

① 전자세금계산서 발행 방법

구 분	내 용
공동인증서 등 준비	전자(세금)계산서 발급(전자서명)을 위해서는 사업자 범용 · 전자 세금 계산서용 · ASP용 공동인증서 중 하나 필요 ※ 공동인증서 발급이 어려운 경우 세무서에서 보안카드를 발급받아 홈택스에서 전자(세금)계산서 발급이 가능하며, 2021년 2월부터 모바일 홈택스(손택스)에서 지문 인증 등을 통하여 발급이 가능하다.
회원가입	국세청에서 운영하는 홈택스(www.hometax.go.kr) 또는 시스템사업자가 운영하는 전자(세금)계산서 발급사이트 중 하나를 선택하여 회원가입을 한다.
발급	부가가치세법에서 정한 시기에 표준에 따라 생성(전자서명 필수)된 전자(세금)계산서를 발급하고, 매입자의 이메일로 전자세금계산서를 발송한다. 월합계 (세금)계산서 등의 경우 예외적으로 공급시기가 속하는 달의 다음 달 10일까지 발급할 수 있다.
전송	전자(세금)계산서를 발급한 경우 발급 일의 다음 날까지 국세청에 전송한다.

구 분	내 용
	홈택스에서 발급할 경우는 발급 즉시 자동으로 매입자에게 이메일 발송 및 국세청에 전송되므로 별도의 전송절차가 없다.
조회	월별·분기별 전자(세금)계산서 목록 및 합계표 조회가 가능하다. 홈택스가 아닌 다른 전자(세금)계산서 사이트에서 발급한 경우라도 국세청에 전송된 전자(세금)계산서는 홈택스에서 조회가 가능하다.
부가가치세 등 신고	매출·매입처별 (세금)계산서합계표 작성 시 전자(세금)계산서 합계금액만 기재하고 거래처별 명세 작성이 불필요하다.
의무발급 대상 사업자	직전 연도 사업장별 재화 및 용역의 공급가액(면세공급가액 포함)의 합계액이 2억원 이상인 개인사업자 → 1억원 이상인 개인사업자 (2023년 7월 1일 이후 공급분부터) → 8천만원 이상인 개인사업자 (2024년 7월 1일 이후 공급분부터)
가산세	• 미발급가산세 : 발급 시기가 지난 후 공급시기가 속하는 과세기간에 대한 확정신고기한 내 미발급 : 2%(수취자 매입세액불공제) • 지연발급가산세 : 발급시기가 지난 후 공급시기가 속하는 과세기간에 대한 확정신고기한 내 발급 : 1%(수취자 0.5%) • 종이발급가산세 : 전자세금계산서 발급의무자가 발급 시기에 전자세금계산서 외의 세금계산서 발급 : 1% • 미발급가산세를 회피하기 위해 전자세금계산서 발급의무자가 종이세금계산서를 발급하는 경우도 있음 • 미전송가산세 : 발급일의 다음 날이 지난 후 과세기간(사업연도) 말의 다음 달 25일까지 미전송 시 0.5% • 지연전송가산세 : 발급일의 다음 날이 지난 후 과세기간(사업연도) 말의 다음 달 25일까지 전송 시 0.3%
작성일 발급일 전송일	작성일은 세금계산서에 적힌 작성연월일로 거래일(공급시기)이며, 발급일은 전자서명을 완료한 전자(세금)계산서 파일이 공급받는 자가 지정한 수신함에 도달된 날이며, 전송일은 국세청에 전자(세금)계산서를 전송한 날이다.

❶ 홈택스 로그인 > [전자(세금)계산서·현금영수증·신용카드] > [전자(세금)계산서 건별발급] 선택

❷ 세금계산서 종류 선택 : 일반, 영세율, 위수탁 등

❸ 공급받는자 구분 : 사업자등록번호, 주민등록번호, 외국인*중 선택

* 외국인은 주민등록번호 999999-9999999로 자동 입력되며 비고란에 외국인등록번호나 여권번호를 입력하여 발급

❹ 공급받는자 입력 : 공급받는자 등록번호 옆 [확인]을 클릭하여 유효성 검증 및 종사업장이 있는 경우 종사업장 번호 선택, 상호, 성명, 사업장, 업태, 종목, 이메일 입력

❺ 작성일자 입력 : 부가가치세법에 따른 공급시기 입력

❻ 거래일, 품목, 규격, 수량, 단가를 입력하면 공급가액, 세액 자동 계산(공급가액, 세액 직접 입력도 가능)

❼ 발급 : 인증서 암호 또는 보안카드 번호 입력 후 메일발송 확인

※ 전자계산서 : 계산서(면세)를 선택하여 발급하며, 발급 절차는 전자세금계산서와 동일함

2 세금계산서 발행 후 대금을 신용카드로 받은 경우

세금계산서는 대금결제일에 발급하는 것이 아니라 재화나 용역을 공급한 공급 시기(부가가치세 신고 귀속시기)에 발급해야 한다. 따라서 재화가 공급되는 시점에 발급한 세금계산서는 적법한 세금계산서이고, 추후 대금결제만 신용카드로 결제된 것일 뿐이다.

이 경우 공급자 및 공급받는자 모두 세금계산서를 기준으로 부가가치세를 신고·납부 한다. 따라서 세금계산서 발급 시기와 신용카드 결제 시기가 과세기간을 달리해도 세금계산서를 기준으로 부가가치세를 신고납부한다.

이때 매출자는 신용카드매출전표 여백에 "00년 00월 00일 세금계산서 발행분"을 표기하여 발급해야 하고, 신용카드매출전표는 그 거래 사실이 속하는 과세기간에 대한 확정신고를 한 날로부터 5년간 보관해야 한다.

이때 중복발급에 대한 가산세는 적용되지 않는다.

신용카드매출전표등 발행금액 집계표

년 제 기 (월 일 ~ 월 일)

※ 아래의 작성방법을 읽고 작성하시기 바랍니다.

1. 제출자 인적사항

① 상호(법인명)	② 성명(대표자)
③ 사업장 소재지	④ 사업자등록번호

2. 신용카드매출전표등 발행금액 현황

구분	⑤ 합계	⑥ 신용·직불·기명식 선불카드	⑦ 현금영수증	⑧ 직불전자지급수단 및 기명식선불 전자지급수단
합계				
과세 매출분				
면세 매출분				
봉사료				

3. 신용카드매출전표등 발행금액(⑤ 합계) 중 세금계산서(계산서) 발급명세

⑨ 세금계산서 발급금액		⑩ 계산서 발급금액	

신용카드매출전표등 발행금액(⑤ 합계) 중 세금계산서(계산서) 발급명세(⑨·⑩): ⑨ 세금계산서 발급금액란에는 ⑤ 합계란의 과세 매출분 합계금액 중 세금계산서를 발급한 금액을 적고, ⑩ 계산서 발급금액란에는 ⑤ 합계란의 면세 매출분 합계금액 중 계산서를 발급한 금액을 각각 적는다.

❶ 신용카드 전표 이면에 당초 세금계산서 발행일을 기재하여 대금 결제용임을 기재하여 발급한다.

❷ 신용카드 대금결제 분은 매출로 인식하지 않고 외상매출금에 대한 회수로 계정과목 회계처리한다.

❸ 해당 외상매출금은 세금계산서 발행분으로 부가가치세 신고가 되었으므로 해당 신용카드매출전표 발행분은 과세표준에서 제외되어야 한다.

신용카드매출전표와 세금계산서가 중복으로 발행된 경우는 세금계산서를 기준으로 부가가치세를 신고납부해야 한다는 점에 주의한다.

중복발행 자체는 가산세 부과 대상이 아니나, 부가가치세 신고 시 매입세액을 중복으로 공제받는 경우는 부가가치세 과소신고에 따른 가산세의 대상이 되므로 이중 공제되지 않도록 주의한다.

③ 신용카드 매출전표는 공제 선택공제 불공제

국세청에서 해당 신고 기간 분에 대한 신용카드 사용 내역을 조회하면 공제받을 금액의 합계액이 표시됨을 알 수 있다. 물론 부가가치세 매입세액공제와 불공제 여부는 본인이 직접 선택해서 결정하고 신고 시 불성실 신고에 대한 모든 책임도 본인이 져야 한다. 즉 국세청 홈택스에 사업용 신용카드를 등록해서 쓰지만, 홈택스에 사업용 신용카드를 등록했다고 해서 무조건 알아서 공제되는 것은 아니다.

애매한 지출항목에 대해서는 선택 불공제로 구분되며, 사업용으로 지출한 비용일 경우는 선택 불공제를 공제로 변경해서 부가가치세를 공제받을 수 있다. 이에 대해 잘 모르는 사업자가 많아 당연히 받아야 하는 공제를 놓치거나 받지 말아야 할 공제를 받는 경우가 발생한다.

이는 홈택스 > 전자(세금)계산서 · 현금영수증 · 신용카드 > 신용카드 매입 > 사업용 신용카드 사용내역 > 사업용 신용카드 매입세액 공제 확인/변경에서 변경할 수 있다. 따라서 반드시 확인 후 부가가치세 신고를 해야 한다.

구 분	공급자 업종 및 사업자 구분	매입세액 공제 여부 결정
공제	일반과세자 및 간이과세자(세금계산서 발급사업자) 거래분 중 [선택 불공제] 대상에 해당하지 않는 경우로 부가가치세 세액공제 및 종합소득세(법인세) 신고 때 필요경비로 인정된다.	
	부가가치세 일반과세자로서 선택 또는 당연히 불공제에 해당하지 않는 거래	매입세액공제가 가능하며, 매입세액공제 대상이 아닌 경우 불공제로 수정 가능
선택불공제	일반과세자 및 간이과세자(세금계산서 발급사업자) 거래분 중 거래처업종이 음식점, 숙박, 마트, 항공운송, 승차권, 주유소 등 자동차 관련 업종, 과세유흥업소, 자동차 구입비, 기타(식당, 사우나, 골프연습장, 온천, 공연 · 영화입장료, 운전학원, 과세 진료비, 기타 식료품 소매업 등)인 경우로, 부가가치세 매입세액공제 대상에 해당하는 경우 [공제]로 수정이 가능하다. 2023년 7월 거래부터 실제 판매자 정보가 불분명한 오픈마켓 및 판매(결제)대행업체 결제 내역을 선택불공제 항목으로 분류하였으니 해당 내역 중 사업용 지출로 판매자 정보가 표시되는 경우 [공제]로 수정한다.	

구 분	공급자 업종 및 사업자 구분	매입세액 공제 여부 결정
	사업 무관, 접대 관련, 개인 가사 지출, 비영업용 자동차 등은 불공제 대상 [예] 음식, 숙박, 항공운송, 승차권, 주유소, 차량 유지, 과세유흥업소, 자동차 구입, 골프연습장, 목욕, 이발 등	불공제 대상으로 분류되었으나 사업 용도로 이용한 건은 공제로 수정 항공운송, 승차권, 성형수술, 목욕, 이발 등의 지출은 매입세액불공제 대상임
당연불공제	거래처가 간이·면세사업자인 거래분으로, 부가가치세 세액공제는 어려우나 종합소득세(법인세) 신고 때 필요경비로 인정된다. 2024년 1월 거래부터 「목욕·이발·미용업, 여객운송업(전세버스 제외), 입장권 발행 사업, 과세 진료 용역, 과세 동물 진료, 무도학원·자동차운전학원」은 당연불공제 항목으로 분류한다.	
	간이과세자 및 면세사업자와 거래	매입세액공제 불가

[주] 매입세액불공제가 법인세나 소득세 신고 때 비용인정 자체가 안 된다는 의미는 아니며, 단지 부가가치세 신고 때 매입세액불공제 될 뿐 법인세나 소득세 신고 때 업무 관련 지출이라면 비용인정은 된다.

전자세금계산서 수정 방법

종이 세금계산서는 특성상 잘못 발행했으면, 찢어버리고 새로 발행해 주면 되지만 전자세금계산서는 전송이라는 단계를 거치기 때문에 세금계산서의 변경사항이 생기면 수정 발행할 수밖에 없다.

수정하는 사유는 두 가지 경우로 나누어 볼 수 있다.

① 내가 손가락이 잘못되거나 딴생각을 하거나 작성 방법을 몰라 개인적 실수로 잘못 발행했을 때 즉 내 실수로 잘못 발행한 경우

② 나는 ①번과 같은 잘못을 안 했는데, 상대방이 갑자기 계약을 해지할지, 상품을 반품할지 거래처가 깎아 달라고 해서 사장님이 갑자기 거래 관계상 어쩔 수 없이 깎아 줄지 어찌 알아요. 어쩔 수 없이 거래상황이 바뀌어서 발행하는 경우다.

①은 내 잘못, ②는 아무도 예측 불가능한 거래의 흐름

따라서 ①의 경우는 원래 작성 자체가 실수이므로 기재 내용을 바르게 수정해야 하고, ②의 경우는 전에 발행한 전자세금계산서 자체가 잘못된 것은 아니므로 새로운 거래로 생각해 새로운 전자세금계산서를 발행하면 된다.

②는 엄밀히 말하면 수정이 아니다.

1 ㅣ 내 잘못이 아니지만, 수정세금계산서 발행

내 잘못이 아닌 수정 전자세금계산서 발행 사유는 다음의 경우가 있다.

❶ 환입 = 판매한 상품 일부가 반품되는 경우 : 반품된 날을 작성일자로 적고, 비고란에 처음 작성일자를 적은 후 환입된 금액만큼 마이너스(-) 세금계산서 발행. 이 거래는 일부취소를 하는 경우가 해당한다.

❷ 계약의 해제 = 계약의 해제로 상품이 공급되지 않거나 상품 전체가 반품된 경우 : 계약이 해제된 날을 작성일자로 적고, 비고란에 처음 작성일자를 적은 후 환입된 금액만큼 마이너스(-) 세금계산서 발행. 이 거래는 전부 취소하는 경우가 해당한다.

❸ 공급가액 변동 = 기존 판매 상품의 가격을 깎아 주거나 올리는 경우 : 증감 사유가 발생한 날을 작성일자로 적고, 비고란에 처음 작성일자를 적은 후 환입된 금액만큼 마이너스(-) 세금계산서 발행

❹ 내국신용장 사후 개설 = 내국신용장 등이 사후에 발급된 경우
내국신용장이 개설된 때에 그 작성일은 처음 작성일로 적고 비고란에 내국신용장 개설일 등을 적어서 발행한다.

11월 1일 공급가액 1,000,000원(세액 100,000원)인 상품을 판매했다.

해설

❶ 환입 : 12월 12일 500,000원(세액 50,000원)에 해당하는 상품이 반품된 경우
❷ 계약의 해제 : 12월 12일 1,000,000원(세액 100,000원)에 해당하는 상품이 반품된 경우

❸ 공급가액 변동 : 12월 12일 거래처 부탁으로 1,000,000원(세액 100,000원)의 상품을 800,000원(세액 80,000원)으로 깎아 준 경우

각각 발행일은 12월 12일, 비고란에 11월 1일 기재 후 다음 달 1월 10일까지 수정 전자세금계산서를 발행하면 가산세는 없으나 이후 발행하면 전자세금계산서의 수정 때문이 아닌 전자세금계산서 미발행 및 지연전송에 따른 가산세를 내야 한다.

예를 들어 6월 20일 재화를 100만 원에 공급한 후, 7월 5일에 20만 원에 대해서 반품(환입)이 발생한 경우 100만 원에 대해서는 6월 20일을 작성일자로 해서 발행하고, 반품된 20만 원에 대해서는 7월 5일을 작성일자로 해서 환입으로 발행한다.

100만 원은 1기 확정(개인) 때 신고하고, 20만 원에 대해서는 2기 예정(법인) 또는 확정(예정)신고 때 신고한다.

구분	의미	방 법	작성월일	비고란	발급기한
새로운 작성 일자 생성	공급 가액 변동	증감되는 분에 대하여 정(+) 또는 음(−)의 세금계산서 1장 발급	변동 사유 발생일	처음 세금계산서 작성일	변동 사유 발생일 다음 달 10일까지 발급
	계약의 해제	음(−)의 세금계산서 1장 발급	계약해제일	처음 세금계산서 작성일	계약해제일 다음 달 10일까지 발급
	환입	환입 금액분에 대하여 음(−)의 세금계산서 1장 발급	환입된 날	처음 세금계산서 작성일	환입된 날 다음 달 10일까지 발급
당초 작성일 자	내국신용장 사후발급	음(−)의 세금계산서 1장과 영세율 세금계산서 1장 발급	당초 세금계산서 작성일자	내국신용장 개설일	내국신용장 개설일 다음 달 10일까지 발급(과세기간 종료 후 25일 이내에 개설된 경우 25일까지 발급)

② 내 잘못으로 수정세금계산서 발행

내가 손가락이 잘못되거나 딴생각을 하거나 작성 방법을 몰라 개인적 실수로 잘못 발행했을 때이다. 이는 노트에 틀린 글자를 쓰면 지우고 그 자리에 다시 쓰는 것과 같이 틀린 내용을 고치는 것이다.

전자세금계산서 발행 시 내 사업자등록 내역은 자동으로 표시되므로 상대방의 사업자등록 내용을 잘못 적거나, 발행일을 잘못 적거나 금액을 잘못 적는 경우가 많다.

이 경우는 수정사항을 고친 후 처음 발급한 세금계산서의 내용대로 마이너스(-)로 발급한 후 올바르게 수정해서 다시 발행한다.

필수적 기재 사항의 정정은 착오 정정과 착오 외의 사유 정정으로 나눈다.

필요적 기재 사항을 착오로 잘못 적은 경우

당초 분을 취소하는 세금계산서 1장을 발행한 후 바르게 정정한 세금계산서 1장을 발행한다. 총 2장 발행이다.

틀린 내용 수정이므로 작성일자는 당초 일자가 되고, 금액란에는 당초 분 취소 세금계산서에는 당초 금액 전체를 마이너스(-)로 작성하고, 정정 세금계산서에 올바른 금액을 기재한다.

공급받는 자를 제외한 필요적 기재 사항을 잘못 기재하여 수정세금계산서를 발급한 경우 자진하여 수정하면 가산세가 부과되지 않는다. 다만, 틀린 세금계산서로 부가가치세 신고를 한 경우 당초 납부해야 할 부가가치세를 적게 낸 결과가 되면 수정 세금계산서 자체에 대한 가산세는 없지만, 부가가치세 과소 납부에 대한 신고 관련 가산세는 있다.

📝 필요적 기재 사항이 착오 외의 사유로 잘못 적힌 경우

수정세금계산서 발급 사유 중 필요적 기재 사항의 정정은 사실을 인지한 날 동일 과세기간 내가 아니라도 언제든지 가능하지만(가산세도 없음), 착오 외의 사유는 당초 세금계산서의 확정 신고기한 다음 날부터 1년까지 기한이 지난 후에는 수정발행 할 수 없다.

착오 외의 사유로 가장 대표적인 경우가 공급받는 자를 전혀 다르게 기재하는 경우이다. 사업자번호가 있음에도 주민등록번호로 발행하는 경우, A 거래처에 발행해야 하는데, B 거래처에 발행하는 경우 등이다. 수정발급 방법은 앞서 설명한 필요적 기재 사항을 착오로 잘못 적은 경우와 같다.

❶ 공급받는 자를 착오로 잘못 기재하여 수정하는 경우는 착오 여부를 불문하고 가산세 부과 대상이 된다. 즉 필요적 기재 사항 중 공급받는 자에 대한 기재 사항 오류는 확정 신고기한 다음날부터 1년 이내에 수정세금계산서를 발행하면 공급자에게 지연발행가산세를, 공급받는 자에게는 지연수취가산세를 부과한다.

❷ 확정신고기한 다음날부터 1년이 지난 후 수정을 할 경우는 공급자에게는 미발행가산세를 부과하며, 공급받는 자는 매입세액공제를 받을 수 없다.

필요적 기재 사항의 정정은 착오 정정과 착오 외의 사유 정정으로 나눈다.
이것은 구분을 명확히 할 수 없다. 개별적인 사항에 따라 종합적인 판단을 거쳐 착오인지 착오 외의 사유인지 판단을 해야 한다.

1. 필요적 기재 사항 등이 착오로 잘못 적힌 경우(착오로 보는 경우)
- 작성연월일 잘못 기재(부가 22601-746, 1991.6.15)
- 세금계산서 발급 의무 면제 거래에 대해 세금계산서 발급(부가 22601-1789, 1987.8.31)
- 과세 · 면세비율 계산 착오로 공급가액이 달리 표기(부가 46015-1109, 1995. 6.19)
- 당초 착오로 주민등록번호를 기재하여 발급하고 이를 사업자등록번호로 수정하는 경우(부가 46015-2135, 1999.7.26)

2. 필요적 기재 사항 등이 착오 외의 사유로 잘못 적힌 경우(착오 외로 보는 경우)
- 공급자 및 공급받는 자를 당초 다르게 기재한 경우(부가 46015-3833, 2000. 11.27)
- 본점에서 재화를 공급하고 지점 명의로 세금계산서를 발급한 경우(서면 3팀 - 1818, 2007.6.26)
- 과세 대상 재화를 공급하고 계산서를 발급한 경우((부가 22601-794, 1985.4.30)

전자세금계산서를 착오로 이중 발급한 경우

처음 발급한 세금계산서의 내용대로 한 장을 마이너스(-)로 발급한다.

발급 대상이 아닌 거래 등에 대하여 발급한 경우

면세는 세금계산서 발급 대상이 아니므로 처음 발급한 세금계산서의 내용대로 한 장을 마이너스(-)로 발급한다.

세율을 잘못 적용하여 발급한 경우

처음 발급한 세금계산서의 내용대로 마이너스(−)로 발급한 후, 정상 세율을 적용해 다시 발행한다.

구분		작성발급 방법			발급기한
		방 법	작성월일	비고	
기재 사항 등이 잘못 적힌 경우	착오	당초 발급 건 음(−)의 세금 계산서 1장과 정확한 세금계 산서 1장 발급	당초 세금계산 서 작성일자	−	착오 사실을 인식한 날
	착오외				확정신고기한 다음날부터 1년까지 발급
세율을 착오로 잘못 작성한 경우					착오 사실을 인식한 날
착오에 의한 이중 발급				−	착오 사실을 인식한 날
면세 등 발급 대상이 아닌 거래					착오 사실을 인식한 날

 ## ③ 수정세금계산서 발행 시 가산세

구 분	사 유
가산세가 없는 경우	① 계약해제 · 취소 ② 공급된 재화의 환입

구 분	사 유
	③ 계약 해지로 추가·차감 금액 발생
	④ 일반재화·용역 공급 후 과세기간 종료 후 25일 이내에 내국신용장·구매승인서 발급(영세율)
	⑤ 세금계산서 필요적 기재 사항의 착오 기재
	⑥ 기타 사항의 착오 기재
	⑦ 전자세금계산서의 착오 이중 발행
	⑧ 면세거래를 과세로 잘못 발행 기재
	⑨ 세율을 잘못 적용하여 발행
조건부 가산세 면제	① 필요적 기재 사항 착오 기재 : 자진 수정 시 가산세 없으나, 세무조사 통지, 세무조사관 현지 확인, 과세자료 해명 안내 등 경정할 것을 미리 알고 수정한 경우는 가산세 부과됨.
	② 필요적 기재 사항 이외 착오 기재 : 확정 신고기한 다음날부터 1년 이내에 수정세금계산서 발행 시 가산세는 없으나, 세무조사 통지·현지 확인·해명 안내 등 이후에는 가산세 부과임.

^주 수정 세금계산서 관련 가산세는 없어도, 부가가치세 과소신고에 따른 가산세는 발생할 수 있다.

4 수정세금계산서 발행 시 부가세 수정신고

구 분	사 유	부가가치세 수정신고 대상 여부		
		작성연월	대상	사유
당초 작성일자	신고기한 내 수정 사유 발생	당초 작성일자	대상 아님	신고기한 내 당초 및 수정세금계산서가 발급한 경우 합산신고

| 구 분 | 사 유 | 부가가치세 수정신고 대상 여부 | | |
		작성연월	대상	사유
	신고기한 경과 후 수정 사유 발생	당초 작성일자	대상	신고기한 경과 후 수정 세금계산서를 발급한 경우 합산신고 불가로 수정신고 대상임
새로운 작성일자 생성	공급가액 변동	변동 사유 발생일	대상 아님	환입 등 수정 사유가 발생한 시기가 공급시기이므로 사유 발생한 과세기간에 신고 대상임
	계약의 해제	계약해제일		
	환입	환입된 날		

거래처 부도 시 발행한 세금계산서 비용처리와 부가세 공제

세금계산서는 현금이 들어오고 나갈 때 발행하는 것이 아니다.

재화는 인도 시점, 용역은 제공이 완료된 시점에 현금의 입출금과 관계없이 세금계산서를 발행해야 한다.

그럼 세금계산서를 발행한 후 대금을 받지 못하면 대금도 못 받고 부가가치세까지 내야 하니 억울하다고 생각할 수 있다.

그리고 외상거래를 했는데, 대금을 받지 못 한때는 발행한 세금계산서를 취소하고 싶어 한다. 돈도 떼였는데, 부가가치세까지 내야 하니 억울해서이다.

그러나 그러면 안 된다.

외상 대금을 못받는 경우 사업소득세(법인세)에서는 원금에 대해서는 대손상각비, 부가가치세에 대해서는 대손세액공제 제도를 두고 있다.

예를 들어 외상대금 110만 원(부가가치세 포함)을 못 받는 경우 100만원은 대손상각비로 사업소득세(법인세) 신고 때 경비 인정되고, 10만 원은 부가가치세 신고 때 대손세액공제를 받을 수 있다.

상대방이 세금계산서 발행을 계속 안 해줄 때 대처 방법

재화는 인도 시점, 용역은 제공이 완료된 시점에 현금의 입출금과 관계없이 세금계산서를 받아야 한다.

반면 대금을 지급했는데, 상대방이 세금계산서를 발행해주지 않는 경우가 발생하기도 한다. 이때는 매입자 발행 세금계산서 제도를 활용하면 된다. 즉 공급자가 세금계산서를 발급해주지 않는 경우

첫째, 매입자발행세금계산서 제도를 활용할 수 있다.

둘째, 통장거래 내역, 간이영수증, 매매계약서 등 지출 사실을 소명한 후 증빙불비가산세를 부담하면 비용인정이 된다.

1 │ 매입자 발행 세금계산서 발급

매입자 발행 세금계산서 제도

세금계산서 발급 의무가 있는 사업자가 재화 또는 용역을 공급하고 그에 대한 세금계산서를 발급하지 않는 경우, 재화 또는 용역을 공급받은 사업자(매입자)가 관할 세무서장의 확인을 받아 세금계산서를

발급할 수 있는 제도다.

📝 매입자 발행 세금계산서를 발급할 수 있는 사업자

일반과세자(세금계산서 발급의무가 있는 간이과세자 포함)로부터 재화나 용역을 공급받는 자는 매입자발행세금계산서를 발행할 수 있다.

📝 매입자 발행 세금계산서 발급 절차

① 재화 또는 용역을 공급하는 일반과세자가 세금계산서를 발급하지 않는 경우(사업자의 부도 · 폐업 등으로 사업자가 수정세금계산서 또는 수정 전자세금계산서를 발급하지 아니한 경우 포함) 매입자(신청인)는 그 재화 또는 용역의 공급 시기가 속하는 과세기간의 종료일로부터 6개월 이내에 거래사실 확인 신청서에 대금결제 등 거래사실 입증자료를 첨부해 신청인의 관할 세무서장에게 거래사실의 확인을 신청해야 한다.

거래 사실 입증책임은 매입자에게 있으므로 대금 결제 등 증빙자료(영수증, 거래명세표, 거래 사실 확인서 등)를 확보해야 한다.

② 신청인 관할 세무서장은 신청인이 제출한 자료를 공급자 관할 세무서장에게 송부한다.

③ 공급자 관할 세무서장은 신청일의 다음 달 말일까지 공급자의 거래 사실 여부를 확인하고 그 결과를 공급자와 신청인 관할 세무서장에게 통보한다.

④ 공급자 관할 세무서장으로부터 거래 사실 확인 통지를 받은 신청인 관할 세무서장은 즉시 신청인에게 그 결과를 통지하고, 그 통지를 받은 신청인은 매입자발행세금계산서를 발행해 공급자에게 발급해야 한다. 다만, 신청인 및 공급자가 관할 세무서장으로부터 거래 사실확인통지를 받은 경우는 매입자발행세금계산서를 발급한 것으로 본다.
⑤ 신청인이 부가가치세 신고 또는 경정청구 시 매입자발행세금계산서합계표를 제출한 경우, 매입자발행세금계산서에 기재된 매입세액을 공제받을 수 있다.

📝 거래 사실확인 신청에 대한 금액 제한 유무

매입자가 세금계산서를 발급하기 위해 세무서장에게 거래 사실확인을 신청하는 경우는 거래 건당 공급대가(부가가치세 포함 가격)가 10만 원 이상이어야 한다.

② 증빙불비가산세 부담 후 비용인정

증빙불비가산세를 부담한다는 것은 가산세를 부담하고 비용으로 인정을 받는다는 것이고, 증빙불비가산세를 부담하지 않는다는 것은 비록 가산세는 부담하지 않지만 더불어 비용인정도 받지 못한다는 의미이다.

📝 증빙불비가산세를 내는 경우

사업자에게 3만 원을 초과하는 재화나 용역을 공급받고 적격증빙을 받지 않았을 때 증빙불비가산세를 내야 한다. 물론 적격증빙을 안 받아도 되는 지출증빙 수취 특례의 경우에는 가산세를 부담하지 않고, 사업자가 아닌 자로부터 공급받는 경우도 가산세가 적용되지 않는다. 사업자(소규모 사업자, 일정 요건의 추계과세자 제외)가 3만 원이 초과하는 비용에 대해 적격증빙(세금계산서, 계산서, 신용카드 매출전표, 현금영수증 등)을 받지 않거나, 사실과 다른 증빙을 받은 경우 동 금액에 가산세 2%를 내야 한다.

구 분		비용인정 및 가산세
일반비용	적격증빙을 받은 경우	비용인정도 되고 가산세도 없음
	적격증빙을 받지 못한 경우	적격증빙 외 증빙자료가 있는 경우 비용인정은 되나 가산세는 있다(구입액의 2%).
기업업무 추진비	적격증빙을 받은 경우	비용인정도 되고 가산세도 없음
	적격증빙을 받지 못한 경우	적격증빙 외 소명자료가 있는 경우라도 비용인정이 안 되고 가산세도 없음

📝 증빙불비가산세를 내지 않는 경우

증빙특례규정에 의한 면제 대상 금액과 손금(필요경비)불산입 대상

업무추진비 금액(3만원 초과 기업업무추진비 지출로 증빙을 받지 않은 경우)은 제외된다.

다음의 경우는 대표적으로 흔히 발생하는 사례이며, 더 있을 수 있다. 절대적인 사례는 아니다.

❶ 사업자가 아닌 자와 거래의 경우(개인으로부터 구입하는 경우)

❷ 증빙특례규정에 의해 증빙 수취가 면제되는 경우(경비 등의 지출 증빙 특례)

---

❶ 부가가치세법상 사업의 포괄양도 양수인 경우

❷ 방송용역, 통신용역, 국외 거래(해외 출장비 등), 공매 경매 수용의 경우

❸ 각종 운송용역인 택시운송용역, 입장권, 승차권, 승선권, 항공기 항행용역

❹ 토지 건물을 구입한 경우로서 거래내용이 확인되는 매매계약서 사본을 확정신고 시 제출한 경우(그러나 이미 세금계산서 등을 발급받은 경우는 해당하지 않는다.)

❺ 간주임대료 부가가치세, 연체이자(연체료는 부가가치세 과세 대상이 아님)

❻ 경비 등의 송금명세서 제출 대상 거래

가. 연 매출 4,800만 원 미만 간이과세자에게 지급하는 부동산 임대용역

나. 임가공용역(법인을 제외함)

다. 연 매출 4,800만 원 미만 간이과세자인 운수업을 영위하는 자에게 지급하는 운송용역

라. 연 매출 4,800만 원 미만 간이과세자로부터 재활용 폐자원 등을 공급받는 경우

마. 홈쇼핑, 우편 주문 판매 등(인터넷, PC 통신, TV 홈쇼핑의 경우)

---

❸ 3만 원 초과 일반업무추진비 지출로 적격증빙을 받지 않아 비용 자체를 인정받지 못하는 경우

❹ 20만 원 초과 경조사비 지출로 적격증빙을 받지 않아 비용 자체를 인정받지 못하는 경우(주의 : 청첩장 등은 적격증빙이 아니며, 소명용 증빙이니 적격증빙으로 착각하면 안 된다.)

❺ 업무용 지출이 아니라 비용 자체를 인정받지 못하는 지출

❻ 인적용역에 대해 세금계산서 등을 대신해 원천징수 후 원천징수 영수증(지급명세서)을 제출한 경우

❼ 실질적으로 폐업신고를 하고 폐업한 사업자로부터 과세된 폐업시 잔존재화(사업용 고정자산 포함)를 구입한 경우(법인 46012-1774, 2000.08.16.) : 사업자로부터 구입한 것으로 보지 않기 때문

❽ 다음의 소규모 사업자

가. 해당 과세기간 신규 사업 개시자 또는

나. 직전 과세기간 사업소득 수입금액 4,800만 원 미만 사업자 또는

다. 연말정산 대상 사업소득만 있는 자

소규모 사업자의 경우 증빙불비가산세 뿐만 아니라 영수증수취명세서미제출가산세 및 무기장 가산세도 적용되지 않는다.

📝 증빙불비 가산세를 내는 시점

자진 신고 · 납부는 말 그대로 사업자가 결산 세무조정 시 적격증빙 미수취분에 대하여 스스로 가산세를 법인세나 종합소득세에 합산하여 납부하는 것인데, 이를 세무조정 시 누락하여 추후 세무조사에서 적발될 경우는 가산세가 부과된다.

그러나 세무조사에서 적발되더라도 이중으로 가산금을 내야 하는 것은 아니다. 따라서 경리실무자들은 자진 신고한 뒤 내거나, 세무조사에서 적발된 후 가산세를 추징당하는 것이나 별반 차이가 없으므로 복잡하게 자진 신고를 하지 않을 수도 있다.

그러나 실제 세무조사 시에는 증빙불비가산세 건뿐만 아니라 일반조사(법인세, 종합소득세, 부가세, 원천세 등), 특별조사, 추적조사 등을 추가로 시행할 수 있으므로 이러한 조사들을 통해 추가로 세무상 불이익을 당할 수 있다. 따라서 경리실무자들은 이러한 점을 유념하여 거래 시 반드시 적격증빙을 수취해야 한다.

또한, 창업 초기 회사에서 자산인 비품이나 기계장치 등 고정자산을 구입할 때 관리시스템이 제대로 정착되지 않거나 피치 못할 사정으로 세금계산서나 계산서, 신용카드 매출전표, 지출증빙용 현금영수증 등 적격증빙을 수취하지 못할 경우가 많은데, 창업주들은 증빙 수취만큼은 꼭 신경 써야 한다.

개인은 사업용 신용카드
법인은 법인카드 반드시 사용

∨

① 개인카드 또는 법인카드 사용 시 업무처리

구 분			업무처리
개인신용카드		일반경비	다른 증빙에 의해 업무용으로 사용한 것이 확인되는 경우 전액 비용인정이 된다. 특히 개인사업자는 가사비용(개인용도) 지출액을 업무용 지출로 처리하는 편법을 사용하면 안 된다.
	기업업무추진비	3만 원까지(경조사비는 20만 원)	청첩장, 영수증 등 증빙 수취 시 비용인정
		3만 1원부터(경조사비는 20만 원)	반드시 법인카드를 사용해야 비용이 인정된다. 개인카드 사용 시 비용은 인정 안 되고, 가산세는 없다. 단, 개인사업자의 경우 원천적으로 법인카드가 없으므로 개인카드를 사용해도 비용인정은 되나 될 수 있으면 사업용 카드를 사용해야 한다.
	비용 인정받은 개인카드 사용분 연말정산 시 처리		비용으로 인정받은 개인카드 사용분은 연말정산 시 신용카드 소득공제 대상에서 스스로 차감한다.

구 분			업무처리
법인신용카드	업무관련지출비용	기업업무추진비(경조사비는 20만 원 포함)	증빙을 받아도 세법상 기업업무추진비 손금 인정 범위 내의 금액만 비용인정을 받을 수 있다.
		일반비용	전액 비용인정
	법인카드 개인 사용분		비용인정이 안 된다. 비용으로 인정받기 위해서는 사용한 임직원의 급여로 보아 근로소득세를 신고·납부 해야 한다. 법인카드를 개인적으로 사용했을 때는 세무상 불이익을 받지 않기 위해서는 나중에 소명을 위해 사용금액을 현금으로 주고받지 말고 반드시 사용자 개인 계좌에서 법인계좌로 입금해야 안전하다.
부가가치세 매입세액공제			공급자의 공급가액과 세액 구분, 공급받는 자의 사업자등록번호를 기재해서 발행받은 경우, 부가가치세 신고 시 매입세액공제가 가능하다. 단, 면세 구입 및 연 매출 4,800만 원 미만 간이과세자로부터 받은 신용카드 매출전표 및 매입세액불공제 대상 지출은 매입세액공제가 불가능하다.

② 직원 개인카드를 사용했을 때 발생하는 문제

📝 개인카드 영수증 수취 및 필수기재 사항 확인 업무

직원 개인카드 사용 내역은 회사가 수집하는 것이 불가능하므로 직원으로부터 꼭 영수증을 받아야 한다.

그리고 수취한 영수증의 세무 처리를 위해 판매처의 사업자등록번호와 영수일시, 영수금액 정보가 꼭 확인되어야 하고, 관리 방법에 따라 카드 번호 정보도 필요할 수 있으므로 영수증 상에 해당 정보가 정확히 기재되어 있는지 확인하는 업무가 필요하다. 혹시라도 직원으로부터 전달받은 영수증에 필수 정보들이 불분명하게 기재되어 있다면 영수증을 재요청하여 다시 받아야 한다.

📝 비용 정산

회사를 위해 지출한 개인카드 결제금액은 회사통장에서 직원 개인통장으로 환급해주어야 한다. 환급해야 할 금액이 발생할 때마다 입금하거나, 일정 기간을 정해서 그 기간동안 사용한 금액을 합산해서 입금하거나 혹은 급여에 포함해서 입금하는 등 여러 방법 중 하나의 방법을 정해서 꼭 직원에게 그 금액을 돌려주어야 한다.

이 과정에서 직원 개인카드 사용 내역을 엑셀 등으로 정리하는 작업 등이 필요할 수 있다. 따라서 업무가 늘어나게 된다.

📝 수기 전표 입력

법인사업자가 법인 명의로 발급받은 카드, 개인사업자가 사업자 명의로 발급받고 홈택스에 등록한 카드의 사용 내역은 홈택스에서 제공하는 시기에 맞춰 사용 내역을 전산으로 조회할 수 있고, 그 기능을 활용하여 전표 입력도 더욱 편하게 진행할 수 있지만, 직원 개인카드 사용내역은 그 내역 하나하나를 수기로 전표 처리해야 하므로 상대적으로 더 많은 작업이 필요하다. 또한, 수기로 전표를 입력한다면 오류가 발생할 수 있다.

📝 연말정산 할 때 주의할 점

사업을 위해 부득이하게 지출한 직원 개인 명의 카드 사용내역은 그 직원의 연말정산에도 영향을 미친다.

연말정산 시 직원은 카드 사용금액도 공제받게 되는데, 직원이 본인 개인명의 카드로 회사 비용을 지출한 내역은 직원 본인의 소비로 볼 수 없으므로 연말정산에서 제외되어야 한다.

따라서 회사에 '국세청 간소화 자료'를 제출할 때 신용카드 등 사용내역에서 회사 비용 목적으로 지출한 내역은 제외하고 제출해야 한다. 직원 입장에서 그 내역을 하나하나 살펴서 전달하는 것도 번거로운 업무겠지만, 연말정산 작업을 실제로 진행하는 사람 입장에서도 전달받은 내용에 주의하여 신고를 진행해야 하는 수고로움이 발생한다.

귀찮고 지금 당장 안 걸리겠지 하는 생각에 무시하고 넘어가는 예도 있는데, 추징 기간이 5년이 되므로 5년 안에 걸릴 가능성이 크다는 점을 명심해야 한다.

사업소득세 절세를 위한 기본 상식

① 공제항목을 꼼꼼히 챙긴다.

소득공제와 세액공제의 종류와 대상을 꼼꼼히 파악하고 빠뜨리지 않아야 한다.

소득공제란 납세의무자의 최저생계비에 해당하는 소득을 과세에서 제외시키기 위해서 과세소득에서 공제하는 금액이다. 사업자의 경우 기본공제, 추가공제, 연금보험료 공제, 특별소득공제, 자녀세액공제, 기부금세액공제, 표준세액공제 등으로 구성되어 있다. 공제의 종류와 대상을 정확히 파악해서 빠뜨리지 않고 공제를 받아야 한다.

② 감가상각 방법을 잘 선택한다.

감가상각을 적절히 이용하면 절세할 수 있다.

고정자산의 가치 감소분을 합리적으로 추정해서 계산하는 회계 절차를 감가상각이라고 한다.

감가상각은 일정 한도에서 세법상 비용으로 인정되는데, 감가상각의 방법에 따라서 기간별 비용이 달라질 수 있다.

그러므로 이러한 감가상각 방법의 차이를 잘 활용하면 소득세를 절세할 수도 있는 것이다. 또한, 감가상각누계액, 대손충당금, 퇴직급여충당금 등의 규정을 활용하면 충당금에 세율을 곱한 금액만큼 세금을 절약할 수 있다. 예를 들어 감가상각 방법을 정률법으로 하는 경우 초기에 많은 금액이 감각상각비로 비용인정이 되며, 정액법을 사용하는 경우 매년 동일한 금액이 감가상각비로 비용인정이 되는 특징이 있다. 따라서 초기에 비용을 많이 계상해 세금을 줄이려는 기업은 정률법을 활용하면 정액법보다 상대적으로 많은 감가상각비를 인정받을 수 있다.

③ 내년으로 이월해서 공제받는다.

올해 공제받지 못한 세액공제액은 내년에 공제받을 수 있다.

사업 설비 등에 투자하면 투자금액의 일정 비율에 상당하는 금액을 투자한 연도의 세금에서 공제받을 수 있다.

그러나 투자한 연도에 내야 할 세금이 없거나 최저한세의 적용으로 공제받지 못한 부분이 있는 경우 그 금액은 다음 해부터 일정기간동안 공제받을 수 있다.

4 세금 감면 규정을 잘 활용한다.

감면 등의 규정을 잘 활용해야 한다.

조세특례제한법에는 중소기업 등에 대한 특별세액감면, 청년창업중소기업세액감면과 고용증대세액공제, 통합투자세액공제, 연구인력개발비 세액공제, 중소기업 사회보험료 세액공제 등 다양한 감면 및 세액공제 규정이 있으므로 이를 최대한 활용한다.

5 공제받지 못한 부가세 비용인정 된다.

매입세액으로 공제받지 못한 부가가치세는 비용으로 인정된다.

본래 부가가치세 매입세액은 매출세액에서 차감하는 것이므로 비용으로 인정되지 않는 것이 원칙이다.

그러나 면세사업자가 부담하는 매입세액이나 업무추진비와 관련해서 공제받지 못했던 매입세액 등은 비용으로 인정되니 빠뜨리지 말고 비용처리를 해야 한다.

6 가산세를 최대한 물지 않는다.

세법에서 정한 의무규정을 지켜 가산세를 내지 않아야 한다.

세법에서 규정하고 있는 의무규정을 놓쳐서 신고불성실가산세, 납부불성실가산세 등의 가산세를 물지 않도록 주의한다.

7. 중간예납 제도 활용

사업실적이 부진한 경우에는 중간예납 추계액 신고를 이용해야 한다. 사업자의 연간 소득금액에 대해서 세금을 한 번에 납부할 경우 부담이 크므로 중간예납 제도를 두어 전년에 납부한 세액의 절반을 세무서에서 고지해서 11월(법인은 8월)에 내도록 하고 있다.

그러나 일정 기준 이상 사업이 부진한 경우, 6개월간의 실제 사업실적에 의해서 신고·납부할 수 있는데, 이를 추계액에 의한 신고·납부라고 한다.

따라서 사업이 전 연도에 비해 부진한 경우 세무서 고지에 의한 납부보다는 추계액에 의해 신고납부하는 것이 절세의 한 방법이다.

8. 장부를 기장한다.

적자가 난 사실을 인정받으려면 장부와 관련 증빙자료에 의해서 그 사실이 확인되어야 한다. 적자 난 사실이 인정되면 그 적자 금액은 앞으로 15년 이내에 발생하는 과세기간의 소득에서 공제받을 수 있다.

하지만 개인사업자가 추계로 신고하는 때는 다음 연도에 손실이 발생해도 공제받을 수 없다.

장부에 의해 확인되면 이익이 날 때는 세금을 내고, 손실이 날 때는 낸 세금에서 차감해주겠다는 것이다.

물건을 사고팔 때는 부가가치세

제품을 사고, 팔 때 내는 세금

1 사업자가 과세 재화 및 용역을 사고, 팔 때

사업자는 부가가치세가 과세되는 재화(물건)나 용역(서비스)을 팔 때 상대방에게 세금계산서 등 적격증빙을 발행해주고 부가가치세를 추가로 받아 부가가치세를 신고납부한다.

그리고 부가가치세가 과세되는 재화(물건)나 용역(서비스)을 살 때는 부가가치세를 추가로 주고 역시 부가가치세를 신고납부한다.

이렇게 팔 때 구입자에게 추가로 받은 부가가치세를 매출세액, 살 때 상대방에게 준 부가가치세를 매입세액이라고 한다.

그리고 매출세액에서 매입세액을 차감한 후 (+)이면 납부를 (−)이면 환급을 받는다. 이렇게 부가가치세는 매출세액 − 매입세액 = 납부세액으로 간단한 세금 구조로 되어있다.

부가가치세 과세 사업자는 일반과세자와 간이과세자로 나누어지고 개인사업자 중 연 매출 1억 400만원 미만인 사업자는 간이과세자 연 매출 1억 400만원 이상인 사업자와 법인은 일반과세자가 된다.

세율은 10%로 일정하다.

부가가치세 = 판매액 × 10% − 구입액 × 10% = 납부세액(△ 환급세액)

② 사업자가 면세 재화 및 용역을 사고, 팔 때

면세 물품을 파는 경우 적격증빙으로는 계산서를 발행하고, 면세 물품을 사는 경우 적격증빙으로 계산서를 받는다.

그리고 면세 물품이나 서비스 거래에 대해서는 별도로 부가가치세를 주고받지 않는다. 따라서 부가가치세 신고에 영향을 미치지 않는다. 다만, 과세 사업자는 과세와 면세 물품을 동시에 팔 수가 있는 반면 면세사업자는 과세물품을 팔지 못한다.

그리고 면세사업자는 부가가치세 신고를 안 하는 대신 다음 연도 2월 10일까지 면세사업장 현황 신고를 별도로 해줘야 한다.

③ 사업자가 과세와 면세 재화 및 용역을 사고, 팔때

현실은 복잡·다양하므로 꼭 과세 재화 및 용역만 팔거나 면세 재화 및 용역만 팔지는 않는다. 대표적인 곳이 집 앞에서 보는 마트이다. 마트에는 과세인 과자와 면세인 채소를 같이 판다. 즉 마트는 과세·면세 겸업 사업자이다.

순번	단품명		
001 *	재사용봉투20L 2000120274627	1	740원
002	푸르밀_비피더스블루 2000126120720	1	1,990원
003	P)통그릴후랑크 2000131699407	1	4,990원
004	KF94소형1입 2000050486955	3	2,100원
005 P	남양_떠먹는불가리스0 2000112141457	2	5,980원
[전단할인]			-2,990원
006 P	맥스봉치즈후랑크 2000128997865	4	6,000원
[전단할인]			-2,020원
	과 세 물 품		14,590원
	부 가 세		1,460원
	면 세 물 품		740원
총 합 계			21,800원
할인(에누리)			-5,010원
구매금액			**16.790원**

따라서 과세 상품을 팔 때는 부가가치세를 별도로 받고, 면세 상품을 팔 때는 부가가치세를 별도로 받지 않는다.

그리고 사업자등록증을 일반과세자나 간이과세자와 같은 과세 사업자이다. 즉 같이 파는 경우는 과세 사업자등록증이 나온다. 다만 부가가치세 신고 때 과세와 면세를 구분해서 신고·납부를 하며, 과세와 면세의 구분 없이 공통으로 사용하는 경우는 과세분만 골라내기 위해 일정한 기준에 따라 안분계산 후 과세분에 대해서만 부가가치세 납부를 한다.

④ 간이과세자가 재화 및 용역을 사고, 팔 때

간이과세자는 앞서 설명한 바와 같이 연 매출 1억 400만원 미만인 개인사업자를 말한다.

그리고 간이과세자는 다시 연 매출 4,800만원 미만의 세금계산서 미발급 간이과세자와 연 매출 4,800만원~1억 400만원의 세금계산서 발급 가능 간이과세자로 구분된다. 따라서 연 매출 4,800만원 미만 간이과세자는 상품을 팔 때 증빙으로 신용카드매출전표를 발행해주는 것이 좋으며, 연 매출 4,800만원~1억 400만원인 간이과세자는 일반과세자와 동일하게 적격증빙을 발행해주면 된다.

반대로 상품을 구입할 때는 연 매출 4,800만원 미만 간이과세자에게 는 신용카드매출전표를 받고, 연 매출 4,800만원~1억 400만원 미만 간이과세자에게는 세금계산서 등 적격증빙을 받으면 문제없이 거래 가 마무리된다.

5 — 개인과 재화 및 용역을 사고, 팔 때

개인에게 과세 상품을 판매할 때는 세금계산서 등 적격증빙을 발행 하고, 면세 물품을 판매할 때는 계산서 등 적격증빙을 발행한다.

신용카드 결재를 받는 것이 과세와 면세를 자동으로 구분해줌으로 가장 편리한 증빙 발행 방법이다. 물론 현금 결제는 현금영수증을 발 행해야 한다.

반면 개인에게서 재화 또는 용역을 구입할 때는 증빙 문제가 발생한 다. 특히 명절에 농어민으로부터 선물을 구입할 때나 인터넷으로 중 고물품을 구입할 때 자주 발생하는 문제이다.

이때는 카드 결제가 가능한 인터넷 사이트의 경우 반드시 판매자 정 보가 나와 있어야 하고, 현금 결제 때는 판매자 본인 명의의 통장으 로 계좌이체를 하면 문제가 해결된다.

부가가치세 계산과 신고·납부

1 일반과세자의 부가가치세 계산 방법

일반과세자는 1년의 공급대가(부가가치세 포함 가격)가 1억 400만원
이상인 자로서 간이과세자를 제외한 부가가치세법상의 사업자를 말
한다.

일반과세자의 부가가치세 계산

부가가치세 납부세액 = 판매액 × 10%(매출세액) − 구입액 × 10%(매입세액)

개인사업자는 1년에 2번, 법인은 4번 신고한다.

일반과세자 중 개인사업자는 1년에 2번, 법인은 1년에 4번의 신고를
한다. 즉, 개인사업자는 2번의 확정신고 · 납부를 하고, 법인은 2번의
예정신고 · 납부와 2번의 확정신고 · 납부를 한다.

구 분		신고사항	신고기간	신고 의무	납부 의무
예정신고	1기	1.1~3.31까지의 매출과 매입	4.1~4.25	법인	법인 및 개인사업자
	2기	7.1~9.30까지의 매출과 매입	10.1~10.25	법인	법인 및 개인사업자
		개인사업자는 예정신고 의무는 없고, 관할세무서에서 부과하는 예정고지 금액에 대한 납부 의무만 있다. 즉, 신고는 안 하고 납부만 하면 된다.			
확정신고	1기	4.1~6.30까지의 매출과 매입	7.1~7.25	법인 및 개인사업자	법인 및 개인사업자
	2기	10.1~12.31까지의 매출과 매입	다음해 1.1~1.25	법인 및 개인사업자	법인 및 개인사업자

구 분		일반과세자		간이과세자	면 세 사업자
		법인	개인		
1기	예정	신고 · 납부	예정 납부	–	신고 · 납부 없음
	확정	신고 · 납부	신고 · 납부	세금계산서 발급 간이과세자 신용카드 매출전표, 현금영수증만 발행한 경우는 제외	
2기	예정	신고 · 납부	예정 납부	–	
	확정	신고 · 납부	신고 · 납부	예정 납부	

[주] 개인사업자 중 연 매출 4,800만 원 미만 간이과세자

개인사업자 중 연 매출 4,800만원 미만 간이과세자는 신고는 하나 부가가치세 납부가 면제된다. 즉, 연 매출이 4,800만원이 되지 않는 간이과세자는 신고는 반드시 해야 하지만 세금은 0원이라서 전혀 세금을 내지 않아도 된다.

[주] 개인사업자

1기 확정신고 · 납부 및 2기 확정신고 · 납부를 모두 한다.

1기 확정신고는 1월 1일~6월 30일까지의 매출 – 매입에서, 1기 예정신고 시 예정고

지서에 따라 납부한 금액을 차감한 금액을 신고 및 납부한다.

2기 확정신고는 7월 1일~12월 31일까지의 매출 − 매입에서, 2기 예정신고 시 예정고지서에 따라 납부한 금액을 차감한 금액을 신고 및 납부한다.

[주] **법인**

1기와 2기 예정신고 및 납부, 1기와 2기 확정신고 및 납부 모두를 한다. 단, 직전기(6개월) 공급가액이 1억 5천만원 미만인 법인사업자도 개인사업자와 같이 예정 고지 · 납부를 한다.

📝 신고할 때 제출할 서류

일반과세자는 부가가치세의 신고 · 납부를 할 때 다음의 서류를 관할 세무서에 제출해야 한다.

항목	신고서류
일반과세자 기본서식	일반과세자 부가가치세 신고서, 매출처별세금계산서합계표, 매입처별세금계산서합계표, 매입자발행세금계산서합계표
카드 매출	신용카드매출전표발행금액 집계표
부동산임대 매출	부동산임대공급가액명세서
면세매출 및 면세매입	매출처별계산서합계표, 매입처별계산서합계표
수출	수출실적명세서
카드매입	신용카드매출전표 등 수령명세서
고정자산 취득	건물등감가상각자산취득명세서
매입세액불공제 대상인 매입 세금계산서	매입세액불공제분 계산 근거

항목	신고서류
음식점	사업장현황명세서
음식점 : 면세 농수산물 구입	의제매입세액 공제신고서
재활용폐자원 및 중고물품사업자	재활용폐자원 등 매입세액공제 신고서
부도어음	대손세액공제(변제) 신고서
전자화폐사용	전자화폐결제명세서
현금매출명세서(주민등록번호로 발행한 세금계산서 내역 분과 순수 현금매출분(현금영수증미발행분))	• 변호사업, 심판변로인업, 변리사업, 법무사업, 공인회계사업, 세무사업, 경영지도사업, 기술지도사업, 감정평가사업, 손해사정인업, 통관업, 기술사업, 건축사업, 도선사업, 측량사업, 공인노무사업, 의사업, 한의사업 (약국 및 수의업은 제출대상에서 제외) • 예식장업, 부동산중개업 • 병원, 의원(부가가치세 과세대상 즉, 성형 및 미용 목적의 시술인 경우)
건물관리	건물관리명세서(주거용 건물관리의 경우는 제외)

2 간이과세자의 부가가치세 계산 방법

간이과세자는 연간 매출액이 1억 400만 원 미만인 소규모 사업자의 경우 해당하며, 그 외의 개인사업자 모두는 일반과세자이다.

그러나 연간 매출액이 1억 400만 원 미만인 소규모 사업자라고, 모든 업종의 사업자가 간이과세자가 되는 것은 아니다.

광업 · 제조업 · 도매업(소매업 겸업자 포함) 및 부동산매매업을 영위하는 사업자는 간이과세자가 될 수 없다. 다만, 제조업 중 주로 최종소비자와 거래하는 양복 · 양장 · 양화점 등은 간이과세 적용이 가능하다.

간이과세자의 부가가치세 계산

(매출액 × 업종별 부가가치율 × 10%) − (매입액(공급대가) × 0.5%) = 납부세액

〈간이과세자의 업종별 부가가치율〉

업 종	부가가치율
소매업, 재생용 재료수집 및 판매업, 음식점업	15%
제조업, 농업 · 임업 및 어업, 소화물 전문 운송업	20%
숙박업	25%
건설업, 운수 및 창고업(소화물 전문 운송업은 제외), 정보통신업	30%
금융 및 보험 관련 서비스업, 전문 · 과학 및 기술서비스업(인물사진 및 행사용 영상 촬영업은 제외), 사업시설관리 · 사업지원 및 임대서비스업, 부동산 관련 서비스업, 부동산임대업	40%
그 밖의 서비스업	30%

1년에 1번 신고·납부 한다.

간이과세자는 1년을 과세기간으로 하여 신고 · 납부 한다. 다만, 7월 1일 기준 과세유형전환 사업자(간이 → 일반)와 예정부과기간(1월 1일~6월 30일)에 세금계산서를 발급한 간이과세자는 1월 1일~6월 30

일을 과세기간으로 하여 7월 25일까지 신고 · 납부해야 한다.

연 매출 4,800만 원 미만의 간이과세자는 예정부과기간인 7월에 부가가치세 신고를 안 한다. 납부 의무도 면제이므로 납부도 안 한다.

과세기간	신고납부기간
1월 1일~12월 31일	다음 해 1월 1일~1월 25일

📝 신고할 때 제출할 서류

간이과세자는 부가가치세의 신고 · 납부 때에는 다음의 서류를 관할 세무서에 제출해야 한다.

항목	신고서류
간이과세자 기본서류	간이과세자 부가가치세 신고서, 매출처별세금계산서합계표, 매입처별세금계산서합계표, 매입자발행세금계산서합계표
카드매출	신용카드매출전표발행금액 집계표
부동산 임대매출	부동산임대공급가액명세서
면세매출	매출처별계산서합계표
수출	수출실적명세서
카드매입	신용카드매출전표 등 수령명세서
고정자산 취득	건물등감가상각자산취득명세서
매입세액불공제 대상인 매입세금계산서	매입세액불공제분 계산근거

항목	신고서류
음식점	사업장현황명세서
면세매입	매입처별계산서합계표
재활용폐자원 및 중고물품사업자	재활용폐자원 등 매입세액공제 신고서
부도어음	대손세액공제(변제) 신고서

반드시 받아야 할 매입세액공제

1 매입세액공제의 시작은 증빙 관리

구 분	종 류
받아도 매입세액공제가 안 되는 증빙	○ 과세가액과 부가가치세만 구분되어 기재되어 있는 일반영수증 ○ 간이영수증 ○ 거래명세서 ○ 연 매출 4,800만 원 미만 간이과세자로부터 받는 신용카드매출전표, 현금영수증 ○ 면세사업자로부터 받는 계산서, 신용카드매출전표, 현금영수증 ○ 건당 20만 원을 초과하는 청첩장 등 경조사 관련 증빙
받으면 매입세액공제가 되는 증빙	○ 세금계산서 ○ 일반과세자 및 **세금계산서 발행 간이과세자(4,800~1억 400만원)**로부터 받는 신용카드매출전표, 지출증빙용 현금영수증
무조건 매입세액공제가 안 되는 경우	○ 업무와 관련 없는 비용의 지출 ➔ 가사 관련 비용의 지출 ○ 기업업무추진비 및 유사 비용의 지출과 관련된 매입세액 ○ 비영업용소형승용차의 취득과 유지 관련 비용 ➔ 제조업, 도·소매업 등의 승용차 취득과 유지비용

구 분	종 류
	○ 세금계산서 미수취 또는 부실기재에 대한 매입세액 : 세금계산서의 필요적 기재 사항 부실기재
	○ 연 매출 4,800만 원 미만 간이과세자, 면세 관련 매입액
	○ 국내외 출장 등을 위해 사용한 항공기 운임, 철도운임, 고속버스, 택시 등의 여객 운임. 단, 호텔 등의 숙박은 업무 관련의 경우 매입세액공제
	○ 공연·놀이동산 입장권, 목욕, 이발, 미용업 및 성형수술 진료 관련 이용요금
	○ 사업자등록 전 매입세액 : 과세기간의 종료일로부터 20일 이내에 사업자등록을 완료한 경우, 해당 과세기간의 사용분에 대해서 매입세액공제가 가능
	○ 국외 사용액
	○ 인건비

② 매입세액공제는 안 돼도 비용처리는 된다.

앞서 설명한 표에서 매입세액공제가 안 된다고 비용인정이 안 되는 것은 아니다. 즉, 매입세액공제는 부가가치세 신고 때에만 적용되는 것이며, 매입세액공제가 안 돼도 비용으로는 인정되어 종합소득세나 법인세를 신고할 때 세금을 줄여주는 역할을 한다.

예를 들어 간이영수증의 경우 3만 원 미만을 지출할 때, 비용으로 인정받는 증빙이 되며, 3만원을 초과하는 경우에도 업무용 지출의 경우 가산세를 부담하고 비용으로 인정받는 증빙(업무추진비 제외)이 된다. 또한 간이과세자의 신용카드매출전표와 면세 물품을 구입하면서 받은 계산서는 매입세액공제가 안 되지만 법에서 인정하는 증빙이 되므로 비용으로 인정받을 수 있다.

예를 들어 접대용 상품을 백화점에서 100만 원에 취득하면서 부가가치세 10만 원을 더해 110만 원을 결제한 경우 부가가치세 10만 원을 부가가치세 신고 때 공제받지 못하지만, 종합소득세 신고나 법인세 신고 때 비용으로 부가가치세까지 합친 110만 원을 비용으로 인정 받는다.

구 분			매입세액공제	비용처리
일반과세자	세금계산서 등 법정지출증빙	필요적 기재 사항 기재	○	○
		필요적 기재 사항 누락	×	○
	법에서 인정하지 않는 증빙 (간이영수증, 거래명세서)		×	○
간이과세자	연 매출 4,800만원 미만		×	○
	연 매출 4,800~1억 400만원 미만		○	○

주 업무용으로 지출한 경우 비록 매입세액공제는 받지 못하더라도, 종합소득세 신고나 법인세 신고 때에는 비용으로 인정받을 수 있다.

구 분	법인세법상	소득세법상
부가가치세법상 공제되는 일반적인 매입세액	손금불산입	필요경비산입
❶ 본래부터 공제되지 않는 매입세액	손금산입	필요경비산입

구 분		법인세법상	소득세법상
부가가치세 법상 공제되지 않는 매입세액	가. 영수증을 발급받은 거래분의 매입세액 나. 부가가치세 면세사업 관련 매입세액 다. 토지 관련 매입세액 라. 비업무용 소형 승용자동차의 구입·유지에 관한 매입세액 마. 기업업무추진비 및 유사 비용의 지출에 관련된 매입세액 바. 간주임대료에 대한 부가가치세	자산의 취득원가나 자본적 지출 해당 분은 일단 자산으로 계상한 후 추후 손금 인정	자산의 취득원가나 자본적 지출 해당 분은 일단 자산으로 계상한 후 추후 필요경비인정
	❷ 의무불이행 또는 업무 무관으로 인한 불공제 매입세액 가. 세금계산서의 미수취·불분명 매입세액 나. 매입처별 세금계산서합계표의 미제출·불분명 매입세액 다. 사업자등록 전 매입세액 라. 사업과 관련 없는 매입세액	손금불산입 자산으로 계상 할 수 없음	필요경비불산 입 자산으로 계상할 수 없음

③ 직원 식대는 매입세액공제

직원 식대를 보조해주는 경우 월 20만 원 이내의 금액은 비과세 된다. 그리고 이는 인건비에 해당하므로 매입세액공제 대상이 아니다. 반면, 식비를 지불하지 않고 구내식당에서 식사를 제공하거나 외부 음식점에서 식사를 제공하고 법인카드 등으로 결제한 경우 이는 매입세액공제가 가능하다.

개인사업자의 사장님 본인 식대는 매입세액공제도 안 되고, 비용으로도 인정되지 않는다. 반면 개인사업자가 직원 2명과 사무실 앞의 식당에서 식사하고, 카드로 결제한 경우, 직원 2명의 식사비는 매입세액공제도 되면서, 비용으로도 인정된다.

그러나 개인회사 사장의 식사비는 매입세액공제도 안 되고, 비용으로도 인정되지 않는 것이 원칙이나 직원에 식사비용에 포함해서 매입세액공제 및 비용처리를 하는 사업주가 많으며, 세무조사 등으로 적발 시 세금 및 가산세를 부담해야 한다.

구 분	매입세액공제
법인 임직원 식대	• 점심 식비 : 매월 20만 원의 점심 식대 보조금을 비과세 처리하지 않고, 식사를 매월 신용카드로 결제하는 경우 해당 식대는 매입세액공제 및 비용처리가 가능하다. 법인의 대표이사도 임직원과 동일하게 처리된다.
법인 대표이사 식대	• 야근 식비 : 야근 식비는 비과세 처리 여부와 상관없이 복리후생비로 매입세액공제 및 비용처리가 가능하다.
개인회사 직원의 식대	• 매입세액공제 및 비용처리를 위해서는 적격증빙의 수취가 필수이므로 신용카드 결제나 지출증빙용 현금영수증을 반드시 받아야 한다.
[참고] 식대를 문제없이 비과세 처리하려면 식대가 연봉계약서에 포함되어 있고, 회사의 사규 또는 급여 지급기준에 식대에 대한 지급기준이 정해져 있어야 한다.	
개인회사 사장님 식대	개인회사 사장님의 식사대는 매입세액공제가 되지 않고, 비용으로 인정되지도 않는다.

4 복리후생비의 매입세액공제

종업원의 회식비 또는 사외 회의비를 법인카드를 이용하여 지출하고 신용카드 매출전표에 공급받는 자와 부가가치세가 별도로 기재되어 있는 경우, 매입세액으로 공제할 수 있다. 물론 복리후생 목적의 커피나, 음료, 문구 등을 사고, 법인카드로 결제한 경우에도 매입세액공제가 가능하다.

그러나 업무추진비를 지출하고 이를 복리후생비로 처리한 후 매입세액공제를 받는다면 이는 탈세에 해당한다.

5 공과금의 매입세액공제

공과금은 전기요금, 수도요금, 가스료, 핸드폰 요금, 전화료, 인터넷 사용료 등이 대표적이다.

이중 수도요금은 면세이므로 세금계산서가 아닌 계산서를 받게 되며, 이는 매입세액불공제가 된다. 반면, 전기요금, 가스료, 핸드폰 요금, 전화료, 인터넷 사용료는 필수적 기재 사항이 기재되어 있는 지로용지의 경우 매입세액공제가 가능하다.

인터넷이나 핸드폰 요금 등 부가가치세 신고 때에 해당 통신사에 연락하여 세금계산서를 발급받으면 부가가치세 공제를 받을 수 있다. 이는 유선전화 역시 마찬가지다. 다만, 해당 요금을 카드로 결제한 경우 별도의 세금계산서를 요청하지 않더라도 부가가치세 공제를 받을 수 있으므로, 공과금의 자동결제를 은행 통장보다는 사업용 신용 카드로 해두는 것이 편리하다.

그리고 간혹 임차 사무실의 전기료, 수도료, 가스료 등의 납부통지서가 모두 건물주로 되어있거나 이전 임차인의 명의로 되어있는 경우 요금 납부를 본인이 했더라도 매입세액공제를 받지 못한다. 이 경우 우선 한전을 통해 명의변경을 신청하여 본인 명의로 납부자를 변경해야 한다. 납부자 명의가 건물주로 되어있는 상태에서 명의변경이 불가능한 경우에는 건물주로부터 세금계산서(전기료, 가스료) 및 계산서(수도료)를 발급받아 매입세액공제를 받으면 된다.

⑥ 인건비의 매입세액공제

인건비는 매입세액공제 대상에 해당하지 않는다.

⑦ 국내외 출장에 사용한 여비교통비 매입세액공제

업무 관련 항공, 철도, 고속버스 운임 등 국내외 출장 등을 위해 사용한 항공기 운임, KTX 등 철도운임, 고속버스, 택시 등의 여객 운임은 영수증 발행업종으로 매입세액불공제가 되는 항목이다. 단, 호텔 등 숙박의 경우는 업무 관련의 경우 매입세액공제가 가능하다.

그리고 해외에서 사용한 비용은 매입세액공제가 안 된다.

절세되는 차량과 관리 대상 차량

① 비영업용소형승용차는 안 되고, 트럭은 된다.

부가가치세법상 비영업용소형승용차의 구입과 유지 관련 비용은 매입세액공제가 안 된다.

많이들 헷갈리는데, 업무용과 영업용은 엄연히 다르다. 즉, 부가가치세 매입세액공제가 되는 영업용과 흔히 회사업무를 하면서 사용하는 영업용 또는 업무용과는 엄연히 다른 의미로 사용된다.

"회사에서 차량을 운행하면 모두 영업용차량 아닌가요? 따라서 영업용차량이므로 공제받을 수 있는 거 아닌가요?" 라고 물어보는 경우가 있는데, 회사에서 운영하는 차량은 세법상 말하는 영업용이 아닌 업무용이다.

부가가치세법에서 말하는 영업용차량이란 운수업(택시, 버스), 자동차판매업, 자동차임대업, 운전학원업, 경비업법 등 노란색 번호판, 장례식장 및 장의 관련업을 영위하는 법인 차량과 운구용 승용차 등의 업종을 영위하는 법인이나 사업자가 자동차를 영업에 직접적으로 이용하는 것을 의미하므로 업무용과는 다르다. 차량으로 노란색 번호판을 달고 있다.

따라서 도소매업, 제조업 등 일반 법인이나 개인사업자의 경우 영업용차량에 해당하지 않아 매입세액공제를 받을 수 없다.

그리고 관련 비용도 차와 묶어서 같은 규정이 적용되는데, 관련 비용은 수리비, 주차비, 주유비, 리스비, 렌트비 등 명칭과 관계없이 일체의 승용차 관련 비용을 포함한다.

해당 업종(운수업(택시, 버스), 자동차판매업, 자동차임대업, 운전학원업, 경비업법 등 노란색 번호판, 장례식장 및 장의 관련업)이 아닌 법인이나 개인사업자의 경우 개별소비세 과세 대상 차량의 구입, 유지, 임차에 관한 비용은 매입세액공제를 받지 못한다.

이는 자가 소유, 리스, 렌트 차량 구별 없이 동일하게 적용된다.

구 분	공제가능차량
영업용으로 봐 매입세액공제를 해주는 업종의 승용차	○ 운수업(택시 회사) ○ 자동차판매업 ○ 자동차임대업(차량 렌트 업체) ○ 운전학원업 ○ 경비업법 제2조 제1호 라목에 따른 기계 경비업무를 하는 경비업. 이 경우 자동차는 경비업법 제16조의3에 따른 출동 차량에 한정하여 적용한다. ○ 장례식장 및 장의 관련업(법인 차량 및 운구 차량)
공제가능 차량	○ 9인승 이상 승용차·승합차 ○ 트럭 등 화물차 : 화물칸이 따로 구별되어 짐을 실을 수 있는 차량

구 분	공제가능차량
	O 벤 승용차 : 운전석과 조수석 외에는 좌석이 없는 차량으로 운전석 뒤 칸에 물건을 실을 수 있게 좌석 시트 대신 공간으로 구성된 차량 O 경차 : 1,000cc 이하, 길이 3.6m 이하, 폭 1.6m 이하 차량으로 모닝, 스파크, 레이 등 O 오토바이 : 125cc 이하의 이륜자동차 O 정원 9인승 이상의 승용차 : 카니발 9인승 등 O 전기차 : 길이 3.6m 이하, 폭 1.6m 이하
차량유지비용	하이패스 단말기 구입비용, 네비게이션, 세차, 수리 비용, 유류비, 보험료, 수리비, 자동차세, 통행료, 주차료 등

② 매입세액공제는 기름의 종류로 결정 안 된다.

주유할 때 경유는 공제가 되고, 휘발유는 공제가 안 된다고 생각하는 실무자들이 많다.

그러나 매입세액공제는 주유하는 기름의 종류에 따라 공제가 되고, 안 되고가 결정되는 것이 아니라, 법적으로 업종과 차종에 따라 공제 가능 여부가 결정된다. 다만, 주유를 휘발유로 하는 차종의 대다수는 매입세액공제가 안 되는 일반승용차(경차를 제외한 모든 승용차라고 보면 됨)가 많고, 매입세액공제가 되는 차종이 상대적으로 경유를 주유하는 차종(다마스, 트럭, 9인승 승합차 및 운수업 사용 차종)이 많다 보니, 이런 오해를 가질 수 있다.

3 톨비도 공제되고, 안 되는 곳이 있다.

도로공사는 조세특례제한법 시행령에 따라 정부의 업무를 대행하는 단체로 보아 부가가치세가 면제되므로, 도로공사에 지급하는 통행료에는 부가가치세가 과세되지 않는다. 따라서 매입세액공제가 불가능하다.

그러나 한국도로공사 이외의 민간 사업자가 징수하는 유료도로 통행료의 경우는 부가가치세를 면세한다는 규정이 없으므로, 당연히 과세된다. 따라서 그 이용자가 신용카드매출전표나 세금계산서를 발급받은 경우는 매출세액에서 공제(이 경우 비영업용소형승용자동차의 유지비로서 매입세액을 불공제하는 것은 제외) 할 수 있다.

이때 도로 및 관련 시설운영업은 영수증 발급 대상 사업으로 공급받는 사업자가 사업자등록증을 제시하고 세금계산서의 발급을 요구하지 않는 한 영수증을 발급해야 하므로, 공급받는 사업자가 매입세액공제를 받기 위해서는 사업자등록증을 제시하고 별도로 세금계산서의 발급을 요구해야 한다.

법인카드로 하이패스 · 하이플러스 카드 충전 후 한국도로공사, 민자고속도로를 사용했을 경우

➡ 한국도로공사 : 부가가치세 면세 대상으로 매입세액불공제

➡ 민자고속도로 : 부가가치세 과세 대상으로 영수증을 발급받은 경우 매입세액공제(비영업용소형승용자동차의 유지비로서 매입세액을 불공제하는 것은 제외)

➡ 한국도로공사와 민자고속도로 동시 사용 : 사용처를 구분해서 민자고속도로 부분만 매입세액공제

돈 자랑하면 세무조사 무조건 받는다.

세무조사는 무엇인가 발견해서 나오는 것이고, 나오면 무조건 찾아서 가져간다. 즉 빈손으로는 절대 돌아가지 않는다.

그런데 문제는 내가 사업을 수십 년 했지만 1번도 걸린 적 없어 안 걸려라고 생각하고 말하는 사장님이 상당히 많다. 하지만 세무조사에 한 번 걸리면 그 수십 년 치 세금을 일시금으로 내야 한다.

아차 하는 순간 국세청 전산망에 걸렸거나 직원이 찔렀거나

그래도 어떻게 찾겠어! 내가 꼭꼭 숨겨뒀는데, 조사관은 선수들인데 어떤 방법으로든 찾아내니 안심하면 안 된다.

① 100% 드러나는 매출

부가가치세는 판매자가 증빙을 발행하면, 구입자에게 각종 혜택을 줘서 받은 증빙을 신고하도록 유도하고 있다. 즉, 판매자와 구입자의 상호 증빙 체크를 통해 탈세 여부를 찾아내는 방식이다. 따라서 판매자는 증빙을 발행하면 무조건 세금 신고를 해야 한다. 즉, 다음의 거래는 무조건 매출이 드러나므로 신고 및 납부를 해야 한다.

❶ 세금계산서 발행분 ➡ 거래상대방이 매입으로 신고한다.

❷ 계산서 발행분 ➡ 거래상대방이 매입으로 신고한다.

❸ 신용카드 결제 분 ➡ 국세청에 바로 통보된다.

❹ 현금영수증 발행분 ➡ 국세청에 바로 통보된다.

❺ 지로영수증 청구 분 ➡ 거래상대방이 매입으로 신고한다.

❻ 앱 매출분 ➡ 거래상대방이 매입으로 신고한다.

❼ 인터넷 전자상거래 분 ➡ 거래상대방이 매입으로 신고한다.

따라서 위의 매출분은 부가가치세 신고를 할 때 편리하게 하려면 각각 별도로 합계를 관리하는 것이 좋다.

② 감추려는 매출

현재는 워낙 국세청이 전산망을 촘촘히 해놔서 매출을 감추기가 힘들다. 그나마 감출 수 있는 매출은 가장 일반적인 방법이

❶ 현금할인을 해주는 대신 적격증빙 발행을 안 하는 경우

❷ 사업용 매출을 배우자 등 차명으로 받는 행위

❷ 아는 사업자끼리 가공자료를 주고받아 모자라는 자료를 맞추는 정도이다.

판매하고 현금을 받는 경우, 아예 업종 특성상 현금매출이 발생할 확률이 미미하고 규모가 작은 경우에는 현금매출을 누락해도 커다란 문제가 생길 확률이 낮으나, 심심치 않게 현금거래가 발생하는 마트 등 소비자를 상대하는 업종이 현금매출이 전혀 없는 것처럼 신고한

다면 문제가 될 가능성이 크다. 따라서 전체를 신고하지 않더라도 적절히 조정해서 신고는 해야 한다.

특히 유사한 업종을 운영하는 다른 회사나 점포보다 현금매출 비율이 낮거나, 매출과 비교해서 자료가 과다한 경우에는 부가가치세 신고 때에 안내장이 오므로 주의해야 한다.

그리고 현금거래가 빈번한 업종의 경우는 기획조사 업종에 선별될 가능성이 크므로 주의해야 한다.

안 걸릴 것 같지만 이런 경우는 꼭 걸린다.

⊙ SNS나 방송에 나와서 돈 자랑, 명품자랑 하다가

⊙ 소득은 쥐꼬리만큼 신고하고, 신용카드 펑펑 쓰다가

⊙ 소득에 비해 고가의 차량을 굴리거나 고가의 부동산을 취득하는 때는 100% 걸리므로 소득신고에 맞는 소비를 해야 한다.

소득이 없는데, 소비가 많거나 자산을 취득하는 것은 부모에게 받았거나 본인의 소득을 누락한 2가지 밖에 없기 때문이다.

신고는 했는데, 납부할 돈이 없어요.

∨

① 납부할 돈이 없어 신고도 안 했어요.

납부할 돈이 없어도 신고는 해야 최소한 가산세라도 아낄 수 있다.

📝 매입세액공제를 받을 수 없다.

매입세액을 공제받기 위해서는 예정신고 또는 확정신고를 하면서 매입처별세금계산서합계표를 제출해야 하는데, 신고하지 않으면 이를 제출하지 못하므로 매입세액을 공제받을 수 없다. 따라서 신고기간에 신고를 못 했으면 기한후신고라도 한다. 신고기한 경과 후 1개월 이내에는 홈택스 신고가 가능하다.

기한후신고 방법과 가산세

법정 신고기한 내에 부가가치세를 신고하지 못한 사업장의 경우, 세무서에서 무신고에 대한 결정을 통지하기 전까지는 부가가치세 기한 후 신고를 할 수 있다.

---

1. 가산세 납부

사업실적이 없는 경우에도 반드시 부가세 신고를 해야 하므로 무신고의 경우 아래의 가산세가 발생한다.

❶ 신고 불성실 가산세 = 납부세액 × 20%

❷ 납부 불성실 가산세 = 미납세액 × 22/100,000 × 신고·납부 기한의 다음 날부터 실제 납부 일까지 일수

신고·납부 기한 종료 후 미납세액의 0.022%씩 매일 가산된다.

❸ 세금계산서 합계표 제출 불성실 가산세 = 합계표 미제출한 공급가액 × 0.5%

추가로 아래의 가산세가 발생할 수 있다.

❹ 영세율 과세표준 신고불성실가산세 = 영세율 과세표준 × 0.5%

❺ 현금매출명세서 미제출 가산세 = 미제출 또는 부실기재 금액 × 1%

2. 기한 후 신고 시 가산세 감면

기한 후 신고를 하면 위의 가산세를 감면받을 수 있다.

구 분	가산세 감면
1개월 이내 신고 및 납부	50%
1개월 초과 3개월 이내 신고 및 납부	30%
3개월 초과 6개월 이내 신고 및 납부	20%

📝 신고를 안 하면 수정신고도 못 한다.

신고를 안 하면 신고내용이 잘못되어도 수정신고·경정청구를 할 수 없다.

가산세를 물어야 한다.

구 분	가산세 계산
매출처별세금계산서합계표 미제출가산세	사업자가 매출처별세금계산서합계표를 예정신고 또는 확정신고와 함께 제출하지 아니한 경우, 공급가액의 0.5% 가산세로 물어야 한다.
매입처별세금계산서합계표 미제출가산세	예정신고 또는 확정신고 시에 매입처별세금계산서합계표를 제출하지 않았으나 나중에 세금계산서를 제출하여 매입세액을 공제받는 경우는 공급가액의 0.5%를 가산세로 물어야 한다.
신고불성실가산세	예정신고 또는 확정신고를 하지 않은 경우는 다음의 금액을 가산세로 물어야 한다. 무신고가산세 = 부당무신고납부세액 × 40% + 일반무신고납부세액 × 20% • 부당무신고납부세액 : 부당한 방법으로 무신고 한 납부세액에 상당하는 금액 • 일반무신고납부세액 : 　무신고납부세액 − 부당무신고납부세액

② 신고만 하고, 납부를 안 했어요.

신고한 후 납부를 안 한 경우 납부불성실가산세를 내야 한다.

예정신고 또는 확정신고와 함께 납부해야 할 세액을 납부하지 않은 때에는 「그 납부하지 아니한 세액에 납부기한의 다음 날부터 자진납부일 또는 고지 일까지의 기간에 1일 0.022%를 적용하여 계산한 금액」을 가산세로 물어야 한다.

3 가산세의 계산사례

일반과세자 홍길동씨가 신고를 한 경우와 신고를 하지 않은 경우의 세금 부담을 비교해 보겠다.

사례

➤ 매출액 : 2억원

➤ 매입액 : 1억 4천만 원

➤ 신고했으나 납부하지 아니한 세액은 50일 후에 고지서를 발부받고, 신고·납부하지 아니한 세액은 180일 후에 고지서를 발부받은 것으로 함.

➤ 매입세액은 경정결정 시 매입 사실이 확인되어 공제함

해설

1. 신고를 한 경우

- 납부세액 = (2억 원 × 10%) − (1억 4천만 원 × 10%) = 6백만 원
- 납부불성실가산세 = 6백만 원 × 50일 × 22/100,000 = 66,000원
- 총부담세액 = 6,066,000원

2. 신고를 하지 않은 경우(일반 무신고인 경우로 계산)

- 납부세액 = (2억 원 × 10%) − (1억 4천만 원 × 10%) = 600만 원
- 매출처별세금계산서합계표 미제출 가산세 = 100만 원(2억 원 × 0.5%)
- 매입처별세금계산서합계표 미제출 가산세 = 70만 원(1억 4천만 원 × 0.5%)
- 신고불성실가산세 = 6백만 원 × 20% = 120만 원
- 납부불성실가산세 = 6백만 원 × 180일 × 22/100,000 = 237,600원
- 총부담세액 = 9,137,000원

거래처가 부도났을 때 부가세 돌려받기

외상으로 물품을 대주고 대금은 외상으로 했는데, 갑자기 부도가 나는 바람에 상품 대금 회수는 말할 것도 없고, 이에 대한 부가가치세마저 떠안게 되어 억울하다는 생각이 들어 손해를 최소화할 수 있는 방법을 찾고 있다.

부가가치세는 대금 회수와 관계없이 공급시기에 신고·납부해야 하므로, 외상으로 재화·용역을 공급하고 부가가치세를 납부한 후에 대금을 받지 못했을 때, 세액은 이미 납부한 결과가 된다.

사업자는 받지도 못한 부가가치세를 납부했으므로, 받지 못한 외상대금과 부가가치세 등 이중으로 손해를 볼 수밖에 없다. 이러한 이중의 손해를 방지하기 위해서 대손이 확정된 날이 속하는 과세기간의 매출세액에서 받지 못한 부가가치세를 공제해주는 제도가 있는데 이를 대손세액공제라고 한다.

1 〉 손실을 안 볼 수 있는 방법이 있을까?

대손세액공제를 받으면 된다. 즉, 부도가 발생해서 부도어음이나 수표 금액에 포함된 매출세액을 부가가치세 확정신고 때 매출세액에서 차감받으려면 대손세액공제 신고서와 대손 사실(부도 발생 사실)을 증명하는 서류를 첨부해서 관할세무서에 제출한 후 대손세액공제를 받는다.

② 언제 해야 할까?

대손세액이 확정된 날이 속하는 과세기간의 매출세액에서 차감한 후 신고해야 한다. 다만, 다음의 대손 사유가 인정되는 경우에만 매출세액에서 공제할 수 있다.

❶ 파산법에 의한 파산

❷ 민사소송법에 의한 강제집행

❸ 사망 · 실종선고

❹ 정리계획인가 또는 화의인가의 결정으로 회수불능 확정채권

❺ 상법상의 소멸시효완성

❻ 수표 또는 어음의 부도(부도 발생일 : 부도 확인을 받은 날)부터 6월이 된 경우로서 저당권을 설정한 경우는 제외함

❼ 회수기일이 6월 이상 경과한 소액채권(채무자별로 30만 원 이하의 채권으로 회수 비용이 당해 채권 가액을 초과해서 회수 실익이 없다고 인정되는 경우)

③ 어떻게 해야 할까?

부도 사실을 증명하기 위해서는 거래처로부터 받은 세금계산서 사본과 부도어음 수표 사본(차후 원본 필요)을 구비 해야 하며, 이를 대손세액공제신고서와 함께 부가가치세 확정신고 시 제출하면 된다.

④ 얼마나 혜택을 볼 수 있을까?

부도어음 수표 금액의 10/110에 해당하는 금액을 부가가치세 확정신고 때 공제받을 수 있다. 또한, 요건을 충족한 경우 나머지 못 받은 금액(100/110)은 대손상각비로 법인세 또는 소득세 신고 시 비용처리가 가능하다.

참고로 10/110을 공제해주는 이유는 부가가치세는 판매금액 100%에 대해 10%가 세금이 된다. 따라서 총금액은 110%가 된다.

이를 역으로 보면 총금액에서 부가가치세는 10/110만 되는 것이고 100/110은 판매금액이 되는 것이다. 여기서 110/110(판매금액 + 부가가치세)을 부가가치세법에서는 공급대가라고 하고, 100(판매금액)/110을 공급가액이라고 한다.

예를 들어 부가가치세 포함 110만 원을 받지 못한 경우, 110만 원 × 100/110 = 100만 원은 판매금액, 110만 원 × 10/110 = 10만 원은 부가가치세가 된다.

구 분	처리방법
판매금액 100만 원	종합소득세 또는 법인세 신고 때 대손상각비로 비용인정
부가가치세 10만 원	부가가치세 신고 때 대손세액공제

개인이 내야 하는 세금 소득세

개인소득에 대한 세금 소득세

소득세를 납세해야 하는 사람은 원칙적으로 자연인인 개인에 한정된다. 다만, 법인으로 보는 단체 외의 법인 아닌 단체에 대해서는 개인으로 보아 소득세의 납세의무자가 있다.

소득세법은 소득이 귀속되는 개인을 거주자와 비거주자로 구분하고 이에 따라 과세소득의 범위 및 과세 방법 등에 차이를 두고 있다.

① 거주자와 비거주자

거주자와 비거주자 구분 방법과 납세의무

거주자는 국내외 모든 소득에 대해서 과세를 하며, 비거주자는 국내원천소득(국내에서 얻은 소득)에 대해서만 과세한다.

구 분	의의	납세의무 범위
비거주자	거주자가 아닌 자	국내원천소득에 한해 소득세 납세의무가 있다.

구 분	의의	납세의무 범위
거주자 (국적과 무관)	국내에 주소를 두거나 183일 이상 거소를 둔 개인	국내원천소득과 국외원천소득 모두에 대해 납세의무가 있다(무제한 납세의무). 외국인 단기거주자 : 국내원천소득 및 국내에서 지급되거나 국내로 송금된 국외원천소득만 과세

주 거소 : 거주하는 장소를 말한다.

외국인 단기거주자 : 해당 과세기간 종료일 10년 전부터 국내에 주소·거소를 둔 기간의 합계가 5년 이하인 외국인 근로자

거주자 또는 비거주자로 보는 경우(의제)

거주자로 보는 경우	비거주자로 보는 경우
국내에 주소를 가진 것으로 보는 경우는 거주자에 해당한다. ❶ 계속해서 183일 이상 국내에 거주할 것을 통상 필요로 하는 직업을 가진 때 ❷ 국내에 생계를 같이 하는 가족이 있고, 그 직업 및 자산 상태에 비추어 계속해서 183일 이상 국내에 거주할 것으로 인정되는 때 ❸ 국외에서 근무하는 공무원 또는 거주자·내국법인의 국외 사업장 등에 파견된 임원 또는 직원은 계속해서 183일 이상 국외에 거주할 것을 통상 필요로 하는 직업을 가진 경우임에도 불구하고 거주자로 본다.	국내에 주소가 없는 것으로 보는 경우는 비거주자로 본다. ❶ 계속해서 183일 이상 국외에 거주할 것을 통상 필요로 하는 직업을 가진 때 ❷ 외국 국적을 가졌거나 외국 법령에 의해 그 외국의 영주권을 얻은 자로서 국내에 생계를 같이 하는 가족이 없고, 그 직업 및 자산 상태에 비추어 다시 입국해서 주로 국내에 거주하리라고 인정되지 않는 때 ❸ 주한 외교관과 그 가족(대한민국 국민 제외), 합중국 군대의 구성원·군무원 및 그들의 가족은 항시 비거주자로 본다.

거주자로 보는 경우	비거주자로 보는 경우
❹ 외국 항행 승무원으로서 생계를 같이하는 가족이 거주하는 장소 또는 그 승무원이 근무시간 이외의 기간 중 통상 체재하는 장소가 국내에 있는 때	❹ 외국 항행 승무원으로서 생계를 같이하는 가족이 거주하는 장소 또는 그 승무원이 근무시간 이외의 기간 중 통상 체재하는 장소가 국외에 있는 때

② 소득세의 과세기간

소득세의 과세기간은 원칙적으로 1월 1일부터 12월 31일까지이다. 다만, 거주자가 사망한 경우는 1월 1일부터 사망한 날까지를 과세기간으로 하며, 거주자가 출국으로 인하여 비거주자가 되는 경우는 1월 1일부터 출국한 날까지를 과세기간으로 한다.

원 칙

- 1월 1일~12월 31일
- 과세기간은 무조건
  1월 1일~12월 31일이며,
  임의로 정할 수 없다.

예 외

- 거주자가 사망한 경우 :
  1월 1일~사망일
- 거주자가 출국해 비거주자가
  되는 경우 : 1월 1일~출국일

3 — 소득세 납세지

구 분	납세지
거주자	주소지를 납세지로 한다. 다만, 주소지가 없는 경우 거소지로 한다.
비거주자	국내사업장 소재지로 한다. 다만, 국내사업장 소재지가 없는 경우 국내원천소득 발생 장소로 한다.
원천징수한 소득세의 납세지	❶ 원천징수 하는 자가 거주자인 경우는 그 거주자가 원천징수 하는 사업장의 소재지로 한다. ❷ 원천징수 하는 자가 법인인 경우는 그 법인의 본점 또는 주사무소의 소재지이다. 원천징수의무자인 법인의 지점·영업소 기타 사업장이 독립채산제에 따라 독자적으로 회계 사무를 처리하는 경우 그 사업장 소재지이다.
납세지 변경	납세지가 변경된 경우 그 변경된 날부터 15일 이내에 변경 후의 납세지 관할 세무서장에게 신고해야 한다. 다만, 무신고 시에도 주소지를 이전하면 자동으로 납세지도 이전된다.

4 — 소득세의 신고 및 납부기간

종합소득·퇴직소득 및 양도소득에 대한 소득세는 해당 과세연도 1월 1일~12월 31일까지의 소득을 다음 연도 5월 1일~31일까지 스스로 관할세무서에 신고 및 납부를 해야 한다. 다만, 성실신고 확인 대상 사업자가 성실신고 확인서를 제출하는 경우는 종합소득세 과세표준 확정신고를 다음 연도 5월 1일부터 6월 30일까지 해야 한다.

종합소득세 기장신고를 위해
미리 꼭 챙겨놔야 할 서류

홈택스에서는 모든 납세자에게 수입금액 자료, 소득공제 신고에 필요한 자료와 과거 신고상황 분석자료(3년간 신고현황, 업종별 유의 사항, 매출액 대비 판매관리비 비율)를 제공한다.

신고할 때 유의할 사항을 신고 전에 꼭 열람하여 신고에 반영한다.

그러나 이 자료는 단지 개개인이 자료를 모으기 힘들므로 이를 모아 참고용으로 제공하는 자료일 뿐 절대적인 자료가 아니다. 즉 도움 자료, 참고자료일 뿐이다.

따라서 신고·납부를 잘못한 후 국세청 도움 자료로 신고했다고 우겨봤자 이것은 법적 보호를 받는 것이 아니다. 특히 초보분들의 경우 이 자료를 맹신하거나 이 자료를 어기면 안 되는 것으로 오해를 하는 경우가 많은데 이는 잘못된 생각이다.

무조건 신고·납부의 책임은 본인에게 있으므로 본인이 판단하고 결정해서 신고·납부를 해야 한다는 점을 명심해야 한다. 즉 국세청 자료와 본인 자료가 서로 다른 경우는 본인이 판단해 더욱 신뢰성 있는 자료로 신고납부한다.

구 분	제공내용
기본사항	• 소득세 신고 안내 유형 • 기장의무 구분(복식부기/간편장부) • 추계신고 시 적용할 경비율(기준경비율/단순경비율)
신고 시 유의할 사항	• 사업자 개별 분석자료 • 업종별 공통 유의 사항
신고 시 참고자료	• 사업장별 수입금액 현황 • 이자 · 배당 · 근로 · 연금 · 기타 소득 유무 • 중간예납 금액 • 소득공제 항목(국민연금 보험료 등) • 가산세 항목(추계신고 시 무기장 가산세 해당 여부 등)
신고상황 종합분석	• 최근 3년간 종합소득세 신고 상황(실효세율 포함) • 최근 3년간 신고소득률 • 사업용 신용카드 사용현황 분석 • 매출액 대비 주요 판매관리비 현황(당해 업체 및 업종평균)

1 종합소득세 신고 대행 시 준비할 서류

구 분	내 용
납세자가 직접 신고 또는 타 세무사가 신고한 부가가치세, 사업장 현황, 원천세 신고서	
사업자등록증 및 신분증 사본, 연락처, 메일주소, 환급 계좌 내역, 홈택스 아이디/ 암호	기장 대행 중인 기존사업자는 제외. 인적공제를 등록하려는 경우 부양가족 확인 가능한 주민등록등본 또는 가족관계확인서(1개월 이내)

구 분	내 용
장애인 등록증	부양가족이 장애인의 경우 장애인 등록증 또는 수첩 등을 제출
월별 신용카드사용 명세서, 지출 증빙용 현금영수증	매월 카드사에서 발송하는 신용카드 사용대금 명세서와 지출증빙용 현금영수증 수취분. 단, 부가가치세 신고 시 제출한 자료에 대해서는 별도 제출 불필요
	홈택스 미등록(개인카드 사용 내역) 및 해외 사용 내역 제출
	카드 가맹점인 사업장은 카드 가맹점 입금 내역서(카드사별)
각종 간이영수증	식대, 운반비, 문구류, 배송료, 주차비, 통행료 등 건별 3만 원 이하 간이영수증 : 가사 사용 영수증은 제외
차량유지비	회사 소유 차량등록증 사본, 보험료 납입영수증(개인 보장성 및 저축성보험 제외)
	업무용 승용차 운행 일지(복식부기 대상자 및 성실신고 사업자에 한함)
리스료 등의 지출 내역	리스료 상환스케줄표
각종 공과금	(사업과 관련된) 수도세, 전기세, 가스비, 통신비(핸드폰 요금, 전화요금)
경조사 증빙	청첩장, 부고장, 문자 내역, 통장이체 내역 등 경조사 증빙서류
퇴직연금 지출 내역(직원 퇴직연금 가입업체)	가입내역서 또는 통장 내역
기부금 영수증	기부금 공제 대상 단체에서 발급받은 영수증(정치, 종교, 학교 등) : 해당 기관 요청 또는 홈택스 연말정산 간소화 서비스 기부금 내역 조회

구 분	내 용
지자체(지방세)	자동차세, 사업자 등록면허세 등 지방세 영수증
정부자금 지원기관	국고보조금, 고용장려금, 시설보조금, 창업지원금, 연구 지원금 등 각종 지원금 및 보조금 수령 내역(지급처, 수령 일자, 금액, 지원금 종류 등) : 입금 통장 사본
재고가 있는 업종	전년도 12월 31일 자 재고자산별 연말 재고 잔액
노란우산공제, 연금저축	대표자 본인 명의 연금저축 가입자 증명서(보험회사, 은행), 홈택스에서 조회가 가능한 경우 제출 불필요
자산목록 명세서 및 매매계약서 사본	세금계산서 등의 적격증빙 없이 구입한 자산목록 명세서 및 매매계약서 사본(기계장치, 비품, 차량 등) : 건물, 시설 장치, 차량운반구, 기계장치, 비품 등 : 자산 구매 후 세금계산서를 미수취한 사업자
임대차계약서 사본	임대차계약 변경이 있는 사업장은 임대차 계약서 사본 첨부
대출금 내역서 및 잔액 확인서	대출금, 구매자금, 구매카드 및 캐피털 할부 원금 이자 상환내역서(대출통장 사본, 대출이자 지급 내역) : 각 대출 은행에 문의
건강보험료 납부확인서 (사용자, 사업장)	기장대리 및 신고 대리 수임 동의 업체의 경우 세무대리인이 조회가 가능하므로 제외, 직원이 없는 경우 지역 건강보험료 납입확인서
통장 사본	대출이나 금융기관 등 대외기관에 재무제표를 제출할 필요가 있는 경우에 한함

② 부동산임대업 소득이 있는 경우 추가서류

- ◎ 건물 취득(분양) 계약서, 건축물 관리대장, 토지등기부 등본(기제출한 경우 제외)
- ◎ 재산세, 환경개선부담금 납부영수증
- ◎ 은행 대출이 있는 경우 이자 내역서와 대출금 내역
- ◎ 건물 보수나 수리를 한 경우 관련 증빙
- ◎ 건축물을 리모델링 하거나 증축한 경우 관련 증빙
- ◎ 화재보험료 등 내역서
- ◎ 부동산 임대차 계약서
- ◎ 건물 관리인 또는 청소용역이 있는 경우 지급내역
- ◎ 공인중개사 사무실 수수료 영수증
- ◎ 부가가치세 신고를 신고 대행 세무 대리인에게 하지 않았으면 귀속 연도 부가가치세 신고서 사본
- ◎ 주택임대업의 경우 지자체(렌트홈) 임대사업자등록증(임대사업 등록을 한 경우에 한함)
- ◎ (면세) 사업장 현황신고서와 그 부속서류

③ 성실신고 사업자 추가서류

- ◎ 거래처별 외상매입금, 외상매출금, 미수금, 받을어음(종이 및 전자어음), 미지급금 잔액 명세서(전년도 12월 31일 현재)

⊚ 사업용 계좌 통장(입출금 내역을 엑셀로 제출)

⊚ 업무용 승용차 운행 일지

⊚ 의료비, 교육비 납입 명세서

④ 종합소득세 신고 및 납부

종합소득·퇴직소득 및 양도소득에 대한 소득세는 해당 과세연도 1월 1일~12월 31일까지의 소득을 다음 연도 5월 1일~31일까지 스스로 관할세무서에 신고 및 납부를 해야 한다. 다만, 성실신고 확인대상 사업자가 성실신고확인서를 제출하는 경우는 종합소득세 과세표준 확정신고를 다음 연도 5월 1일부터 6월 30일까지 해야 한다.

⑤ 종합소득세의 소액부징수

원천징수 세액(이자소득세 제외)이 1천원 미만의 경우 납부할 의무는 없다. 단, 원천징수 세액 외의 세금은 금액과 관계없이 납부해야 한다. 따라서 종합소득세는 소액부징수가 적용되지 않아 납부해야 한다.

[참고] 지방소득세는 특별징수분(원천세분)에 대한 소액부징수 제도가 없으므로 원천 징수 세액이 1천원 미만이라도 납부해야 하지만, 원천징수 세액이 소액부징수로 0원 이 되면 지방소득세 특별징수분(원천세분)도 자동으로 0원이 된다.

원천징수 세액에 대한 지방소득세는 특별징수분(원천세분)에 대한 소액부징수 제도가 없다. 따라서 금액과 관계없이 납부해야 하나 법인지방소득세 등의 소득분 지방세는 그 세액이 2천 원 미만인 경우 납세의무를 면제하고 있다.

기장의무와 추계신고 시 적용할 경비율 판단기준

종합소득세는 장부를 기장하여 소득세를 신고납부하는 경우와 기장을 하지 않고 추정된 소득 즉, 추계에 의해서 신고납부하는 경우가 있다.

개인사업자는 간편장부와 복식부기에 의한 기장을 모두 장부로 인정해주고 있다. 다만, 규모에 따라 간편장부를 기장해도 장부로 인정을 안 해주는 경우가 있다. 즉, 아래 표에서 복식부기 의무자인데 간편장부를 작성한 경우는 장부를 작성하지 않은(무기장) 것으로 본다. 반대로 간편장부대상자가 복식부기로 기장한 경우는 장부를 작성한 것으로 본다.

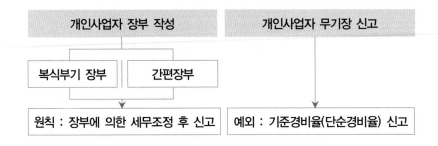

구 분	복식부기 의무자	간편장부 대상자
가. 농업 · 임업 및 어업, 광업, 도매 및 소매업(상품중개업을 제외한다), 부동산매매업, 아래에 해당하지 아니하는 사업	3억원 이상자	3억원 미만자
나. 제조업, 숙박 및 음식점업, 전기 · 가스 · 증기 및 공기조절 공급업, 수도 · 하수 · 폐기물처리 · 원료재생업, 건설업(비주거용 건물건설업은 제외), 부동산 개발 및 공급업(주거용 건물 개발 및 공급업에 한정), 운수업 및 창고업, 정보통신업, 금융 및 보험업, 상품중개업, 욕탕업	1.5억원 이상자	1.5억원 미만자
다. 부동산임대업, 부동산업(부동산매매업 제외), 전문 · 과학 및 기술서비스업, 사업시설관리 · 사업지원 및 임대서비스업, 교육서비스업, 보건업 및 사회복지 서비스업, 예술 · 스포츠 및 여가관련 서비스업, 협회 및 단체, 수리 및 기타 개인 서비스업, 가구내 고용 활동	7,500만 원 이상자	7,500만 원 미만자

※ 위의 금액에 따라 복식부기 의무자와 간편장부대상자를 구분하는데, 그 기준은 신고하는 연도 5월 기준 전전연도 수입금액 기준이다. 예를 들어 2024년 귀속 종합소득세 신고의 경우 2025년 5월에 2024년 소득을 신고하는 것이며, 판단기준은 2023년 매출액을 기준으로 한다.

※ 수리 및 기타 개인서비스업 중 「부가가치세법 시행령」 제42조 제1호에 따른 인적용역 사업자는 기장의무 판단 시에는 '다' 군 적용, 경비율 기준은 '나' 군 적용

예컨대, 도소매업을 운영하는 홍길동의 직전연도 수입금액이 3억 원 이상이라고 하면, 간편장부로 기장한 경우 기장한 것으로 인정해주지 않는다. 반면, 복식부기로 기장을 했다면 기장을 한 것으로 인정해준다. 즉, 앞서 표상의 업종의 규모에 따라 간편장부를 작성할지, 복식부기로 기장을 할지 결정을 하면 되며, 도저히 장부를 적을 수 없는

경우에는 기준경비율에 의해 종합소득세를 신고 및 납부를 하면 된다. 무기장에 의한 신고는 수입금액을 추정치로 신고한다고 해서 추계에 의한 신고라고 부른다.

추계에 의한 신고도 규모에 따라 아래와 같이 기준경비율 적용대상자와 단순경비율 적용대상자로 구분한다.

구　분	기준경비율 적용대상자	단순경비율 적용대상자
가. 농업·임업 및 어업, 광업, 도매 및 소매업(상품중개업을 제외한다), 부동산매매업, 아래에 해당하지 아니하는 사업	6천만원 이상자	6천만원 미만자
나. 제조업, 숙박 및 음식점업, 전기·가스·증기 및 공기조절 공급업, 수도·하수·폐기물처리·원료재생업, 건설업(비주거용 건물건설업은 제외), 부동산 개발 및 공급업(주거용 건물 개발 및 공급업에 한정), 운수업 및 창고업, 정보통신업, 금융 및 보험업, 상품중개업, 욕탕업	3천 6백만원 이상자	3천 6백만원 미만자
다. 부동산임대업, 부동산업(부동산매매업 제외), 전문·과학 및 기술서비스업, 사업시설관리·사업지원 및 임대서비스업, 교육서비스업, 보건업 및 사회복지 서비스업, 예술·스포츠 및 여가관련 서비스업, 협회 및 단체, 수리 및 기타 개인 서비스업, 가구내 고용 활동	2천 4백만원 이상자	2천 4백만원 미만자

※ 수리 및 기타개인서비스업 중 「부가가치세법 시행령」 제42조 제1호에 따른 인적용역 사업자는 기장의무 판단 시에는 '다' 군 적용, 경비율 기준은 '나' 군 적용

예를 들어 도·소매업을 하는 경우 종합소득세 신고 시 다음의 기준이 적용된다.

구 분		기장 인정 범위
기장에 의한 신고를 하는 경우	직전연도 수입금액이 3억 원 이상	복식부기장부에 의해 기장
	직전연도 수입금액이 3억 원 미만	간편장부에 의해 기장
무기장(추계)에 의한 신고를 하는 경우	직전연도 수입금액이 6천만 원이상자	기준별경비율 적용 신고
	직전연도 수입금액이 6천만 원미만자	단순별경비율 적용 신고

추계에 의한 신고의 경우에는 무기장에 해당하므로 추계에 의한 산출세액의 20%를 무기장 가산세로 추가로 납부해야 한다.

장부를 적은 경우 종합소득세의 신고

총 수 입 금 액	−	필요경비	=	소 득 금 액
소 득 금 액	−	종합소득공제	=	과 세 표 준
과 세 표 준	×	세 율	=	산 출 세 액
산 출 세 액	−	종합세액공제 및 감면세액	=	결 정 세 액
결 정 세 액	−	기납부세액	=	납 부 할 세 액

예를 들어 음식업을 운영하는 홍길동의 전전연도 수입금액이 1억 5천만 원 이상이라고 하면, 간편장부로 기장한 경우 기장한 것으로 인정해주지 않는다. 반면, 복식부기로 기장을 했다면 기장한 걸로 인정해준다. 즉, 앞서 표상의 업종의 규모에 따라 간편장부대상자인지, 복식부기 의무자인지 판단한 후 기장 방법을 결정하면 되며, 도저히 장부를 적을 수 없는 경우에는 기준경비율에 의해 종합소득세를 신고 및 납부하면 된다. 무기장에 의한 신고는 수입금액을 추정치로 신고한다고 해서 추계에 의한 신고라고 한다.

만일 복식부기 의무자가 간편장부가 편하다고 간편장부에 의해 신고하는 경우 무기장에 의한 신고로 본다. 반면 간편장부대상자가 복식부기에 의해 신고하는 경우는 아무 문제 없이 신고할 수 있다.

구 분	해 설
기장한 것으로 보는 경우	❶ 간편장부대상자가 간편장부 또는 복식부기로 작성해서 신고한 경우 ❷ 복식부기 의무자가 복식부기에 의해 장부를 작성해서 신고한 경우
무기장으로 보는 경우	❶ 간편장부나 복식부기에 의한 장부를 작성하지 않고 신고한 경우 ❷ 복식부기 의무자가 간편장부에 의해 신고한 경우

① 복식부기에 의한 종합소득세 신고

복식부기 의무자의 사업소득은 큰 틀에서는 부가가치세 매출금액에서 매입금액을 기본으로 총수입금액(필요경비불산입)산입과 총수입금액(필요경비산입) 불산입의 세무조정을 거치게 되지만, 이는 결국 부가가치세 신고 때 반영 안 된 택배비, 연구개발비, 금융권 대출이자, 직원 교육훈련비, 복사비, 사업 관련 보험료, 화재보험, 안전보험, 외주비, 자동차세, 면허세, 재산세, 업무추진비, 서적 구입비, 인쇄비, 교통비, 숙박료, 통행료, 문구류, 사무용품 구입, 광고비, 차량 유지비, 직원 식대, 통신비, 전력비, 관리비, 수도광열비, 판매용 포장비, 포장 재료비, 포장재료(박스 구입 비용), 업무추진비, 거래처 관련 경조사 비용도 서류가 있다면 각각 20만 원의 소득세 비용처리를 할 수 있다. 업무추진비는 3만 원 초과부터는 적격증빙이 필수이며, 경조사 관련 비용은 20만 원까지 부고 문자, 청접장 등 증빙서류만 있으면 된다. 또한 부가가치세 매입세액불공제 분 중 비용인정 가능 금액도 있다.

📋 총수입금액 산입항목

사업소득의 총수입금액은 당해 연도에 수입하였거나 수입할 금액의 합계액이며, 총수입금액 산입항목은 다음과 같다.

⟩ 사업수입금액

⟩ 부동산을 임대하고 받은 선세금에 대한 총수입금액은 그 선세금을 계약기간의 월수로 나눈 금액의 각 과세기간의 합계액

$$당해연도\ 수입금액 = 선세금 \times \frac{계약기간의\ 월수}{당해연도\ 임대\ 월수}$$

⟩ 매출환입 및 매출에누리는 총수입금액에 산입하지 않고, 거래수량·거래금액에 따라 상대편에게 지급하는 장려금 기타 이와 유사한 성질의 금액과 대손금은 총수입금액에서 빼지 않는다.

⟩ 외상매출금 또는 미수금을 약정기일 전에 영수하는 경우 일정액을 할인하는 매출할인 금액은 거래상대방과의 약정에 의한 지급기일(지급기일이 정해져 있지 아니한 경우에는 지급일)이 속하는 연도의 총수입금액에서 차감한다.

- 관세환급금 등 필요경비로 지출된 세액이 환입되었거나 환입될 경우 그 금액
- 사업과 관련하여 당해 사업용 자산의 손실로 인하여 취득하는 보험차익
- 확정급여형 퇴직연금제도의 보험차익과 신탁계약의 이익 분배금
- 외화자산·부채의 상환 차익
- 기타 사업과 관련된 수입금액으로서 당해 사업자에게 귀속되었거나 귀속될 금액
- 복식부기 의무자가 업무용 승용차를 매각하는 경우 그 매각가액을 매각일이 속하는 과세기간의 사업소득 금액을 계산할 때 총수입금액에 산입한다.
- 당해 사업과 관련하여 국가·지방자치단체로부터 지급받은 보조금 또는 장려금
- 당해 사업과 관련하여 동업자단체 또는 거래처로부터 지급받은 보조금 또는 장려금
- 부가가치세법 제46조 제1항에 따라 신용카드매출전표를 교부함으로써 공제받은 부가가치세액
- 복식부기 의무자의 사업용 유형자산 양도가액(간편장부대상자의 고정자산 매각액은 총수입금액 불산입)
- 손익계산서 매출금액 및 영업외수익 포함
- 정부 무상보조금(정부 지원자금, 고용노동부 지원금, 환경개선 지원금 등)
- 본사로부터 금전으로 지급받은 판매장려금(도, 소매업)

ⓥ 거래상대방으로부터 받는 장려금 기타 이와 유사한 성질의 금액

ⓥ 신용카드 매출전표 발행세액공제

ⓥ 전자(세금)계산서 발행세액공제

[부가가치세법상 세액공제액의 총수입금액산입 여부]

구 분	일반과세자		간이과세자	
	기장신고	추계신고	기장신고	추계신고
전자신고세액공제	포함	포함	제외	포함
신용카드매출세액공제	포함	포함	제외	포함
매입세액공제	제외	제외	제외	포함
의제매입세액공제	△주)	포함	제외	포함
재활용폐자원매입세액공제	△주)	포함	해당 사항 없음	
전자세금계산서발급세액공제	포함	포함		

[주] 재고자산에서 차감하는 형태로 처리하므로, 매출원가는 감소 되나 결과적으로 총수입금액산입한 것과 동일한 결과가 된다.

ⓥ 부가가치세를 전자신고한 경우 공제받은 전자신고 세액공제(종합소득세 전자신고 세액공제는 총수입금액 불산입)

ⓥ 관세 환급금 등 필요경비로 지출된 세액이 환입되었거나 환입될 경우 그 금액

ⓥ 사업과 관련하여 무상으로 받은 자산의 가액과 채무의 면제 또는 소멸로 인하여 발생하는 부채의 감소액(이월결손금의 보전에 충당된 금액은 총수입금액 불산입)

⊙ 거주자가 재고자산을 가사용으로 소비하거나 이를 종업원 또는
   타인에게 지급한 때에는 이를 소비 또는 지급한 때의 가액에 상
   당하는 금액(개인적인 사용)

⊙ 사업과 관련하여 당해 사업용 자산의 손실로 인하여 취득하는 보
   험차익

⊙ 기타 사업과 관련된 수입금액으로서 당해 사업자에게 귀속되었거
   나 귀속될 금액

⊙ 부동산임대업의 보증금에 대한 간주임대료 중 수입금액에 산입하
   여야 하는 금액

⊙ 사업양수도 시 재고자산의 시가 상당액

구 분	부가가치세법상 과세대상여부	소득세법상 총수입금액 포함 여부
사업포괄양수도 시 재고자산 가액	과세제외	포함
사업 폐업 시 남아있는 재고자산 가액	과세대상	불포함

⊙ 기업회계기준에 따른 영업외손익인 외화자산·부채에 대한 평가
   손익에 대하여도 간편장부 상의 수입금액에 포함되는 것임(일부
   인용)(심사소득 2007-0159, 2008.02.25)

⊙ 사업장 이전에 따른 영업손실 보상금은 사업장을 이전한 과세연
   도에 사업소득의 총수입금액에 산입하는 것임(법규 소득 2010-
   158, 2010.06.07)

⊙ 운송사업자의 유류 보조금

- 신규고용촉진장려금, 고용유지지원금, 장애인고용장려금, K-비대면바우처플랫폼 지원금
- 영업권 등 보상금
- 캐쉬픽 및 마일리지
- 바우처 사업 관련 보건복지부로부터 수령한 국고보조금
- 사업과 관련하여 "어선원 및 어선재해보상보험법"에 따라 지원받은 '어선원 및 어선 재해보상보험 사업보조금'
- 온누리상품권 환전금액
- 확정급여형 퇴직연금 불입 이익금 등
- 도축장 구조조정지원자금, 가축 살처분 보상금 등(축산업자가 받은 생계안정 자금은 총수입금액 불산입, 가축 살처분에 대해서는 재해손실세액공제)
- 건강생활 실천지원금제에 참여함에 따라 적립되는 지원금은 과세대상에서 제외
- 긴급방제 명령에 따른 손실보상금은 과세대상에서 제외
- 고용안정협약지원금은 과세대상에서 제외
- 지역 고용 대응 등 특별지원사업에 따라 지원되는 금전은 과세대상에서 제외
- 고용보험법에 따라 무급휴업·휴직자에게 국가가 직접 지원하는 고용유지지원금은 과세대상에서 제외(회사에 지급하는 유급휴가 지원금은 과세 포함)

[공장 등 수용시 보상금의 총수입금액 산입 여부]

총수입금액 산입 대상	총수입금액 불산입 대상
• 복식부기의무자의 이전이 불가능한 사업용 고정자산의 보상금 • 영업손실보상금 • 이전 가능한 사업장 이전 보상금 • 기타보상금	• 간편장부대상자의 이전이 불가능한 사업용 고정자산의 보상금 • 건물철거 보상금 • 사업용 자산이 아닌 가사용 자산 등에 대한 보상금

총수입금액 불산입 항목

⊗ 소득세 또는 개인지방소득세의 환급금

⊗ 자산수증이익, 채무면제이익 중 이월결손금 보전에 충당된 금액

여기서 이월결손금은 세무상 결손금으로 발생 연도의 제한이 없다.

⊗ 전년도의 소득으로 이미 과세된 소득을 다시 당해연도의 소득에 산입한 금액

⊗ 자기가 채굴·포획·양식·수확 또는 채취한 농산물·포획물·축산물·임산물·수산물·광산물·토사석이나 자기가 생산한 제품을 자기가 생산하는 다른 제품의 원재료 또는 제조용 연료로 사용한 때에는 그 사용된 부분에 상당하는 금액

⊗ 건설업자가 자기가 생산한 물품을 자기가 도급받은 건설공사의 자재로 사용한 때에는 그 사용된 부분에 상당하는 금액

⊗ 전기·가스 및 수도사업자가 자기가 생산한 전력이나 가스 또는 수돗물을 자기가 경영하는 다른 업종의 동력·연료 또는 용수로 사용한 때에는 그 사용한 부분에 상당하는 금액

⊙ 개별소비세 및 주세의 납세의무자가 자기의 총수입금액으로서 수입한 또는 수입할 금액에 따라 납부했거나, 납부할 개별소비세 및 주세(다만, 원재료·연료 기타 물품을 매입·수입 또는 사용함에 따라 부담하는 세액은 제외)

⊙ 국세, 지방세 등의 과오납금의 환급금에 대한 이자(환급가산금)

⊙ 부가가치세 매출세액

⊙ 조세특례제한법에 따라 석유 판매업자가 환급받은 세액

📝 필요경비 산입항목

필요경비란 총수입금액을 얻기 위해서 소요된 비용의 합계액을 말한다. 사업소득의 필요경비는 당해 연도의 총수입금액에 대응하는 비용으로서 일반적으로 용인되는 통상적인 것의 합계액으로 계산한다.

⊙ 판매한 상품 또는 제품에 대한 원료의 매입가격(매입에누리 및 매입할인금액을 제외한다)과 그 부대비용. 이 경우 사업용 외의 목적으로 매입한 것을 사업용으로 사용한 것에 대하여는 당해 사업자가 당초에 매입한 때의 매입 가액과 그 부대비용으로 한다.

⊙ 판매한 상품 또는 제품의 보관료, 포장비, 운반비, 판매장려금 및 판매수당 등 판매와 관련한 부대비용(판매장려금 및 판매수당의 경우 사전약정 없이 지급하는 경우를 포함)

⊙ 부동산의 양도 당시의 장부가액(건물건설업과 부동산개발 및 공급업의 경우만 해당). 이 경우 사업용 외의 목적으로 취득한 부동산을 사업용으로 사용한 것에 대해서는 해당 사업자가 당초에 취득한 때의 자산의 취득가액을 그 장부가액으로 한다.

- 임업의 경비(종묘 및 비료의 매입비, 식립비, 관리비, 벌채비, 설비비, 개량비, 임목의 매도경비)
- 양잠업의 경비(매입비, 사양비, 관리비, 설비비, 개량비, 매도경비)
- 가축 및 가금비(종란비, 출산비, 사양비, 설비비, 개량비, 매도경비)
- 종업원의 급여
- 사업용 자산에 대한 비용(현상 유지를 위한 수선비, 관리비와 유지비, 임차료, 손해보험료)
- 복식부기 의무자가 사업용 유형자산의 양도가액을 총수입금액에 산입한 경우 해당 사업용자산의 매각 당시 장부가액(업무용 승용차의 감가상각비 중 업무 사용금액에 해당하지 않는 금액이 있는 경우에는 장부가액을 계산할 때 그 금액을 차감한 금액)
- 사업과 관련 있는 제세공과금
- 건설근로자 퇴직공제회에 납부한 공제부금과 근로자퇴직급여 보장법에 따라 사용자가 부담하는 부담금
- 사용자 부담 건강보험료, 노인장기요양보험료와 고용보험료
- 직장가입자로서 부담하는 사용자 본인의 건강보험료와 노인장기요양보험료
- 지역가입자로서 부담하는 사용자 본인의 건강보험료와 노인장기요양보험료
- 단체순수보장성보험 및 단체환급부보장성보험의 보험료
- 총수입금액을 얻기 위하여 직접 사용된 부채에 대한 지급이자
- 사업용 고정자산의 감가상각비, 자산의 평가차손

⊙ 대손금

부가가치세 매출세액의 미수금으로서 회수할 수 없는 것 중 부가가치세법 규정에 따른 대손세액공제를 받지 않은 것은 대손금의 범위에 포함된다.

⊙ 거래수량·거래금액에 따라 상대방에게 지급하는 장려금 기타 이와 유사한 성질의 것

⊙ 매입한 상품·제품·부동산 및 산림 중 재해로 인하여 멸실된 것의 원가를 그 재해가 발생한 과세기간의 소득금액을 계산할 때 필요경비에 산입한 경우의 그 원가

⊙ 종업원을 위한 직장 체육비·직장문화비·가족계획사업지원비·직원회식비 등

⊙ 무료진료권에 의하여 행한 무료진료의 가액

⊙ 업무와 관련 있는 해외 시찰·훈련비

⊙ 근로청소년을 위한 특별학급 또는 산업체 부설 중고등학교의 운영비

⊙ 영유아보육법에 의하여 설치된 직장어린이집의 운영비

⊙ 광물의 탐광을 위한 지질조사·시추 또는 갱도의 굴진을 위하여 지출한 비용과 그 개발비

⊙ 광고선전비[특정인에게 기증한 물품(개당 5만 원 이하의 물품은 제외)의 경우에는 연 10만 원 이내의 금액에 한정]

⊙ 영업자가 조직한 단체로서 법인이거나 주무관청에 등록된 조합 또는 협회에 지급하는 회비

- ⊘ 종업원의 사망 이후 유족에게 학자금 등 일시적으로 지급하는 금액으로서 기획재정부령으로 정하는 요건을 충족하는 것(2015년 지출 분부터 적용)
- ⊘ 기부금으로 일정 한도 내의 금액
- ⊘ 업무추진비로서 일정 한도 내의 금액
- ⊘ 준비금과 충당금, 기타의 필요경비
- ⊘ 잉여식품 활용사업자 또는 잉여식품 활용사업자가 지정하는 자에게 무상으로 기증하는 경우 그 기증한 잉여식품의 장부가액

📝 필요경비 불산입 항목

- ⊘ 소득세와 개인지방소득세
- ⊘ 벌금, 과료(통고처분에 의한 벌금 또는 과료 상당액 포함)와 과태료
- ⊘ 국세징수법 기타 조세에 관한 법률에 의한 가산금과 체납처분비
- ⊘ 조세에 관한 법률에 의한 징수 의무의 불이행으로 인하여 납부했거나, 납부할 세액(가산 세액을 포함)
- ⊘ 가사와 관련하여 지출한 경비

사업용 자산의 합계액이 부채의 합계액에 미달하는 경우 그 미달하는 금액에 상당하는 부채의 지급이자는 가사 관련 경비로 본다.

초과인출금에 대한 지급이자 = 지급이자 × (당해 과세기간 중 초과인출금 적수 ÷ 당해 과세기간 중 차입금의 적수)

초과인출금 = 부채의 합계액 − 사업용 자산의 합계액

ⓥ 감가상각비 한도 초과액

ⓥ 고정자산 등에 대한 평가차손. 다만, 천재·지변, 화재, 법령에 의한 수용 등이나 채굴 불능으로 인한 폐광으로 인해 고정자산이 파손 또는 멸실(당해 고정자산이 그 고유의 목적에 사용할 수 없는 경우 포함)된 경우는 당해 고정자산의 정상가액과 장부가액과의 평가차손은 필요경비에 산입한다.

ⓥ 반출하였으나 판매하지 않은 제품에 대한 개별소비세 또는 주세의 미납액. 다만, 제품 가액에 그 세액 상당액을 더한 경우는 제외한다.

ⓥ 부가가치세 매입세액. 다만, 매입세액불공제 되는 다음의 매입세액은 필요경비에 산입한다.

- 부가가치세가 면제되는 사업자가 부담하는 매입세액
- 부가가치세 간이과세자가 납부한 부가가치세액
- 영수증을 교부받은 거래분에 포함된 매입세액으로서 공제 대상이 아닌 금액
- 비영업용소형승용차의 구입과 임차 및 유지에 관한 매입세액(자본적 지출에 해당하는 것을 제외)
- 업무추진비 및 이와 유사한 비용의 지출에 관련된 매입세액
- 부동산임차인이 부담한 전세금 및 임차보증금에 대한 간주임대료의 매입세액

ⓥ 차입금 중 대통령령이 정하는 건설자금에 충당한 금액의 이자
당해 사업용 고정자산의 매입, 제작, 건설에 소요된 차입금(고정자산의 건설에 소요되었는지? 의 여부가 분명하지 않은 차입금 제외)에 대한 지급이자 또는 이와 유사한 성질의 지출금

ⓢ 채권자가 불분명한 차입금의 이자

ⓢ 법령에 따라 의무적으로 납부하는 것이 아닌 공과금이나 법령에
따른 의무의 불이행 또는 금지 · 제한 등의 위반에 대한 제재로서
부과되는 공과금

ⓢ 업무와 관련 없는 지출

- 업무와 관련 없는 자산을 취득 · 관리함으로써 발생하는 취득비 · 유지비 · 수선비와 이와 관련되는 필요경비
- 사업에 직접 사용하지 않고 타인(종업원을 제외)이 주로 사용하고 있는 토지 · 건물 등의 유지비 · 수선비 · 사용료와 이에 관련되는 지출금
- 사업자가 그 업무와 관련 없는 자산을 취득하기 위하여 차입한 금액에 대한 지급이자와 그 자금의 차입에 관련되는 비용
- 사업자가 사업과 관련 없이 지출한 업무추진비
- 사업자가 공여한 형법에 따른 뇌물 또는 국제상거래에 있어서 외국공무원에 대한 뇌물방지법상 뇌물에 해당하는 금전과 금전 외의 자산 및 경제적 이익의 합계액

ⓢ 선급비용

ⓢ 업무에 관련하여 고의 또는 중대한 과실로 타인의 권리를 침해함
으로써 지급되는 손해배상금(경과실로 인한 손해배상금만 필요경
비산입)

간이과세자의 경우 소득세 신고를 장부와 증빙에 의해 기장 신고하는 경우는 신용카드 발행세액공제는 총수입금액에 산입하지 않는 것이나, 추계신고(기준경비율 또는 단순경비율) 하는 경우는 총수입금액에 산입하는 것이다(소득 46011-1463, 1997.05.30.).

부가가치세 간이과세자가 신용카드 매출전표를 발행하거나 다른 사업자로부터 발급받은 세금계산서 등을 제출함으로 인하여 부가가치세법 제26조 제3조의 2 제1항의 규정에 의하여 공제받은 부가가치세는 총수입금액에 산입하지 아니하는 것임.

다만, 소득세법 제80조 제3항 단서의 규정에 의하여 당해 사업자의 소득금액을 추계결정·경정하는 경우 부가가치세법 제32조의 2 제1항이 규정에 의하여 공제받은 부가가치세는 총수입금액에 산입하는 것임.

② 간편장부에 의한 종합소득세 신고

간편장부를 기장한 경우 종합소득세 신고 절차

❶ 간편장부 기장

매일 매일의 수입과 비용을 간편장부작성 요령에 의해 기록한다.

❷ 총수입금액 및 필요경비명세서 작성(소득세법시행규칙 별지 제82호 서식 부표)

간편장부 상의 수입과 비용을 <총수입금액 및 필요경비명세서>의 "장부상 수입금액"과 "필요경비" 항목에 기재한다.

❸ 간편장부 소득금액계산서 작성(소득세법시행규칙 별지 제82호 서식)

<총수입금액 및 필요경비명세서>에 의해 계산된 수입금액과 필요경비를 세무 조정하여 당해연도 소득금액을 계산한다.

❹ 종합소득세 신고서 작성(소득세법시행규칙 별지 제40-1호 서식)

＜간편장부 소득금액계산서＞에 의한 당해연도 소득금액을 종합소득세 신고서 ⑦ 부동산임대 사업소득과 부동산임대 외의 사업소득 명세서의 해당 항목에 기재한다.

종합소득세 신고는 종합소득세·농어촌특별세·지방소득세 과세표준 확정신고 및 납부계산서와 "❷"의 서식과 "❸"의 서식을 제출하는 것이다.

간편장부를 기장한 후 종합소득세 신고를 위한 「총수입금액 및 필요경비명세서」 및 「간편장부소득금액계산서」를 작성하는데 어려움이나 의문 사항이 있는 경우에는 가까운 세무대리인에게 소정의 수수료를 지급하고 작성을 의뢰할 수 있다.

✍ 간편장부대상자의 감가상각비

간편장부작성

간편장부에는 계정과목란에 감가상각비로 기재한다.

구 분		계정과목
수입금액		매출액, 기타수입금액
비용	매출원가 및 제조비용	상품매입, 재료비매입, 제조노무비, 제조경비
	일반관리비	급료, 제세공과금, 임차료, 지급이자, 업무추진비, 기부금, 감가상각비, 차량유지비, 지급수수료, 소모품비, 복리후생비, 운반비, 광고선전비, 여비교통비, 기타비용
고정자산		고정자산 매입, 고정자산 매도

간편장부대상자가 감가상각비 등을 설정하고 필요경비로 계상하고자 하는 경우는 그 해당 금액을 간편장부의 "비용"란에 표기하고, 그 조정명세서를 작성 비치 기장해야 하며, 종합소득세 신고 시에는 '감가상각비 조정명세서'를 1부 첨부해야 한다.

간편장부대상자의 감가상각비 신고

간편장부대상자도 감가상각비를 필요경비로 인정받고자 하는 경우는 감가상각시부인 계산을 하여 필요경비로 산입하면 된다.

소득금액 계산서의 필요경비에 가산한 금액에 기재하는 것이 아니며, 필요경비명세서의 감가상각비에 기재하여야 하며, 감가상각비가 필요경비로 기재되는 경우는 감가상각비에 대한 조정명세서를 첨부해야 한다.

그리고 간편장부대상자는 업무용 차량에 대해 정률법, 정액법 모두 가능하나 복식부기 의무자로 변경 시 업무 편의를 위해 정액법을 사용할 것을 권한다.

또한, 사업자가 감가상각비를 계상하기 위해서는 감가상각의 내용연수, 상각방법 등을 소득세법에서 규정한 신고기한까지 신고해야 한다. 만일, 신고하지 않는 경우 무신고로 보아 내용연수 및 감가상각방법을 적용하면 된다.

참고로 간편장부대상자가 기부금, 감가상각비, 대손충당금, 퇴직급여충당금, 특별수선충당금, 국고보조금, 보험차익 및 「조세특례제한법」상의 각종 준비금을 필요경비에 산입한 때에는 종합소득세 신고 시에 해당 계정에 대한 조정명세서를 첨부해야 한다.

장부를 안 적은 경우 종합소득세의 신고

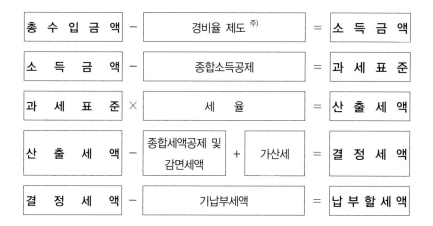

총 수 입 금 액	−	경비율 제도 주)	=	소 득 금 액
소 득 금 액	−	종합소득공제	=	과 세 표 준
과 세 표 준	×	세 율	=	산 출 세 액
산 출 세 액	−	종합세액공제 및 감면세액 + 가산세	=	결 정 세 액
결 정 세 액	−	기납부세액	=	납 부 할 세 액

기장을 안 해도 종합소득세는 경비율에 의해 신고할 수 있는데, 경비율에 의한 세금이 기장료보다 적으면 굳이 기장료 내고 기장을 안 해도 된다. 단, 판단기준은 다음의 조건을 만족해야 한다.

🗋 개인사업자여야 한다. 법인은 해당 사항 없음

🗋 세무사가 기장을 해줬을 때 세금이 아닌 기장을 안 하고 경비율을 적용했을 때의 세금과 기장료를 비교해야 한다. 즉, 세금 납부 금액과 기장료 등 나가는 총액을 보고 판단해서 결정한다.

1 ─ 무기장 신고제도는 개인사업자만 있다.

개인사업자는 되고 법인은 안 되는 이유는 개인사업자는 기장을 안 했을 때 소득추정액으로 신고할 수 있는 경비율 제도가 있다. 반면 법인의 경우 무조건 복식 장부에 의해 신고해야 한다. 특히 본인이 단순경비율 대상자인 경우 뒤도 돌아보지 말고 본인이 홈택스에서 신고하는 방법을 조금만 공부해서 신고한다.

2 ─ 기준경비율에 의한 소득금액 계산 방법

기준경비율 제도는 장부를 기장하지 않는 사업자가 기장한 사업자의 경우와 같이 증빙서류에 의해 확인되는 주요경비와 총수입금액에 기준경비율을 곱한 기타경비를 합한 금액을 총수입금액에서 차감하는 방식으로 소득금액을 계산하는 제도이다.

> 수입금액
> − 주요경비(매입비용 + 임차료 + 인건비)
> − 기타경비(수입금액 × 기준경비율(복식부기 의무자는 1/2))
> = 소득금액

기준경비율 적용대상자는 주요경비(매입비용, 인건비, 임차료를 말함)는 계산서, 세금계산서, 신용카드매출전표, 현금영수증 등 증빙서류에 받아야만 경비로 인정되고, 기타경비는 수입금액에 기준경비율을 곱한 금액을 비용으로 인정받게 된다.

따라서 주요경비에 대한 증빙서류를 수취하지 못한 경우 기준경비율에 의한 기타경비만 필요경비로 인정받게 되어 세 부담이 급격히 증가될 수 있다.

이와 같은 문제를 완화하기 위해 기준경비율에 의한 소득금액이 단순경비율에 의한 소득금액에 소득 상한 배율을 곱한 금액보다 클 경우 단순경비율에 의한 소득금액으로 신고할 수 있도록 하고 있다.

소득금액 ❶과 ❷중 적은 금액으로 신고 가능
❶ 기준경비율에 의한 소득금액 = 수입금액 − 주요경비(매입비용 + 임차료 + 인건비) − 기타경비(수입금액 × 기준경비율(복식부기 의무자는 1/2))
❷ 단순경비율에 의한 소득금액 = [수입금액 × 단순경비율] × 소득상한배율 (2.8배 복식부기 의무자 3.4배)

[추계신고 할 때 알고 있어야 할 주요 용어]

🗀 일반율과 자가율
• 일반율 − 사업장을 임차한 경우(타인 사업장)
• 자가율 − 사업장이 사업자 본인의 소유인 경우(자가 사업장)
🗀 기본율과 초과율
인적용역 제공사업자(94****)의 단순경비율 기본율과 초과율 구분
인적용역 제공사업자에 대한 단순경비율은 수입금액이 4천만 원까지는 기본율을 적용하고 4천만 원을 초과하는 금액에 대해서는 초과율을 적용한다. 초과율은 고시가 되어 나온다.
* 인적용역 업종, 단순경비율에 한해 초과율이 고시된다. 타업종 및 기준경비율은 해당 없음.
🗀 소득상한배율(2.8배 복식부기 의무자 3.4배)

제조업(단일 업종)을 경영하는 사업자로 2023년도 수입금액이 4억 원, 2024년 수입금액이 1억 2천만 원일 때 추계소득 금액은?(장애인이 아닌 임차사업장으로서 기준경비율 : 20%, 단순경비율 : 75%, 배율 3.4배)

○ 주요경비 합계액은 6천 8백만 원이며, 증명서류를 보관하고 있고 기초재고 및 기말재고가 없다.

○ 주요경비 내용 : 매입비용(4천 1백만원), 임차료(1천 2백만원), 인건비(1천 5백만 원)

해설

2025년 5월 2024년 귀속 종합소득세 신고기준 직전 연도(2023년도) 수입금액이 제조업으로서 4억 원이므로 복식부기 의무자이며, 복식부기 의무자가 추계신고 시 기타경비에 대하여 기준경비율의 1/2을 적용하며, 배율은 3.4배를 적용한다.

○ 추계소득금액 (①, ② 중 적은 금액) : 4천만 원

① 120,000,000원 − 68,000,000원 − (120,000,000원 × 20% × 1/2) = 4천만 원

② [120,000,000원 − (120,000,000원 × 75%)} × 3.4 = 1억 2백만 원

지출내용에 따른 주요경비의 범위

구 분	해당 경비
매입 비용	매입비용은 재화의 매입(사업용 고정자산의 매입을 제외)과 외주가공비 및 운송업의 운반비로 한다. 재화의 매입은 재산적 가치가 있는 유체물(상품·제품·원료·소모품 등 유형적 물건)과 동력·열 등 관리할 수 있는 자연력의 매입으로 한다. 즉 상품·제품·재료·소모품·전기료 등의 매입비용과 외주가공비 및 운송업의 운반비를 말한다. ❶ 음식 대금, 보험료, 수리비 등 용역(서비스)을 제공받고 지출한 금액은 매입비용에서 제외되어 주요경비에 포함되지 않으나,

구 분	해당 경비
	❷ 운송업 및 운수 관련 서비스업을 영위하는 사업자가 타인의 운송 수단을 이용하고 그 대가로 지출한 금액은 매입비용에 포함한다. ❸ 외주가공비는 사업자가 판매용 재화의 생산·건설·건축 또는 가공을 타인에게 위탁하거나 하도급하고 그 대가로 지출하였거나 지출할 금액으로 한다. ❹ 운송업의 운반비는 육상·해상·항공운송업 및 운수 관련 서비스업을 영위하는 사업자가 사업과 관련하여 타인의 운송 수단을 이용하고 그 대가로 지출하였거나 지출할 금액으로 한다. ❺ 외주가공비와 운송업의 운반비 이외의 용역을 제공받고 지출하였거나, 지출할 금액은 매입비용에 포함하지 않는다. 매입비용에 포함되지 않는 용역은 다음과 같다. ① 음식료 및 숙박료 ② 창고료(보관료), 통신비 ③ 보험료, 수수료, 광고선전비(광고선전용 재화의 매입은 매입비용으로 함) ④ 수선비(수선·수리용 재화의 매입은 매입비용으로 함) ⑤ 사업서비스, 교육 서비스, 개인 서비스, 보건 서비스 및 기타 서비스(용역)를 제공받고 지급하는 금액 등 ⑥ 기부금 등 사업과 직접 관련 없는 지출금액
사업용 고정자산 임차료	사업에 직접 사용하는 건축물 및 기계장치 등 고정자산을 타인에게서 임차하고 그 임차료로 지출하였거나 지출할 금액을 말한다. ❶ 리스료(금융리스, 운용리스)는 임차료에 포함하지 않는다. ❷ 매출액의 일정 비율에 해당하는 수수료를 지급하는 백화점 등에 입점한 업체가 매월 매출액의 일정액을 백화점 등에 임차료로 지급하는 것은 사업용 고정자산에 대한 임차료에 해당한다. ❸ 인터넷 쇼핑몰 판매자가 인터넷 오픈마켓에 입점하여 약정에 따라 판매대금의 일정 비율을 오픈마켓 운영사업자에게 지급하는 판매수수료는 사업용 고정자산에 대한 임차료의 범위에 포함되지 않는다.

구 분	해당 경비
인건비	종업원의 급여·임금 및 일용근로자의 임금과 실지 지급한 퇴직금을 말한다. ❶ 인건비는 근로의 제공으로 인하여 지급하는 봉급·급료·보수·세비·임금·상여금·수당과 유사한 성질의 급여로 함(비과세 포함) ❷ 사용자로서 부담하는 고용보험료, 국민연금 보험료, 산재보험료 등과 종업원에게 제공한 식사, 피복 등 복리후생비는 인건비에서 제외 ❸ 사업소득인 자동차 판매원에 대한 수당은 주요경비(인건비)에 포함되지 않는다.

증빙자료에 따른 경비의 분류

주요경비에 대한 증빙서류가 없으면 비용으로 인정되지 않고, 기준경비율에 의한 기타경비만 필요경비로 인정되므로 그만큼 소득금액이 커지고 소득세 부담도 늘어나게 된다.

매입비용과 임차료는 세금계산서, 계산서, 신용카드매출전표, 현금영수증 등 적격증빙을 수취해야 하며, 간이세금계산서나 일반영수증을 수취한 금액은 「주요경비지출명세서」를 제출해야 한다.

농어민과 직접 거래 및 거래 1건당 3만 원 이하의 거래 등은 「주요경비지출명세서」 작성을 면제하므로 영수증만 수취·보관하면 된다.

인건비는 원천징수영수증·지급명세서를 세무서에 제출하거나 지급 관련 증빙서류를 비치·보관해야 한다.

구 분	작성 내용
정규증빙서류 수취금액	세금계산서, 계산서, 신용카드매출전표, 현금영수증 등을 수취한 금액
주요경비 지출명세서 작성 금액	정규증빙서류 외의 증빙을 수취한 경우는 주요경비 지출명세서에 작성
주요경비 지출명세서 작성 제외금액	공급받은 재화의 거래 건당 금액이 3만원 이하인 거래 등 정규증빙서류를 수취하지 않아도 되는 금액

기초재고자산에 포함된 주요경비와 기말재고자산에 포함된 주요경비는 기초와 기말재고자산에 포함된 주요경비를 따로 계산할 수 있는 경우에만 작성한다.

당기에 지출한 주요경비는 당기 주요경비 계산명세(소득구분별, 사업장별) 상의 금액을 적는다.

③ 단순경비율에 의한 소득금액 계산 방법

단순경비율 적용대상자는 당해 연도 귀속 종합소득세를 장부에 의해 계산한 소득금액으로 신고하지 않는 사업자로서, 직전년도 수입금액이 앞서 설명한 기준경비율 적용 대상 수입금액에 미달하는 사업자와 당해 연도 신규사업자를 말한다.

단순경비율 적용대상자는 장부나 증빙서류에 의하지 않고, 수입금액에 단순경비율을 곱한 금액을 필요경비로 인정받게 된다.

$$\text{소득금액} = \text{수입금액} - (\text{수입금액} \times \text{단순경비율})$$

단순경비율이 적용되는 때는 장부를 갖출 필요도 증빙을 보관할 의무도 없다. 즉 단순경비율을 적용해서 신고하는 때는 기준경비율과 같이 별도로 매입비용이나 임차료, 인건비 등 비용을 인정해주지 않는다. 세법에서 알아서 단순경비율을 적용해서 세금을 계산하게 되어 있다.

그럼 단순경비율 대상자라고 무조건 단순경비율을 적용해 종합소득세 신고납부를 해야 하는 것은 아니다. 종합소득세 단순경비율 대상자라 하더라도 단순경비율보다 더 많은 경비가 있는 경우 무기장-단순경비율 적용보다 기장-간편장부를 기장하여 종합소득세 신고를 하는 것이 유리한 경우도 있다.

또한 단순경비율 적용 시 소득금액이 500만 원이 초과되는 경우 건강보험 피부양자 자격이 박탈당하므로 이러한 경우는 장부를 작성하여 신고하는 것이 유리하다.

④ 추계신고자 무기장 가산세 납부

복식부기 의무자가 장부를 비치·기장하지 않고 기준경비율에 의해 추계신고(간편장부에 의한 신고 포함)를 하게 되면 기장에 의해 신고하지 않은 것으로 보아 무기장 가산세와 무신고가산세 중 큰 금액이 적용된다.

무신고가산세는 가산세 대상 금액(산출세액 – 무신고 또는 과소신고 소득금액의 대한 원천징수 세액)의 20%의 금액과 수입금액의 7/10,000중 큰 금액이 부과된다.

소규모 사업자(직전년도 수입금액이 4,800만 원 미만자)를 제외한 간편장부대상자가 기준경비율 및 단순경비율에 의해 추계신고를 하면 산출세액의 20%의 금액을 무기장가산세로 부과한다.

또한 외부조정계산서 첨부 대상자가 자기 조정계산서만 첨부하여 신고하게 되면 소득세법에 의한 적법한 신고로 보지 않기 때문에 무신고가산세가 산출세액의 20%, 수입금액의 7/10,000 중 큰 금액이 가산된다.

구 분	해당 경비
간편장부 대 상 자	간편장부대상자가 단순경비율 또는 기준경비율로 추계신고를 할 수 있으나 무기장가산세 20%가 적용되며, 장부를 작성하지 않았기 때문에 적자(결손)가 발생한 경우 그 사실을 인정받을 수 없다. 무기장가산세 = 산출세액 x (무기장 소득금액/종합소득금액) x 20% 그러나 다음에 해당하는 "소규모 사업자"는 무기장가산세가 적용되지 않는다. ❶ 당해 연도 신규사업자 ❷ 직전 과세기간의 총수입금액의 합계액이 4,800만원 미만인 자 ❸ 독립된 자격의 보험모집인, 방문판매원으로서 간편장부대상자가 받는 사업소득으로 원천징수의무자가 사업소득 연말정산을 한 경우
복식부기 의 무 자	복식부기 의무자는 복식부기로 장부를 작성해서 종합소득세를 신고하는 것이 원칙이며, 간편장부를 작성하여 신고한 경우 무기장가산세 20%가 적용된다.

구 분	해당 경비
	단순경비율 또는 기준경비율로 추계 신고할 때는 무기장가산세와 무신고가산세 중 큰 금액이 적용된다. 또한 기준경비율 적용 시 기준경비율 전체가 아닌, 기준경비율의 1/2을 적용해 필요경비를 계산한다.

결론 : 한마디로 내가 세금 몇십만 원 내는데 120만 원 기장료 내고 맡기지 말고, 단순경비율 대상자는 홈택스에서 그냥 본인이 신고하라는 말이다.

복식부기의무자든 간편장부대상자든 추계신고(무기장)를 하게 되면, 무기장 가산세가 있다.

무기장 가산세 = 산출세액 × (무기장 소득금액/종합소득금액) × 20%

납부세액이 아니고 산출세액(납부세액 = 산출세액 - 세액공제·감면)이므로 각종 세액공제와 감면을 적용하기 전의 금액이다.

산출세액의 20%를 가산세로 내므로 납부세액이 없더라도 산출세액이 있다면 가산세가 있다.

그리고 무기장 소득금액은 추계신고 시 수입금액에 경비율을 적용해 계산된 소득금액을 의미한다.

예를 들어 종합소득금액이 1억 원(근로소득금액 : 6,000만 원, 사업소득 금액 : 4,000만 원)이고 산출세액이 200만 원, 사업소득을 무기장해서 추계 신고하는 경우 무기장 가산세는 다음과 같다.

무기장 가산세 = 200만 원 × 4,000만 원/1억 원 × 20% = 16만 원

무신고가산세(무신고가산세 · 과소신고가산세)와 무기장 가산세가 동시에 적용되는 경우는 그중 큰 금액에 해당하는 가산세만 적용하고, 같은 경우에는 무신고가산세(무신고가산세 · 과소신고가산세)를 적용한다.

추계신고 시 복식부기 의무자는 당연히 무기장 가산세가 적용되며, 간편장부대상자는 간편장부를 작성해야 하는데, 추계신고를 하게 되면, 무기장 가산세 20%를 납부해야 하지만, 다음의 소규모 사업자는 추계신고를 하더라도 무기장, 무신고가산세가 없다.

❶ 당해연도 신규사업자

❷ 직전 과세기간 총수입금액의 합계액이 4,800만원 미만인 사업자

1. 추계신고 시 가산세

복식부기 의무자 : 복식부기 의무자가 추계 신고한 경우 신고를 하지 않은 것으로 간주해 가산세 적용(①, ②, ③ 중 큰 금액)

① 무신고 납부세액 × 20% → 무신고가산세

② (수입금액 - 기납부세액 관련 수입금액) × 7/10,000 → 무신고가산세

③ 산출세액 × [무(미달)기장 소득금액/종합소득금액] × 20% → 무기장 가산세

전문직 사업자는 직전연도 수입금액 규모와 관계없이 복식부기 의무자이므로 무신고가산세 적용

간편장부대상자 : 간편장부대상자가 추계 신고한 경우 가산세 적용

산출세액 × [무(미달)기장 소득금액 / 종합소득금액] × 20%

2. 복식부기 의무자가 간편장부로 신고 시 가산세

복식부기 의무자가 소득세 확정신고 시 복식부기에 의해 소득세를 신고하지 않고 간편장부에 의하여 신고하는 경우 소득세를 신고하지 않은 것으로 본다(무신고가산세).

복식부기 의무자가 간편장부로 신고시 : 일반 무신고가산세를 적용한다.

[①, ② 중 큰 금액]

① 무신고 납부세액 × 20% → 무신고가산세

② (수입금액 - 기납부세액 관련 수입 금액) × 7/10,000 → 무신고가산세

[참고] 부정 무신고가산세

[①, ② 중 큰 금액]

① 무신고 납부세액 × 40%(국제 거래 수반 시 60%), → 무신고가산세

② (수입금액 - 기납부세액 관련 수입 금액) × 14/10,000 → 무신고가산세

소득에서 공제되는 종합소득공제

1 인적공제

 기본공제

구분	공제한도	나이요건	소득요건
본인공제	150만원	거주자인 본인(해당 없음)	해당 없음
배우자 공제	150만원	거주자의 법적인 배우자 및 일시퇴거 배우자(해당 없음)	해당 과세기간의 소득금액 합계액 100만 원 이하(근로소득만 있는 자는 총급여 500만 원 이하)
부양가족 공제	1인당 150만원	거주자(그 배우자 포함)인 부모(만 60세 이상), 자식(만 20세 이하), 형제자매(만 20세 이하, 만 60세 이상), 생활보호대상자, 위탁아동(만 18세 미만)	
	1인당 150만원	장애인 직계비속 또는 입양자의 장애인 배우자(해당 없음)	

추가공제

구분	공제한도	공제요건
경로우대공제	1인당 100만원	만 70세 이상자
장애인공제	1인당 200만원	장애인, 심신상실자, 정신지체 자, 상이자, 항상 치료 중증환자(1년 이상)
부녀자공제	연 50만원	거주자 본인(해당 과세기간에 종합소득과세표준을 계산할 때 합산하는 종합소득금액이 3천만 원 이하인 거주자로 한정함)이 다음 중 하나에 해당 하는 경우 ❶ 배우자가 있는 여성 ❷ 배우자가 없는 여성으로서 기본공제 대상자인 부양가족이 있는 세대주
한 부모공제	연 100만원	거주자 본인이 배우자가 없는 자로서 부양 자녀(만 20세 이하) 또는 입양자가 있는 자 부녀자공제와 중복 시 한 부모 공제 적용

 인적공제 적용 방법

구분		판정시기
원칙		기본공제, 추가공제 및 자녀세액공제를 적용할 때 공제 대상 배우자, 부양가족, 장애인 또는 경로우대자에 해당하는지? 여부의 판정은 해당 과세기간의 과세기간 종료일 현재 상황에 따름
예외	과세기간 종료일 전에 사망한 사람 또는 장애가 치유된 사람	사망일 전일 또는 치유일 전날의 상황에 따름
	적용 대상 나이가 정해진 경우	해당 과세기간의 과세기간 중에 해당 나이에 해당하는 날이 하루라도 있는 경우에 공제대상자로 봄

📝 인적공제의 한도액

인적공제(기본공제와 추가공제)의 합계액이 종합소득금액을 초과하는 경우 그 초과하는 공제액은 없는 것으로 한다.

② 연금보험료공제

공제 대상	공제금액
국민연금, 공무원연금, 군인연금, 사립학교교직원 연금, 별정우체국연금의 보험료 「(본인 기여금)」	해당 과세기간에 납입한 연금보험료 전액 공제

③ 특별소득공제

구 분	공제금액
보험료	건강보험법상의 보험료, 노인장기요양보험료, 고용보험료 본인부담금 전액
주택자금	공제액 = MIN(❶, ❷) ❶ MIN[(주택마련저축 + 주택 임차 차입금 원리금 상환액) × 40%, 연 400만 원 한도] + 장기주택저당차입금 이자상환액 ❷ 공제 한도 • 만기 15년 이상 고정금리이고 비거치식 : 2,000만 원 • 만기 15년 이상 고정금리 또는 비거치식 : 1,800만 원 • 만기 15년 이상 그 외 차입금 : 800만 원 • 만기 10년 이상 고정금리 또는 비거치식 : 600만 원 (주택요건) 기준시가 6억 원 이하

구 분	공제 금액
개인연금저축	2000년 12월 31일 이전 개인연금저축 가입자 개인연금저축 불입액의 40% 공제(연 72만 원 한도)
주택담보노후 연금 이자비용	연금소득이 있는 근로자가 주택담보노후연금을 받는 경우 MIN[(주택담보노후연금 이자비용 공제 = 지급받는 연금에 대해서 해당연도 발생하는 이자비용 상당액, 연 200만 원]
신용카드 사용액	(공제 대상) 신용카드 등 사용액 중 총급여액의 25% 초과분 (공제율) 신용카드 15%, 체크카드 · 현금영수증 · 총급여 7천만 원 이하 자의 도서 · 공연 · 박물관 · 미술관 사용분 30%(40%), 전통시 장 40%(50%), 대중교통 80%를 적용 (공제 한도) 급여 수준별 차등 적용

공제한도		총급여	7천만 원 이하	7천만 원 초과
기본공제 한도			300만 원	250만 원
추가공제 한도	전통시장		300만 원	200만 원
	대중교통			
	도서 · 공연 등			–

	(추가공제 신설) 2024년 신용카드 등 사용금액 중 2023년 신용카 드 등 사용금액 대비 5%를 초과하여 증가한 금액의 10%(한도 : 100만 원)
장기집합투자 증권저축	• 2015년 12월 31일까지 가입하는 경우 가입한 날부터 10년 • 총급여액 5천만 원 이하 근로자 연 저축납입액(600만 원 한도)의 40% 공제(연 240만 원 한도)

소득세 소득공제 종합한도

거주자인 근로자의 근로소득에 대한 소득세를 계산할 때 다음 중 어느 하나에 해당하는 공제 금액의 합계액이 2천 500만 원을 초과하는 경우는 그 초과하는 금액은 없는 것으로 한다(소득세 소득공제 종합한도 초과액은 종합소득세 과세표준에 합산).

📝 종합한도 포함 소득공제

❶ 소득세법 제52조에 따른 특별공제(주택자금 소득공제). 다만, 보험료(건강보험료, 고용보험료, 노인장기요양보험료) 공제는 제외

❷ 주택청약종합저축 납입액 소득공제(조특법 제87조)

❸ 신용카드 등 사용금액에 대한 소득공제(조특법 제126조의2)

❹ 중소기업창업투자조합 출자 등에 대한 소득공제(조특법 제16조 제1항). 다만, 개인투자조합 출자금을 벤처기업 등에 투자한 경우와 벤처기업 등에 투자, 온라인 소액투자 중개의 방법으로 모집하는 창업 후 7년 이내의 중소기업으로서 기술우수기업 등의 지분증권에 투자하는 경우는 제외한다.

❺ 소기업 · 소상공인 공제부금에 대한 소득공제(조특법 제86조의3)

❻ 우리사주조합 출자에 대한 소득공제(조특법 제88조의4 제1항)

종합한도 제외 소득공제

인적공제(기본공제 + 추가공제), 연금보험료 공제, 주택담보노후연금 이자비용공제, 보험료(건강보험료, 고용보험료, 노인장기요양보험료), 고용유지 중소기업 근로자 소득공제

6. 출생연도별 공제대상 판단

출생연도별 공제 대상 판단(2023년 귀속 기준)

나이요건	출생연도	적용항목
60세 이상	1963년 12월 31일 이전	기본공제 대상자 중 직계존속 및 형제자매
20세 이하	2003년 1월 1일 이후	기본공제 대상자 중 직계비속(입양자) 및 형제자매
70세 이상	1953년 12월 31일 이전	인적공제 추가공제 중 경로우대자 공제
65세 이상	1958년 12월 31일 이전	의료비 세액공제 중 경로자에 대한 의료비 지출

출생연도별 공제대상 판단(2024년 귀속 기준)

나이요건	출생연도	적용항목
60세 이상	1964년 12월 31일 이전	기본공제 대상자 중 직계존속 및 형제자매
20세 이하	2004년 1월 1일 이후	기본공제 대상자 중 직계비속(입양자) 및 형제자매
70세 이상	1954년 12월 31일 이전	인적공제 추가공제 중 경로우대자 공제
65세 이상	1959년 12월 31일 이전	의료비 세액공제 중 경로자에 대한 의료비 지출

세액에서 공제되는 종합소득 세액공제

1 기장세액공제

간편장부대상자가 종합소득세 과세표준 확정신고를 할 때 복식부기에 따라 기장하여 소득금액을 계산하고, 재무상태표·손익계산서·합계잔액시산표·조정계산서를 제출하는 경우 산출세액에서 20%를 공제해 준다. 단, 간편장부로 기장한 경우는 기장세액공제를 해주지 않는다.

기장세액공제 = ❶, ❷ 중 적은 금액

❶ 종합소득 산출세액 × $\dfrac{\text{복식부기로 기장된 사업소득 금액}}{\text{종합소득금액}}$ × 20%

❷ 100만 원

② 전자계산서 발급세액공제

직전년도 사업장별 총수입금액이 3억 원 미만인 개인사업자는 전자계산서 발급 세액공제를 받을 수 있다.

2024년 12월 31일까지 발급한 전자계산서에 한해서 적용된다.

종합소득세 신고를 할 때 전자계산서 발급 세액공제 신고서를 작성해서 함께 제출한다.

전자계산서 발급세액공제액 = ❶, ❷ 중 적은 금액

❶ 발급 건당 200원
❷ 연간 100만 원

③ 외국납부세액공제

거주자의 종합소득금액에 국외원천소득이 합산되어있는 경우로서 국외원천소득에 대하여 외국에서 외국소득세액을 납부했거나, 납부할 것이 있을 때 산출세액에서 공제해준다.

$$종합소득\ 산출세액 \times \frac{국외\ 원천소득금액}{종합소득금액}$$

4 재해손실세액공제

사업자가 해당 과세기간에 천재지변이나 그 밖의 재해로 사업용 자산총액(토지는 제외)의 20% 이상에 해당하는 자산을 상실하여 납세가 곤란하다고 인정되는 경우 상실된 자산의 가액을 한도로 일정액을 공제해준다.

재해손실세액공제 = ❶, ❷ 중 적은 금액
❶ 공제 대상 세액(사업소득에 대한 소득세액) × 재해 상실 비율
❷ 상실된 자산의 가액

5 근로소득세액공제

근로소득이 있는 거주자(국내 근로소득 + 국외 근로소득)가 적용 대상이다.

산출세액	세액공제액
130만 원 이하	근로소득 산출세액 × 55%
	근로소득 산출세액 = 종합소득산출세액 × $\dfrac{\text{근로소득금액}}{\text{종합소득금액}}$
130만 원 초과	❶, ❷ 중 적은 금액
	❶ 715,000원 + (근로소득 산출세액 − 130만 원) × 30%
	❷ 총급여액 구간별 한도액

[총급여액 구간별 한도액]

총급여액	공제 한도
3,300만원 이하	74만 원
3,300만원 초과 7,000만원 이하	Max(❶, ❷) ❶ 74만 원 – [(총급여액 – 3,300만 원) × 0.8%] ❷ 66만 원
7,000만원 초과 1억 2천만원 이하	Max(❶, ❷) ❶ 66만 원 – [(총급여액 – 7천만 원) × 50%] ❷ 50만 원
1억 2천만원 초과	Max(❶, ❷) ❶ 50만 원 – [(총급여액 – 1억 2천만 원) × 50%] ❷ 20만 원

중소기업 취업 청년 소득세 감면이 있는 경우의 근로소득세액공제 계산

= 근로소득 세액공제 × [1 – (중소기업 취업자 소득세 감면액 ÷ 산출세액)]

[일용근로자 세액공제액]

근로소득에 대한 산출세액 × 55%

6 자녀세액공제

종합소득이 있는 거주자의 기본공제 대상자에 해당하는 자녀(입양자 및 위탁 아동을 포함한다)가 있는 경우

구 분	세액공제액
자녀세액공제	거주자의 기본공제 대상자로서 8세 이상의 사람(8세 미만의 취학아동 포함)에 해당하는 자녀가 있는 경우 ❶ 자녀 1명 : 1명당 연 15만원 ❷ 자녀 2명 : 1명당 연 35만원 ❸ 3명 이상인 경우 : 연 35만 원 + (자녀수 − 2명) × 연 30만 원
출산 · 입양 세액공제	해당 과세기간에 출산하거나 입양 신고한 공제대상 자녀가 있는 경우 • 그해 낳았거나 입양한 자녀가 첫째인 경우 : 30만원 • 그해 낳았거나 입양한 자녀가 둘째인 경우 : 50만원 • 그해 낳았거나 입양한 자녀가 셋째 이상인 경우 : 70만원

7 연금계좌세액공제

종합소득이 있는 거주자가 연금계좌(연금저축계좌와 퇴직연금계좌)에 납입한 금액이 있는 경우에 연금계좌세액공제액을 해당 과세기간의 종합소득세 산출세액에서 공제한다.

구 분	내 용
퇴직연금	근로자퇴직급여보장법에 따른 DC형 퇴직연금 · 개인형 퇴직연금 (IRP) 근로자 납입액
연금저축	연금저축계좌 근로자 납입액

> 세액공제 대상 연금계좌 납입액 = ❶, ❷ 중 적은 금액
> ❶ MIN(연금저축계좌 납입액, 한도 : 연 600만 원) + 퇴직연금계좌 납입액
> ❷ 한도 : 연 900만 원

여기서 연금계좌납입액은 거주자가 직접 연금계좌에 추가납입한 금액만을 의미하므로, 연금계좌납입액에는 ❶ 퇴직소득세가 원천징수되지 않은 이연퇴직소득 등 과세가 이연된 소득 ❷ 연금계좌에서 다른 연금계좌로 계약을 이전함으로써 납입되는 금액은 제외한다.

[연금계좌 세액공제액]

구 분	세액공제액
해당 과세기간의 종합소득금액이 4,500만 원 이하(근로소득만 있는 경우에는 총급여액이 5,500만 원 이하)인 거주자	세액공제액 = 세액공제 대상 연금계좌 납입액 × 15%
위 이외의 거주자	세액공제액 = 세액공제 대상 연금계좌 납입액 × 12%

8 특별세액공제

항목별 세액공제와 표준세액공제

근로소득이 있는 거주자가 해당 과세기간에 아래의 항목을 지급하는 경우 해당 금액에 세액공제율을 적용한 금액을 공제받거나 표준세액공제를 종합소득산출세액에서 공제한다.

구 분	세액공제
근로소득자의 경우	근로소득이 있는 근로자가 해당 과세기간에 보장성 보험료, 의료비, 교육비, 기부금을 지급하고 근로소득세 연말정산이나 종합소득세 확정신고를 할 때 세액공제를 신청한 경우 항목별 세액공제액을 종합소득세 산출세액에서 공제한다. 근로소득이 있는 거주자로서 항목별 세액공제(기부금 세액공제 중 정치자금 세액공제와 우리사주조합기부금 세액공제는 제외), 특별소득공제 및 조세특례제한법상 월세 세액공제를 신청하지 않은 경우는 표준세액공제 13만 원을 종합소득 산출세액에서 공제한다. 따라서 근로소득이 있는 거주자는 표준세액공제(13만 원)와 기부금 세액공제 중 정치자금 세액공제와 우리사주조합기부금 세액공제를 중복해서 적용받을 수 있다.
종합소득이 있는자 (근로소득이 있는 자는 제외)의 경우	근로소득이 외의 종합소득이 있는 자는 기부금 세액공제 외의 다른 항목별 세액공제는 적용하지 않는다. 성실신고대상사업자가 의료비·교육비·월세 세액공제를 신청하지 않은 경우는 다음의 표준세액공제를 적용한다. ❶ 성실사업자의 경우 : 연 12만원(표준세액공제) ❷ ❶ 외의 경우 : 연 7만원(표준세액공제)

[특별세액공제 적용]

구 분	세액공제
근로소득자의 경우	선택(항목별 세액공제 + 특별소득공제 + 월세 세액공제, 표준세액공제 13만원) • 항목별 세액공제 : 보장성 보험료 세액공제, 의료비 세액공제, 교육비 세액공제, 기부금 세액공제

구 분	세액공제
	• 특별소득공제 : 건강보험료 등 소득공제, 주택자금 소득공제, 월세 세액공제 • 만일 표준세액공제를 선택한 경우 표준세액공제 + 기부금 세액공제 중 정치자금 세액공제와 우리사주조합기부금 세액공제
근로소득 외의 종합소득이 있는 자	일반 종합소득세 신고자 = 기부금 세액공제 + 표준세액공제(연 7만원) 성실신고확인대상자로서 성실신고확인서를 제출한 자 = 기부금 세액공제 + [❶ 조특법상 의료비 + 교육비 + 월세 세액공제, 표준세액공제(연 7만원)] 중 선택공제
	소득세법에 따른 성실사업자 ❶ 조특법에 따른 성실사업자 = 기부금 세액공제 + [❶ 조특법상 성실사업자의 의료비 + 교육비 + 월세 세액공제, 표준세액공제(연 12만원)] 중 선택공제 ❷ ❶이외의 성실사업자 = 기부금 세액공제 + 표준세액공제(연 12만원) 성실신고확인대상자로서 성실신고확인서를 제출한 자 = 기부금 세액공제 + [❶ 조특법상 의료비 + 교육비 + 월세 세액공제, 표준세액공제(연 12만원)] 중 선택공제

특별세액공제의 종류와 공제요건

항 목	기본공제 대상자의 요건*		근로기간 지출한 비용만 공제	비 고
	나이요건	소득요건		
① 보험료	○	○	○	

항 목	기본공제 대상자의 요건*		근로기간 지출한 비용만 공제	비 고
	나이요건	소득요건		
② 의료비	×	×	○	
③ 교육비	×	○**	○	직계존속 제외
④ 기부금	×	○	×	본인 · 배우자 · 직계존속 · 직계비속 등 기본공제 대상자
특별세액 공제액	특별세액공제 합계액과 표준세액공제(7만원, 13만원) 중 큰 금액을 공제			

* 본인은 요건 제한 없음, 배우자와 장애인은 나이 요건을 적용하지 않음

** 장애인 특수교육비는 소득요건의 제한을 받지 않으며, 직계존속도 공제 가능

기부금을 제외한 특별세액공제 항목은 근로기간 동안 지출한 비용만 공제할 수 있다. 따라서 입사 전이나 퇴직 후에 해당 근로자가 지출한 보험료 · 의료비 · 교육비는 세액공제를 받을 수 없으며, 신용카드 등 사용액 · 장기집합투자증권저축도 소득공제를 받을 수 없다.

기부금 세액공제 · 연금계좌 세액공제 · 개인연금저축 소득공제 · 투자조합출자 등 소득공제는 입사 전이나 퇴직 후에 해당연도에 지출한 금액도 공제한다.

📝 보험료 세액공제

근로자가 기본공제 대상자(소득요건, 나이 요건 제한 있음)를 위해 해당 과세기간에 지출한 보험료의 12%(장애인전용보장성보험료는 15%)에 해당하는 금액을 해당 과세기간의 종합소득산출세액에서 공제한다.

보험료 세액공제액 = ❶ × 12% + ❷ × 15%.
❶ 일반 보장성 보험료(연 100만 원 한도)
❷ 장애인 전용 보장성 보험료(연 100만 원 한도)

세액공제 대상 보험료	세액공제 대상금액 한도	세액공제율
보장성 보험료*	연 100만 원 한도	12%
장애인전용보장성 보험료**	연 100만 원 한도	15%

* : 만기에 환급되는 금액이 납입 보험료를 초과하지 않는 보험의 보험계약
** : 보험계약 또는 보험료 납입영수증 등에 '장애인 전용보험'으로 표시된 보험

의료비 세액공제

근로자가 본인, 배우자 또는 생계를 같이하는 부양가족(소득요건 · 나이 요건 제한 없음)을 위해 해당 과세기간에 지출한 의료비 중 총급여액의 3%를 초과하는 금액에 15%(난임 시술비는 30%, 미숙아 · 선천성 이상아 의료비 20%)에 해당하는 금액을 종합소득산출세액에서 공제한다. 다만, 근로자 본인, 장애인, 65세 이상자, 6세 이하 부양가족, 중증질환자를 위해 지급한 의료비와 임신을 위해 지출하는 난임 시술비, 미숙아 · 선천성 이상아에 대한 의료비는 추가로 공제된다.

총급여액의 3%를 초과하는 금액을 한도 없이 전액 세액공제하고, 그 외 부양가족은 연 700만 원을 한도로 공제한다.

- 일반적인 경우(700만 원 한도)

의료비 총액 − (총급여액 × 3%) = 공제 대상 의료비

- 공제되는 의료비가 700만 원을 초과하는 경우

① 한도 초과 금액 = 의료비 총액 − (총급여액 × 3%) − 700만 원

② 본인, 장애인, 65세 이상자, 6세 이하 부양가족, 중증질환자 의료비와 난임 시술비, 미숙아 · 선천성 이상아 의료비 합계액

①과 ② 중 적은 금액 + 700만 원 = 공제 대상 의료비

생계를 같이하는 부양가족임에도 소득요건 또는 나이 요건을 갖추지 못해 인적공제를 받지 못한 부양가족을 위해 지출한 의료비도 공제받을 수 있다.

동일 부양가족을 타인이 기본공제 대상자로 한 경우 그 부양가족을 위해 지출한 의료비는 공제받을 수 있다.

교육비 세액공제

근로소득이 있는 거주자가 해당 과세기간에 그 거주자와 기본공제 대상자(나이 요건 제한 없음)를 위해 지출한 교육비의 15%에 해당하는 금액을 해당 과세기간의 종합소득산출세액에서 공제한다.

- 본인은 모든 교육기관(대학원 포함) 전액
- → 대학원 교육비, 직업능력 개발훈련시설 수강료, 시간제 등록 포함
- → 학자금대출 원리금 상환에 지출한 교육비(상환 연체로 추가 지급액 제외)
- 부양가족(배우자, 직계비속, 형제자매, 입양자) 대학(사이버대학 · 시간제 등록 포함)은 1인당 연 900만 원까지(대학원은 공제 대상 아님)

- 부양가족 유치원·유아원은 1인당 연 300만 원까지
- 부양가족은 초·중·고등학교는 1인당 연 300만 원(국외 교육비도 가능)
- 장애인 특수교육비는 한도 없이 전액 공제 가능(장애인 재활교육을 위해 사회복지시설 등에 지급한 비용)
→ 장애아동 발달 재활서비스 제공기관 이용료는 나이 요건(만 18세 미만) 제한
- 근로자 자기 부담의 직업능력 개발훈련비용(수강료)도 전액 소득공제 가능
→ 고용보험법상의 근로자 수강지원금은 차감

구 분	공제 대상 기관	공제 대상 교육비
취학 전 아동	유치원·보육시설·학원·체육시설·외국교육기관(유치원)	보육료, 입학금, 보육비용, 그 밖의 공납금 및 학원·체육시설 수강료(1주 1회 이상 이용), 방과후 수업료(특별활동비·도서 구입비 포함, 재료비 제외), 급식비, 유치원 종일반 운영비 포함
초·중·고등학생	초·중·고등학교 인가된 외국인학교 인가된 대안학교 외국교육기관	수업료, 입학금 방과 후 학교 수강료 (도서 구입비 포함, 재료비 제외) 학교급식법에 의한 급식비 학교에서 구입한 교과서대 교복구입비용(중·고생 1인당 연 50만원 이내) 현장 체험 학습비용(학생 1인당 연 30만원 이내)
대학생	대학교 특수학교 특별법에 의한 학교 외국교육기관	수업료, 입학금 등

주 직계존속은 교육비 세액공제 대상이 아님(장애인 특수교육비는 공제 가능)

🖋 기부금 세액공제

기본공제 대상자(나이 요건 제한 없음, 소득요건 제한 있음)가 해당 과세기간에 지급한 공제 대상 기부금의 15%(1천만 원 초과분 30%, 정치자금기부금 3천만 원 초과분 25%)에 해당하는 금액을 해당 과세기간의 종합소득산출세액에서 공제한다.

정치자금기부금 및 우리사주 조합기부금은 근로자 본인이 기부한 경우만 공제할 수 있다.

사업소득이 있는 자는 필요경비산입 방법을, 사업소득 외의 종합소득이 있는 자는 기부금 세액공제 방법을 각각 적용하며, 사업소득과 다른 종합소득이 있는 자는 필요경비산입 방법과 기부금 세액공제 방법을 모두 적용받을 수 있다. 이 경우 근로소득이 없는 자도 기부금 세액공제를 적용받을 수 있다.

기부금 처리 방법

구 분	기부금 처리 방법
사업소득이 있는 자	필요경비산입 방법
사업소득 외의 종합소득이 있는 자 연말정산 대상 사업소득이 있는 자	기부금 세액공제 방법
사업소득과 다른 종합소득이 함께 있는 자	필요경비산입 방법과 기부금 세액공제 방법 모두 적용 가능

정치자금기부금 세액공제

거주자가 정치자금법에 따라 정당(후원회, 선거관리위원회 포함)에 기부한 정치자금

구 분	공제액	한도액
10만 원까지	기부한 정치자금 × 100/110 사업자 여부를 불문하고 세액공제	기준소득금액 × 100%
10만 원 초과	사업자가 아닌 거주자 : 기부금 세액공제 적용 세액공제액 = (기부한 정치자금 – 10만 원) × 15%(3천만 원 초과분 25%) 사업자인 거주자 : 사업소득 금액 계산 시 필요경비 산입 필요경비한도액 = (기준소득금액 – 이월결손금) × 100%	

> 기준소득금액 = 종합소득금액 + 필요경비에 산입한 기부금 – 원천징수 세율 적용 금융소득 금액

고향사랑기부금

구 분	공제액	한도액
10만 원까지	고향사랑기부금 × 100/110 사업자가 거주자인 경우에도 10만원 이하의 금액에 대해서는 위 금액을 세액공제한다.	기준소득금액 × 100%

구 분	공제액	한도액
10만 원 초과	일반 거주자 세액공제액 = 고향사랑기부금 × 100/110 + (고향사랑기부금 − 10만 원) × 15% 사업자인 거주자 (고향사랑기부금 − 10만 원)에 대해서 필요경비 산입 필요경비한도액 = (기준소득금액 − 이월결손금) × 100%	

세액공제 대상 기부금의 계산

세액공제 대상 기부금 = MIN(정치자금기부금 · 고향사랑기부금 · 특례기부금, 한도액) + MIN(우리사주 조합기부금, 한도액) + MIN(일반기부금, 한도액) − 사업소득 금액을 계산할 때 필요경비에 산입한 기부금

구 분	한도액
❶ 정치자금기부금	기준소득금액 × 100%
❷ 고향사랑기부금	
❸ 특례기부금	
❹ 우리사주조합기부금	(기준소득금액 − 한도 내의 ❶, ❷, ❸ 기부금) × 30%
❺ 일반기부금	종교단체에 기부한 금액이 없는 경우 (기준소득금액 − ❶, ❷, ❸, ❹ 기부금) × 30% 종교단체에 기부한 금액이 있는 경우 (기준소득금액 − ❶, ❷, ❸, ❹ 기부금) × 10% + MIN (①, ②) ① (기준소득금액 − ❶, ❷, ❸, ❹ 기부금) × 20% ② 종교단체 외에 기부한 일반기부금

특례기부금 + 일반기부금 + 우리사주조합기부금 세액공제

세액공제율 : 특례기부금 + 일반기부금 + 우리사주 조합기부금: 15%(1천만 원 초과분 30%)
고액 기부금 세액공제율 한시 상향 : 3천만 원 초과 : 40%(2024년 12월 31일 까지)

구 분	세액공제액
1,000만 원 이하	세액공제 대상 기부금 × 15%
1,000만 원 초과 3,000만 원 이하	15만 원 + (세액공제 대상 기부금 − 1,000만 원) × 30%
3,000만 원 초과	750만 원 + (세액공제 대상 기부금 − 3,000만 원) × 40%

[주] 세액공제 대상 기부금에서 특례기부금과 일반기부금이 같이 있으면 특례기부금을 먼저 공제한다.

표준세액공제

근로자로서 특별소득공제, 특별세액공제, 월세액 세액공제를 신청하지 아니한 사람은 연 13만 원(사업소득자는 7만 원)을 종합소득산출세액에서 공제한다.

월세 세액공제

월세 관련 공제항목은 ① 주택 임차료(월세) 현금영수증을 발급받아 신용카드 등 사용금액 소득공제를 적용하는 것과 ② 월세 세액공제가 있으며, 신용카드 등 사용금액 소득공제와 월세 세액공제는 중복 공제 되지 않으므로 근로자가 유리한 것으로 하나만 선택하여 공제한다.

과세기간 종료일(12월 31일) 현재 무주택세대의 세대주(세대주가 주택자금 공제 및 주택마련저축 공제를 받지 않은 경우는 세대원 포함)이며, 해당 과세기간의 총급여액이 8천만 원(종합소득금액 7천만 원) 이하인 근로자가 국민주택규모의 주택(주거용 오피스텔, 고시원 포함) 이하 또는 기준시가 4억 원 이하 주택을 임차하기 위하여 월세 금액(사글 세액 포함)을 지급하는 경우 공제 대상이다. 단독 세대주도 월세액 세액공제가 가능하다.

> 월세 세액공제 = 월세 지출액(1,000만 원 한도)의 15%(총급여 5천5백만 원 (종합소득금액 4천5백만 원) 이하 17%)

종합소득세 확정신고·납부

당해 연도 5월은 지난해(전년도)의 종합소득에 대한 소득세를 신고·납부 하는 달이다. 법에서 정한 종합소득(이자·배당·사업·근로·연금·기타소득)이 있는 사람은 5월 1일부터 5월 31일까지 신고서를 작성하여 주소지 관할 세무서장에게 신고·납부 한다.

성실신고 확인 대상자로서 성실신고 확인서를 제출하는 경우는 5월 1일부터 6월 30일까지 신고·납부 한다.

1 신고대상자

구 분	신고대상자
거주자	국내·외에서 발생한 소득 중 종합소득금액이 있는 사람 및 법인으로 보는 단체 외의 법인 아닌 단체
비거주자	국내에서 발생한 원천소득 중 종합소득금액이 있는 사람 및 법인으로 보는 단체 외의 법인 아닌 단체

2 — 신고 대상 소득

구 분	신고 대상
거주자	국내·외에서 발생한 소득
비거주자	국내에서 발생한 원천소득

3 — 종합소득금액

구 분	신고 서식
종합소득	이자·배당·사업·근로·연금·기타소득금액을 합계하여 종합소득세 확정신고(별지 제40호 서식)를 한다.
퇴직·양도소득	종합소득과 구분하여 별개로 확정신고(별지 제40호의2 및 제84호 서식)를 해야 한다.

4 — 개인지방소득세 신고

2020년 1월 1일부터 개인지방소득세는 지방자치단체의 장에게 별도로 신고해야 한다. 홈택스로 소득세를 신고하면 홈택스(국세)·위택스(지방세) 실시간 연계시스템을 통해 개인지방소득세까지 한 번에 편리하게 신고할 수 있다.

⑤ 종합소득세 납부 및 환급

자진납부계산서(영수증서)에 납부할 종합소득세액을 기재하여 5월 1일~5월 31일(성실신고 확인 대상자로서 성실신고 확인서를 제출한 경우는 5월 1일~6월 30일)에 은행 또는 우체국에 납부해야 하며, 홈택스 등을 통해 전자 납부도 가능하다.

환급세액이 발생한 경우는 신고기한 종료일부터 30일 이내에 신고서에 기재한 은행(우체국)의 예금계좌로 환급금을 송금받거나 환급통지서를 통해 환급금을 수령할 수 있다.

만일 종합소득세 자진 납부세액이 1천만 원을 초과하는 경우 분할납부도 가능하다.

납부할 세액	분납할 세액	분납기한
1천만 원 초과 2천만 원 이하	1천만 원 초과 금액	납부 기한이 지난 후 2개월 이내
2천만 원을 초과	납부할 세액의 50%이하 금액	

⑥ 소규모 사업자는 간편장부로 신고한다.

 ### 간편장부 기장 시 혜택

간편장부대상자가 간편장부를 기장하고 소득금액을 신고하는 경우 다음과 같은 혜택이 있다.

⊙ 장부의 기록·보관 불성실 가산세(20%) 적용 배제

⊙ 결손금이 발생한 경우 15년간 이월결손금 공제 가능

2008년 이전 발생 결손금은 5년간 공제, 2009~2019년 10년, 2020년 이후 발생 결손금은 15년간 공제

⊙ 조세특례제한법에서 정한 각종 감면 및 세액공제 가능

⊙ 부가가치세 매입·매출장 작성 의무 면제

📝 기장하지 않을 경우 불이익

사업자가 장부 기장을 하지 않고 추계로 소득금액을 신고하는 경우 다음과 같은 불이익이 있다.

⊙ 장부의 기록·보관 불성실 가산세(20%) 적용

단, 소규모 사업자(직전년도 수입금액 4,800만 원 미만) 및 신규사업자는 적용 제외

⊙ 결손금이 발생한 경우 이월결손금 공제 불가

⊙ 조세특례제한법에서 정한 각종 감면 및 세액공제 불가

⊙ 복식부기 의무자는 추계로 신고하는 경우 신고를 하지 않은 것으로 간주하여 다음 중 큰 금액을 가산세로 부과한다.

Max(무신고 납부세액의 20%, 수입금액의 0.07%)

단, 무신고가산세와 장부의 기록·보관 불성실가산세가 동시에 적용되는 경우 큰 금액에 해당하는 가산세를 적용하고 가산 세액이 같은 경우 무신고가산세를 적용한다.

종합소득세 확정신고 때 첨부서류

V

과세표준확정신고에 있어서는 과세표준확정신고 및 자진납부계산서와 인적공제 및 특별공제 대상임을 입증하는 서류와 다음의 서류를 첨부해야 한다.

1. 종합소득세, 농어촌특별세, 지방소득세 과세표준확정신고 및 납부계산서

2. 소득공제, 세액공제를 적용받는 경우

가. 소득공제신고서, 세액공제신고서

나. 인적공제, 연금보험료 공제, 주택담보노후연금 이자비용공제, 특별소득공제, 자녀세액공제, 연금계좌세액공제 및 특별세액공제임을 증명하는 다음의 서류

◎ 입양 관례 증명서 또는 입양증명서(동거 입양자가 있는 경우)

◎ 수급자증명서

◎ 가정 위탁보호 확인서(위탁 아동이 있는 경우)

◎ 가족관계증명서 또는 주민등록표 등본

◎ 장애인증명서 또는 장애인등록증(장애인공제 대상인 경우)

- ⊙ 일시 퇴거자 동거가족 상황표(일시퇴거자가 있는 경우)
- ⊙ 주택담보노후연금 이자비용증명서
- ⊙ 보험료 납입증명서 또는 보험료납입영수증
- ⊙ 의료비 지급명세서
- ⊙ 교육비납입증명서, 방과 후 학교 수업용 도서 구입 증명서
- ⊙ 주민등록표 등본, 장기주택저당차입금이자상환 증명서, 분양계약서 또는 등기사항증명서
- ⊙ 기부금명세서, 기부금 영수증

3. 재무상태표, 손익계산서와 그 부속서류, 합계잔액시산표 및 조정계산서(복식부기 의무자)

- ⊙ 간편장부 소득금액 계산서(간편장부대상자)
- ⊙ 추계소득금액계산서(기준, 단순경비율에 의한 추계신고자)
- ⊙ 성실신고 확인서, 성실신고 확인 비용 세액공제신청서(성실신고 확인 대상사업자)
- ⊙ 공동사업자별 분배명세서(공동사업자)

5. 영수증 수취명세서

6. 결손금소급공제 세액환급신청서

7. 세액감면신청서

8. 소득금액 계산명세서

사업에 손실이 발생한 경우 기장을 하면 이익이 발생할 때 손실공제

사업자가 비치·기록한 장부에 의하여 해당 과세기간의 사업소득 금액을 계산할 때 필요경비가 총수입금액을 초과하는 경우 그 초과 금액을 결손금이라고 한다.

결손금을 다른 소득금액에서 공제하고 남은 결손금(이월결손금)은 해당 이월결손금이 발생한 과세기간의 종료일부터 다음 15년간(2019년 12월 31일 이전 발생분은 10년) 발생한 소득에서 공제할 수 있다. 그러나, 부동산임대업(주거용 임대업 제외)의 사업소득 금액에서 발생한 결손금은 해당 소득에서만 공제할 수 있다.

① 결손금 공제

🖊️ 결손금 공제란?

결손금을 다음 연도로 이월하기 전에 해당 과세기간의 다른 소득금액에서 먼저 공제하고, 남은 결손금에 대해 15년간 이월공제가 허용된다(결손금 발생 ⇨ 결손금 통산 ⇨ 결손금 이월)

📝 결손금 공제순서

발생한 결손금은 아래의 순서대로 공제한다.

구 분	공제순서
부동산임대업 외	부동산임대업의 사업소득금액 → 근로소득금액 → 연금소득금액 → 기타소득금액 → 이자소득금액 → 배당소득금액
부동산임대업(주거용 건물임대업 제외)	다른 소득에서 공제하지 않고 다음 과세기간으로 이월

② 이월결손금 공제

이월결손금을 해당 결손금이 발생한 과세기간의 종료일로부터 15년 이내에 끝나는 과세기간의 소득금액을 계산할 때 먼저 발생한 과세기간의 이월결손금부터 순서대로 공제한다.

📝 이월결손금 공제순서

발생한 이월결손금은 아래의 순서대로 공제한다.

구 분	공제순서
부동산임대업 외	부동산임대업의 사업소득금액 → 근로소득금액 → 연금소득금액 → 기타소득금액 → 이자소득금액 → 배당소득금액

구 분	공제순서
부동산임대업(주거용 건물임대업 제외)	다른 소득에서 공제하지 않고 다음 과세기간으로 이월

 ## 이월결손금 배제

해당 과세기간의 소득금액에 대해 추계 신고하는 경우는 이월결손금의 공제를 적용받지 못한다. 다만, 천재지변이나 그 밖의 불가항력으로 장부 등이 멸실되어 추계 신고하는 경우는 제외된다.

경비가 부족한 경우
종합소득세 신고 고려사항

1 │ 세금계산서 못 받았다고 비용처리 포기하지 마라

서류 등으로 지출내역 입증이 가능하면 세금계산서를 발급받지 않았더라도 비용처리가 가능하다.

❶ 계약서, 견적서, 거래명세서 등 거래 사실을 입증할 수 있는 서류

❷ 통장이체 내역, 자동이체 내역

다만, 사업자로부터 재화 또는 용역을 공급받고 그 대가를 지출하는 경우는 세금계산서, 계산서, 신용카드 매출전표, 지출증빙용 현금영수증과 같은 적격증빙을 수취하고 보관해야 하는 것이며, 수취의무가 면제되는 법정 사유가 없이 적격증빙을 수취하지 않은 경우는 미수취 금액의 2%에 해당하는 증빙불비가산세가 부과된다.

결론은 세금계산서 등 적격증빙을 못 받았어도 지출 사실을 소명할 수 있다면 2%의 가산세를 부담하고 비용 인정받는 것이 유리할 수도 있다는 것이다.

[대표사례] 권리금 지급과 인테리어비용 지출

2 · 비용이 부족하면 추계신고가 유리하다.

비용이 너무 부족한 사업자는 업종에 따라 차라리 추계신고가 유리하다.

간혹 비용이 너무 부족한 사업자들은 업종에 따라 차라리 추계신고(단순/기준경비율)가 유리할 때가 있는데, 하필이면 당해연도 수입 기준에 따라 성실신고 대상자에 해당하게 된 경우 세금 문제를 알아보고자 한다.

추계(단순/기준경비율)와 성실신고 대상자의 판단 시 주의사항

현재 세법은 성실신고 대상자는 당해연도 수입금액 기준으로, 추계(단순/기준)나 간편/복식부기 의무는 전년도 수입금액 기준으로 판단하고 있으므로, 당해연도 기준으로 성실신고 대상자라 할지라도 간편장부대상자에 해당할 수 있어서 기준경비율 적용 시 단순경비율 배율이 2.8배가 될 수 있는 것이다.

가산세 문제

문제는 간편/복식부기 의무자의 경우 산출세액 기준으로 Max(무신고, 무기장가산세)가 부과되고, 성실신고 대상자의 경우 무신고나 추계 시 성실신고불성실가산세 5%가 중복으로 적용되기 때문에 가산세가 최소 25% 이상 부과된다는 점이다. 또한 수시 세무조사 대상으로 확정될 위험도 있다(가족 등 가공 인건비 계상 시 바로 세무조사 들어올 수 있음).

그런데도 비용이 부족할 경우, 추계를 통한 비용확보를 고려해볼 필요가 있다.

추계로 신고한 경우는 성실신고 확인서를 제출하지 않는 것으로 보아 의료비, 교육비 세액공제 및 성실신고 확인 비용 세액공제에 대하여 전부 인정받을 수 없다.

> 서면 법령해석 소득 2015-1266(2016.04.01)
> 다수의 사업장을 운영하는 성실신고 확인 대상 사업자가 일부 사업장에 대해 추계로 신고한 경우 「조세특례제한법」 제126조의6 성실신고 세액공제를 적용받을 수 없는 것임

③ 비용이 부족하면 추계신고가 유리하다.

평소 가족 인건비 신고를 안 한 경우 종합소득세 신고 때 인건비 반영을 한다.

업무를 하는 가족 인건비를 평소에 신고하지 않은 경우 기한후신고(수정신고)를 통해 인건비에 대한 근로소득세를 납부하고, 지급명세서를 제출하면 종합소득세 신고 때 비용반영이 가능하다.

인건비는 그 금액 자체가 크므로 설령 원천세를 낸다고 해도 소득세 절감 효과가 크다.

올해 상반기 사업실적이 부진한 경우 중간예납을 추계액으로 신고

개인의 종합소득에 대한 과세는 원칙적으로 과세기간이 경과한 후에 1년간의 소득 내용에 의하여 과세하는 것이나 연간 소득에 대한 세금을 한 번에 납부할 경우 납세자의 부담이 커지게 되므로 중간예납 제도를 두어 전년에 납부한 세액의 1/2을 11월에 내 도록하고 있다. 따라서 소득세 확정신고 때에는 연간 총소득에 대한 납부할 세금에서 미리 낸 중간예납 세액을 차감하고 남은 금액을 납부하거나 환급받게 되어있다.

연간 총납부할 세액 − 중간예납 세액 = 납부(환급)할 세액

1 납세의무자

중간예납 납세의무자는 원칙적으로 종합소득이 있는 거주자와 종합과세 되는 비거주자이다. 다만, 다음에 해당하는 사람은 중간예납 납부 대상에서 제외된다.

신규사업자	당해연도 1월 1일 현재 사업자가 아닌 자로서 당해 연도 중 신규로 사업을 개시한 사람
휴·폐업자	당해 연도 6월 30일 이전 휴·폐업자 당해 연도 6월 30일 이후 폐업자 중 수시 자납 또는 수시부과한 경우
다음의 소득만이 있는 사람	이자소득·배당소득·근로소득·연금소득 또는 기타소득
	사업소득 중 속기·타자 등 사무지원 서비스업에서 발생하는 소득
	사업소득 중 수시 부과하는 소득
	저술가·화가·배우·가수·영화감독·연출가·촬영사 등
	직업선수·코치·심판 등
	독립된 자격으로 보험가입자의 모집, 증권매매의 권유, 저축의 권장 또는 집금 등을 하고 그 실적에 따라 모집수당·권장 수당·집금 수당 등을 받는 사람
	(후원) 방문판매에 따른 판매수당 등을 받는 사람(전년도 귀속분 사업소득 연말정산을 한 경우에 한함)
	주택조합 또는 전환 정비사업 조합의 조합원이 영위하는 공동사업에서 발생하는 소득
납세조합가입자	납세조합이 중간예납기간 중(당해 연도 1월 1일~6월 30일)에 해당 조합원의 소득세를 매월 원천징수 하여 납부한 경우
부동산매매업자	중간예납기간 중(당해 연도 1월 1일~6월 30일)에 매도한 토지 또는 건물에 대하여 토지 등 매매차익 예정신고·납부세액이 중간예납 기준액의 2분의 1을 초과하는 경우
소액부징수자	중간예납 세액이 50만 원 미만인 경우

2

중간예납 세액의 납부

중간예납 세액 = 중간예납 기준액 [주] × 1/2 − (중간예납 기간 중의 토지 등 매매차익 예정 신고납부 세액)
[주] 중간예납 기준액 = (전년도 중간예납 세액 + 확정신고 자진납부세액 + 결정·경정한 추가납부세액 + 기한후(수정)신고 추가 자진납부세액) − 환급세액

소득세 중간예납은 고지 납부를 원칙으로 한다. 관할 세무서장은 중간예납 세액을 납부해야 할 거주자에게 11월 1일부터 11월 15일까지의 기간 내에 중간예납 세액을 통지한다. 통지받은 중간예납 세액은 11월 30일까지 납부해야 한다. 다만, 중간예납기간의 추계액을 신고해야 할 거주자는 10월 1일부터 10월 31일까지 중간예납 추계액을 신고해야 한다.

❶ 중간예납 세액의 고지 : 당해 연도 11월 2일~11월 9일 납세고지서 발부

❷ 중간예납 세액의 납부기한 : 당해 연도 11월 30일

3 추계액 신고·납부

전년도에 비해 사업 부진 등의 사유로 금년 상반기(1월 1일 ~ 6월 30일)의 종합소득금액에 대한 소득세액(중간예납 세액 추계액)이 중간예납기준액의 30%에 미달하는 경우 중간예납 세액을 스스로 계산하여 신고납부할 수 있다.

[주] 중간예납 기준액이 없는 복식부기 의무자는 중간예납기간 중에 사업소득이 있는 경우에는 추계액으로 신고납부해야 한다.

면세사업자의 사업장현황신고

부가가치세가 면세되는 개인사업자는 직전년도 연간 수입금액 및 사업장 현황을 사업장 관할세무서에 신고해야 한다.

1 사업장현황신고 의무자

 사업장현황신고 대상자

◇ 병·의원, 치과, 한의원 등 의료업자

◇ 예체능 계열 학원, 입시학원, 외국어학원 등 학원 사업자

◇ 법정 도매시장 중도매인 등 농·축·수산물 도·소매업자

◇ 가수·모델·배우 등 연예인

◇ 대부업자, 주택임대사업자, 주택(국민주택규모 이하)신축판매업자

◇ 기타 부가가치세가 면제되는 재화 또는 용역을 공급하는 모든 사업자

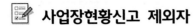

📋 사업장현황신고 제외자

부가가치세 면세사업자 중 소규모 영세사업자 등 아래의 경우에는
납세 편의 등을 위해서 사업장현황신고 대상에서 제외하고 있다.

⊚ 납세조합 가입자(납세조합에서 일인별 수입금액명세서를 제출)

⊚ 복권, 담배, 연탄, 우표·인지 등 소매업자

⊚ 부가가치세 면세 대상인 인적용역 제공자(보험모집인 등)

② 사업장 현황 신고기한

전년도 연간 수입금액에 대한 사업장현황신고의 신고기한은 당해 연
도 2월 10일까지이며, 당해 연도 1월 1일부터 2월 10일 사이에 사
업장 관할세무서에 신고하면 된다.

첨부서류인 수입금액검토(부)표, 매출·매입처별 계산서합계표 및 매
입처별 세금계산서합계표를 제출해야 하는 사업자는 사업장현황신고
서와 같이 제출한다.

법인의 소득에 대한 세금

법인세

법인세는 법인소득에 대해서 내는 세금

소득에 대하여 내는 세금은 개인회사가 납부하는 소득세와 법인이 납부하는 법인세로 크게 나누어진다. 즉, 법인세는 법인이 사업을 하면서 발생하는 소득에 대해서 내는 세금이다. 여기서 소득이란 한 과세기간(보통 1년) 동안의 과세대상 수익총액에서 이에 대응하는 비용총액을 차감한 금액이다.

법인의 소득 = 과세 대상 수익총액 − 비용총액

우리나라의 현행 법인세법은 순자산증가설에 입각하여 과세되게 되는데, 순자산증가설이란 경상적·반복적인 소득뿐만 아니라 비경상적·비반복적인 소득 모두를 과세대상소득으로 한다는 것이다.

국내에 본점이나 주사무소 또는 사업의 실질적 관리장소를 둔 법인(내국법인)은 국내·외에서 발생하는 모든 소득에 대해서 법인세 납세의무가 있다. 반면, 외국에 본점 또는 주사무소를 둔 법인(외국법인)은 국내에서 발생하는 소득 중 국내 원천소득만 법인세 납세의무가 있다.

1 법인세 과세대상소득

각 사업연도 소득

각 사업연도 소득은 법인이 영업활동을 통하여 얻은 이윤으로서 과세기간의 익금 총액에서 이에 대응하는 손금 총액을 차감한 금액을 말한다.

부동산 양도차익

법령에서 정하는 주택(부수 토지 포함)·비사업용 토지를 양도하는 경우 토지 등 양도소득에 대한 법인세를 납부해야 한다.

미환류 소득에 대한 법인세

사업연도 종료일 현재 자기자본이 500억(중소기업 제외)을 초과하는 법인 등이 해당 사업연도의 소득 중 투자, 임금 또는 상생협력출연금 등으로 환류하지 않은 소득이 있는 경우에는 그 미환류소득의 20%를 납부해야 한다.

청산소득

청산소득은 내국법인의 해산 또는 합병 시 자산과 부채를 시가로 평가함으로써 발생하는 순자산 가액의 증가액이다. 즉, 잔여재산가액이 법인의 자기자본 총액을 초과하게 되면 발생하는 소득을 말한다.

법인의 종류		각 사업연도 소득에 대한 법인세	토지 등 양도소득에 대한 법인세	미환류 소득에 대한 법인세	청산 소득
내국 법인	영 리 법 인	국내·외 모든 소득	○	○	○
	비영리 법 인	국내·외 수익사업에서 발생하는 소득	○	×	×
외국 법인	영 리 법 인	국내원천소득	○	×	×
	비영리 법 인	국내원천소득 중 열거된 수익사업에서 발생한 소득	○	×	×

📝 내국법인과 외국 법인

내국법인과 외국 법인의 구분은 본점 혹은 주사무소의 위치가 어디냐에 따라 구분된다. 즉, 국내에 본점 또는 주사무소를 둔 법인을 내국법인이라고 하고, 외국에 본점 또는 주사무소 둔 법인을 외국 법인이라고 한다.

내국법인의 경우 소득의 발생원천지가 국내인가 국외인가를 구분하지 않고 모든 법인소득에 대하여 법인세의 납세의무를 부담하는 반면, 외국 법인의 경우 일정한 국내원천소득에 대해서만 법인세 납세의무가 있다.

 **영리법인과 비영리법인**

상법에 따라 영리를 목적으로 설립된 주식회사, 합명회사, 합자회사, 유한회사와 특별법에 의하여 영리를 목적으로 설립된 법인을 말한다. 반면, 비영리법인이란 다음의 법인과 법인(법인세법에 의한 내국·외국 법인)이 아닌 사단, 재단, 그 밖의 단체로서 국세기본법에 의해서 법인으로 보는 단체를 말한다.(❶~❸)

❶ 민법 제32조의 규정에 의하여 설립된 법인

❷ 사립학교법 기타 특별법에 의하여 설립된 법인으로서 민법 제32조에 규정된 목적과 유사한 목적을 가진 법인

❸ 국세기본법 제13조의 법인으로 보는 단체

③ 신설법인의 사업연도

신설법인의 최초 사업연도의 개시일은 설립등기일로 한다. 다만, 법인의 설립일 전에 발생한 손익은 조세 포탈의 우려가 없는 경우 최초 사업연도의 기간이 1년을 초과하지 않는 범위 내에서 최초 사업연도에 합산할 수 있으며, 이 경우 최초 사업연도의 개시일은 당해 법인이 귀속시킨 손익이 최초로 발생한 날로 한다.

④ 사업연도의 신고

법령·정관·규칙 등에 사업연도의 규정이 없는 법인은 별도로 사업연도를 정해서 법인설립신고 또는 사업자등록과 함께 관할 세무서장에게 신고해야 한다.

그러나 신고를 해야 할 법인이 사업연도를 신고하지 않은 경우는 설립등기일로부터 12월 31일까지로 하고, 그 이후의 사업연도는 매년 1월 1일부터 12월 31일까지로 한다.

세무조정과 법인세 신고·납부

법인세의 신고는 신고·납부제도를 채택하고 있다. 신고·납부제도는 납세의무자인 법인이 스스로 법인세 과세표준과 세액을 계산하고, 이를 관할세무서에 신고납부하는 것을 말한다.

법인세 납세의무자인 내국법인은 사업연도 종료일로부터 3월 이내에 법인세 과세표준과 세액을 신고납부해야 한다.

납세의무가 있는 내국법인은 당해 연도의 사업연도 소득금액이 없거나 결손금이 발생한 경우에도 법인세의 신고납부 의무는 있다.

구 분	법정신고 기한	제출 대상 서류
12월 결산법인	03월 31일	1. 법인세 과세표준 및 세액신고서
03월 결산법인	06월 30일	2. 재무상태표
06월 결산법인	09월 30일	3. 포괄손익계산서
09월 결산법인	12월 31일	4. 이익잉여금처분계산서(결손금처리계산서)
		5. 세무조정계산서
		6. 세무조정계산서 부속서류 및 현금흐름표

1 법인세는 사업연도 단위로 소득금액 계산

법인세는 기업회계에서 회계연도 단위로 당기순이익을 계산하는 바
와 같이 사업연도 단위로 법인세를 계산한다.

법인세의 계산은 기업회계 상의 당기순이익을 기초로 하고 있으므로
일반적으로 기업은 회계연도를 사업연도로 하고 있다.

2 법인세는 세무조정을 알아야 한다.

기업 장부는 기업회계에 따라 작성되며, 실무적으로는 현금의 입·출
입에 따라 장부를 작성한다. 따라서 현금주의에 따라 작성된 장부를
발생주의에 따라 바꾸어주는 절차가 기업의 결산이라면, 기업회계를
세법상에 규정하는 세무회계로 바꾸어주는 것이 법인세 세무조정이다.
따라서 법인세 신고를 위해서는 기업회계를 세무회계로 바꾸어주는
세무조정이 있어야 한다.

납부할 세액이 없어도 세무조정은 철저히 한다.

납부할 세액이 없어도 이월결손금이 얼마인가에 따라 향후 이익이
발생하였을 때의 세액에 큰 영향을 줄 수 있으므로 세무조정을 철저
히 해야 한다. 즉, 세무조정을 잘못하여 이월결손금이 실제보다 과소
하게 표시되는 경우는 향후 납부할 세액이 늘어나며, 그 반대의 경우
세무조사를 받게 되면 가산세를 내야 한다는 뜻이다. 한편 일정기간
내에 이익의 발생이 어렵다고 예상되는 경우 또는 이월결손금이 지
나치게 많아서 이월결손금의 일부를 공제받지 못하고 소멸될 것으로

예상되는 경우는 감가상각을 지연하는 방법 등을 동원하면 향후 이익이 날 때에 대비하여 저축하는 효과가 나타나게 된다.

그러나 이 경우 외부 회계감사를 받는 기업은 한정의견을 받게 된다.

결산조정

결산조정이란 법인의 결산 시 특정한 비용에 대해서 장부에 반영해야만 손금으로 인정하는 것을 말한다. 이는 결산에 반영되는 항목으로 이미 기업이익에 반영되어 있어 기업이익을 조정할 필요가 없으므로 엄격한 의미의 세무조정은 아니다. 현행 세법상 결산조정 사항은 다음과 같다.

❶ 감가상각비(IFRS 손금산입 특례 제외)

❷ 퇴직급여충당금

❸ 대손충당금, 구상채권상각충당금

❹ 고유목적사업준비금

❺ 자산의 평가차손(재고자산, 고정자산, 유가증권)

❻ 고유목적사업준비금, 조특법상 준비금

❼ 대손금

가. 채무자의 파산, 강제집행, 형의 집행, 사업의 폐지, 사망, 실종 또는 행방불명으로 회수할 수 없는 채권

나. 부도 발생일로부터 6개월 이상 지난 수표 또는 어음상의 채권 및 외상매출금

다. 회수기일이 6개월 이상 지난 30만 원 이하 소액채권

📋 신고조정

신고조정이란 기업의 장부 또는 결산서에 반영하지 않고 법인세 신고 시 조정하여 신고하면 이를 인정해주는 것을 말한다.

세법상 결산조정 사항 이외에는 모두 신고조정이 인정된다. 사실상 세무조정 사항은 전부 신고조정사항이라고 볼 수 있다.

신고조정사항에는 세무조정계산서에 손금 또는 익금으로 조정하면 세법상 손금으로 인정하는 단순 신고조정과 잉여금 처분에 의해 조세특례제한법상 준비금을 전입하고 세무조정계산서에 손금으로 산입한 경우에만 손금으로 인정하는 잉여금처분에 의한 신고조정사항이 있다.

❶ 퇴직보험료

❷ 공사부담금, 보험차익, 국고보조금으로 취득한 고정자산 가액의 손금산입(압축기장충당금 또는 일시상각충당금)

❸ 법인세비용의 손금불산입

❹ 업무추진비 한도 초과액

❺ 기부금 한도 초과액, 비지정기부금 손금불산입

❻ 제충당금 및 제준비금 등 한도 초과액의 손금불산입

❼ 감가상각비 부인액의 손금불산입

❽ 감가상각의제액

❾ 국세 지방세 과오납 환부이자의 익금불산입

❿ 가지급금 인정이자의 익금산입

⓫ 업무무관경비의 손금불산입

⓬ 부당행위계산부인에 따른 익금산입

⓭ 건설자금이자의 손금불산입

⓮ 이월익금의 익금불산입

소득의 귀속을 정하는 소득처분

기업회계 상 당기순이익과 세무회계상 각 사업연도 소득의 차이인 세무조정 사항에 대한 소득의 귀속을 결정하는 절차를 소득처분이라고 한다.

소득처분의 유형

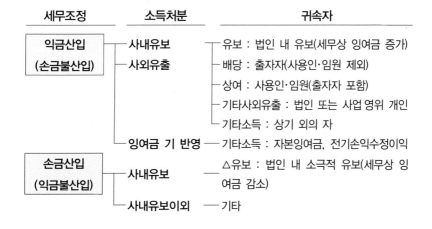

세무조정	소득처분	귀속자
익금산입 (손금불산입)	사내유보 사외유출	유보 : 법인 내 유보(세무상 잉여금 증가) 배당 : 출자자(사용인·임원 제외) 상여 : 사용인·임원(출자자 포함) 기타사외유출 : 법인 또는 사업 영위 개인 기타소득 : 상기 외의 자
	잉여금 기 반영	기타소득 : 자본잉여금, 전기손익수정이익
손금산입 (익금불산입)	사내유보	△유보 : 법인 내 소극적 유보(세무상 잉여금 감소)
	사내유보이외	기타

1 ⟩ 유보 · △유보

유보는 각 사업연도 소득금액 계산상 세무조정 금액이 사외로 유출되지 않고 회사 내에 남아있는 것으로, 다음 사업연도 이후의 각 사업연도 소득금액 및 청산소득 계산과 기업의 자산가치 평가 등에 영향을 주게 되므로 자본금과 적립금조정명세서(별지 제50호)에 그 내용을 기재해야 한다. 또한 유보금은 자기자본에 포함되므로 청산소득에 대한 법인세의 감소요인이다.

2 ⟩ 상여

상여는 각 사업연도 소득금액 계산상의 세무조정(익금산입 · 손금불산입) 금액이 사외로 유출되어 사용인 또는 임원에게 귀속되었음이 분명한 경우에 행하는 소득처분을 말한다. 또한 소득이 사외로 유출되었으나 그 귀속이 불분명한 경우(기타 사외유출로 처분하는 경우 제외)에는 대표자에게 귀속된 것으로 보아 상여(인정상여)로 처분하는 것이다. 이는 근로소득세를 원천징수 한 후 납부 한다.

3 ⟩ 배당

배당은 각 사업연도의 소득금액 계산상의 익금산입 또는 손금불산입으로 생긴 세무조정 소득이 사외에 유출되어 출자자(사용인과 임원 제외)에 귀속되었음이 분명한 경우(기타 사외유출로 처분되는 경우 제외)에는 그 출자자에 대한 배당으로 보는 것이다. 배당으로 처분된 금액은 출자자의 배당소득에 포함되어 종합소득세가 과세되며, 법인은 배당소득세 원천징수 의무가 발생한다.

그리고 법인세법에 의해 처분된 배당소득에 있어서는 당해 법인의 당해 사업연도 결산확정일을 수입시기로 본다.

4 기타소득

기타소득은 각 사업연도 소득금액 계산상의 익금산입 또는 손금불산입으로 생긴 세무조정 소득이 사외에 유출되어 출자자·사용인·임원 이외의 자에게 귀속되었음이 분명한 경우(기타 사외유출로 처분되는 경우는 제외)에는 그 귀속자에 대한 기타소득으로 처분하는 것이다.

기타소득으로 처분된 금액은 그 귀속자의 기타소득금액(필요경비 공제 없음)이 되며, 기타소득세를 원천징수 납부한다. 이 경우 기타소득의 수입 시기는 당해 사업연도 결산확정일이다.

5 기타 사외유출

기타 사외유출은 각 사업연도 소득금액 계산상의 익금산입 또는 손금불산입으로 생긴 세무조정 소득이 사외에 유출되어 법인이나 사업을 영위하는 개인에게 귀속된 것이 분명한 경우를 말하며, 그 소득이 소득귀속자의 국내사업장 소득에 포함되어 자동으로 과세되기 때문에 적극적으로 과세 조처를 할 필요가 없다. 즉, 원천징수 의무도 없고 소득처분 금액을 신고할 필요도 없다.

법인세의 계산흐름도
(법인 사업연도 소득금액의 계산)

V

각 사업연도 소득은 각 사업연도의 소득을 과세 대상으로 한다. 여기서 각 사업연도 소득이란 익금 총액에서 손금 총액을 차감하여 계산한다.

익금이란 자본 또는 출자의 납입 및 법인세법에서 규정하는 것을 제외하고 그 법인의 순자산을 증가시키는 거래로 인하여 발생하는 수익 금액을 말한다.

그리고 "손금" 이란 자본 또는 지분의 환급, 잉여금의 처분 및 법인세법에서 규정하는 것을 제외하고 그 법인의 순자산을 감소시키는 거래로 인하여 발생하는 손비의 금액을 말한다. 또한 내국법인의 각 사업연도에 속하거나 속하게 될 손금의 총액이 익금의 총액을 초과하는 경우 그 초과하는 금액은 각 사업연도의 결손금이 된다.

법인세의 익금과 손금은 순자산증가설로 규정되어 있으나 그 내용은 기업회계의 수익비용과 대부분 일치하고, 약간의 차이가 있을 뿐이다. 따라서 기업의 재무제표상의 당기순이익을 기초로 하여 회사결산 내용과 법인세법과의 차이만을 세무조정 함으로써 간편하게 각 사업연도 소득금액을 구할 수 있다.

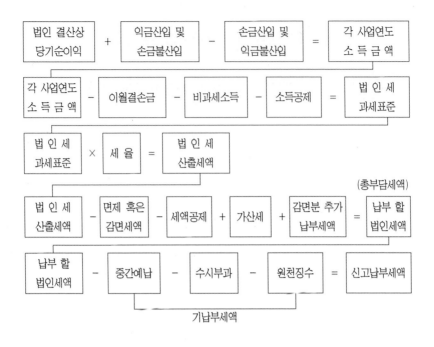

1 익금산입 및 익금불산입

익금산입	익금불산입
① 사업수익금액 : 사업에서 생기는 수입금액으로 도급금액, 판매금액, 보험료액 등은 포함하되, 기업회계기준에 의한 매출에누리금액 및 매출할인 금액은 제외한다.	① 주식발행초과금
	② 감자차익
	③ 합병차익/분할차익
	④ 자산수익 또는 채무면제익 중에서 이월결손금 보전에 쓰인 금액
② 자산(자기주식)의 양도금액	⑤ 이월익금
③ 자산의 임대료	⑥ 법인세 환급액
④ 자산수증이익	⑦ 지주회사의 수익배당금액/일반법인의 수익배당금액
⑤ 채무면제이익	

익금산입	익금불산입
⑥ 손금에 산입했다가 다시 환입한 금액 ⑦ 간주임대료 당해 사업연도의 보증금 등의 적수 – 임대용 부동산의 건설비 상당액의 적수 × 1/365 × 정기예금이자율 – 당해 사업연도의 임대사업 부분에서 발생한 수입이자와 할인료, 배당금, 신주인수권처분이익 및 유가증권 처분이익의 합계액 ⑧ 의제배당 ⑨ 특수관계인인 개인으로부터 저가로 매입한 유가증권의 시가와 차익 ⑩ 기타 수익으로 법인에 귀속되었거나 귀속될 금액	⑧ 부가가치세 매출세액 ⑨ 자산의 일반적인 평가차익 ⑩ 국세, 지방세 과오납금의 환급액에 대한 이자

② 손금산입 및 손금불산입

손금산입	손금불산입
① 재고자산의 매입가액과 판매부대비용 ② 양도한 자산의 장부가액	
③ 여비와 교육훈련비	임직원 아닌 지배주주 및 그 특수관계자의 여비와 교육훈련비
④ 영업자가 조직한 단체에 대한 조합비와 협회비	
⑤ 법 소정 자산의 평가차손	법 소정 자산 이외의 자산의 평가차손
⑥ 광고선전비	

손금산입	손금불산입
⑦ 인건비	❶ 비상근임원 보수 중 부당행위계산 부인 해당액 ❷ 노무출자사원의 보수 ❸ 지배주주 및 특수관계자에 대한 과다 지급 인건비 ❹ 임원상여금 한도 초과액 ❺ 임원 퇴직금 한도 초과액
⑧ 제세공과금	❶ 조세 중 법인세비용·매입 부가가치세·개별소비세·교통·에너지·환경세·주세, 증자 관련 등록면허세 ❷ 공과금 중 임의적 부담금과 제재목적 부과금 ❸ 벌과금, 가산세와 징수 불이행 세액, 가산금과 체납처분비
⑨ 업무추진비	❶ 건당 일정 금액 3만 원(경조사비는 20만 원) 초과분 중 적격증빙 미수취분 ❷ 업무추진비 한도 초과액
⑩ 기부금	❶ 특례기부금 한도 초과액 ❷ 일반기부금 한도 초과액 ❸ 비지정기부금
⑪ 수선비	
⑫ 감가상각비	감가상각비 한도 초과액
⑬ 지급이자	❶ 채권불분명 사채이자 ❷ 비실명채권·증권이자 ❸ 건설자금이자 ❹ 업무무관자산 등 관련이자
⑭ 특수관계자로부터 양수한 자산의 장부가액이 시가(실제 취득가액이 시가에 미달하는 경우는	

손금산입	손금불산입
실제 취득가액)에 미달하는 경우 그 미달금액에 대한 감가상각비 상당액	
⑮ 비용으로 처리한 장식ㆍ환경미화 등을 위한 소액미술품	
⑯ 기타의 손비 : 광산업의 탐광비, 무료진료의 가액, 업무와 관련 있는 해외시찰비ㆍ훈련비, 맞춤형 교육을 위한 지출, 업무와 관련해서 지출한 손해배상금, 기증한 잉여식품의 장부가액, 우리사주조합에 출연하는 자산주의 장부가액 또는 금품, 보험업을 영위하는 법인이 기업회계기준에 의해서 계상한 구상손실	❶ 자본거래 등 : 잉여금의 처분을 손비로 계상한 금액, 배당건설이자, 주식할인발행차금(신주발행비 포함) ❷ 업무무관비용 : 업무무관자산의 유지비와 관리비, 업무무관자산의 취득을 위한 차입비용, 출자임원에게 제공한 사택의 유지비, 타인이 주로 사용하는 자산에 대한 비용

세법에서 한도가 정해져 있는 비용

∨

1 인건비의 손금불산입

일반적인 급여 등 인건비는 법인세법상 손금처리가 가능하다. 다만, 다음의 경우에는 손금불산입한다.

임원급여

대 상	회사의 입장에서 처리	임원의 입장에서 처리
임원	손금산입	근로소득세 과세
비상근임원	원칙적으로 손금에 산입 하나 부당행위계산부인의 대상이 되는 부분은 손금불산입	자유직업소득·사업소득 등으로 처리할 수 있고, 근로소득세 과세도 가능하다.
신용출자사원	손금산입	근로소득세 과세
노무출자사원	손금불산입(노무 자체가 출자이므로 배당으로 보기 때문이다.)	배당소득세 과세

🔆 개인회사 사장의 급여는 필요경비불산입 즉, 비용으로 인정을 받지 못한다.

주 법인이 지배주주 등(그의 특수관계인 포함)인 임원·사용인에게 정당한 사유 없이 동일 직위에 있는 지배주주 등외의 임원·사용인에게 지급하는 금액을 초과해서 지급하는 경우 그 초과 금액은 비용 불인정하고 상여로 처분한다.

상여금

대 상	회사의 입장에서 처리	임원의 입장에서 처리
출자 임원 (주주, 사원, 임원)	❶ 정관, 주주총회, 사원총회, 이사회결의로 결정된 급여 지급기준 범위 내의 상여금(손금산입) ❷ 지급기준 초과 상여금(손금불산입) ❸ 이익처분 상의 상여금(손금불산입)	일정액은 근로소득, 초과액은 손금불산입하고, 배당소득으로 과세한다.
사용인	손금산입 (이익처분에 의한 상여금은 손금불산입)	근로소득세 과세
비출자임원	손금산입 (이익처분에 의한 상여금은 손금불산입)	근로소득세 과세

복리후생비

손금산입	손금불산입
❶ 직장체육비, 직장연예비, 직장회식비, 우리사주조합의 운영비 ❷ 건강보험료, 노인장기요양보험료, 고용보험료, 국민연금 사용자 부담금 ❸ 직장보육시설의 운영비 및 기타 임원 또는 사용인에게 사회통념상 타당하다고 인정되는 범위 안에서 지급하는 경조사비	손금산입 항목을 제외한 모든 복리후생비

📝 퇴직금

대 상	회사의 입장에서 처리		임원의 입장에서 처리
사용인	종업원의 현실적인 퇴직으로 인해 지급하는 모든 퇴직금은 비용으로 인정된다. 따라서 현실적 퇴직이 아님에도 퇴직금을 지급하는 경우는 이를 비용으로 인정하지 않는 세무조정이 필요하다.		퇴직소득세 과세
임원(출자임원, 비출자임원과 상장법인의 소액주주 포함)	정관에 규정되어 있는 경우	정관에 퇴직금·퇴직위로금으로 규정되어 있는 규정액 범위 내의 금액과 근로기준법상 금액 중 큰 금액 범위 내에서 손금산입, 초과액은 손금부인	❶ 퇴직금중간정산액·직원의 퇴직소득으로 비용 반영된다. ❷ 임원도 퇴직금중간정산가능(비용처리). 단, 연봉제로 전환되면서 퇴직금이 없어지는 조건이다.
	정관에 규정되어 있지 않은 경우	퇴직 전 1년간 총급여액(손금부인 상여금 제외) × 10% × 근속연수 주 **주** 1년 미만은 월수로 계산하고, 1개월 미만은 없는 것으로 본다. 1. 한도 내 금액은 소득세법상 한도 계산(퇴직소득세 계산)으로 넘어가고 2. 한도 초과액은 근로소득으로 본다.	❸ 규정 범위 내 금액은 퇴직소득세 과세, 초과액은 근로소득세 과세 ❹ 조기 퇴직금(ERP)도 규정에 있는 금액은 퇴직소득, 규정에 없는 임의성 금액은 근로소득으로 과세한다.
	임원의 퇴직금 중간정산액도 충당금에서 감액 처리하고 손금산입함.		

2 세금과공과의 손금처리

 조세

구 분		종 류
손금으로 인정하는 조세	지출하는 사업연도에 손금으로 인정되는 것	부당이득세, 인지세, 재산세, 종합부동산세, 자동차세, 지방소득세 등
	원가에 가산 후 추후 손금으로 인정되는 것	취득세, 등록면허세 등
손금으로 인정되지 않는 조세		❶ 법인세 및 그에 관한 지방소득세 · 농어촌특별세 ❷ 부가가치세 매입세액 ❸ 개별소비세, 주세, 교통 · 에너지 · 환경세 ❹ 세법상 의무불이행으로 인한 세액(가산세 포함)

 공과금

비용인정 항목	비용불인정 항목
❶ 사계약상의 의무 불이행으로 인해서 부과하는 지체상금(정부와 납품 계약으로 인한 지체상금은 포함하며, 구상권 행사가 가능한 지체상금은 제외함) ❷ 보세구역에 장치되어있는 수출용 원자재가 관세법상의 장치기간 경과로 국고귀속이 확정된 자산의 가액	❶ 법인의 임원 또는 종업원이 관세법을 위반하고 지급한 벌과금 ❷ 업무와 관련해서 발생한 교통사고 벌과금 ❸ 산업재해보상법의 규정에 의해 징수하는 산업재해보상보험료의 가산금

비용인정 항목	비용불인정 항목
❸ 연체이자 등 가. 철도화차사용료의 미납액에 대해서 가산되는 연체이자 나. 산업재해보상보험법의 규정에 의한 산업재해보상보험료의 연체료 다. 국유지 사용료의 납부 지연으로 인한 연체료 라. 전기요금의 납부 지연으로 인한 연체 가산금	❹ 금융기관의 최저예금지불 준비금 부족에 대해서 한국은행법의 규정에 의해 금융기관이 한국은행에 납부하는 과태료 ❺ 국민건강보험법의 규정에 의해 징수하는 가산금 ❻ 외국의 법률에 의해 국외에서 납부하는 벌금

③ 업무추진비는 얼마까지 비용인정 되지?

회계에서 업무추진비로 계정처리를 하였어도 세법상으로는 일정한 요건을 충족한 경우에만 손금(비용)으로 인정해주고 있는데, 그 요건은 다음과 같다.

첫 번째 조건(반드시 적격증빙을 갖추어야 한다.)

세법상 업무추진비는 일정 한도 내에서만 업무추진비를 인정하는 한도를 정하고 있는데, 한도 계산에 포함되는 기준금액이 되기 위해서는 우선 건당 3만 원을 초과해서 지출 시 반드시 세금계산서, 계산서, 신용카드매출전표, 현금영수증 중 하나를 증빙으로 받아야 한다. 여기서 말하는 신용카드(직불카드와 외국에서 발행한 신용카드를 포함)는 해당 법인의 명의로 발급받은 신용카드를 말한다. 따라서 법인의 임원 또는 종업원의 개인신용카드로 결제한 금액은 그 금액이 건당 3만 원을 초과하는 경우 이는 전액 비용으로 인정받을 수 없다. 또한 매출전표 등에 기재된 상호 및 사업장 소재지가 물품 또는 서비스를 공급하는 신용카드 등 가맹점의 상호 및 사업장 소재지와 다른 경우 당해 업무추진비 지출액은 신용카드사용 업무추진비에 포함하지 않는다.

구 분			처리방법
기밀비나 증빙이 없는 업무추진비 등			손금불산입(비용불인정)
3만원 초과 업무추진비로서 적격증빙을 받지 않은 경우			손금불산입(비용불인정)
일반업무 추진비 한도 계산	한도초과액		손금불산입(비용불인정)
	한도 내 금액	적격증빙 미수취액	손금불산입(비용불인정)
		적격증빙 수취액	손금인정(비용인정), 한도액 계산
비 고	업무추진비로 인정받기 위한 비용지출은 다음의 세 가지로 볼 수 있다. ❶ 적격증빙을 사용한 업무추진비(세금계산서, 계산서, 신용카드, 현금영수증) ❷ 건당 3만원 이하의 업무추진비로서 영수증 등을 받은 금액 ❸ 현물업무추진비(자사 제품을 거래처에 증정하는 경우 등)		

📝 두 번째 조건(업무추진비 한도 범위 내에서만 비용인정)

위의 첫 번째 요건을 통과하였다고 해서 모두 비용으로 인정되는 것이 아니며, 세법에서 정한 일정한 한도 내에서만 비용으로 인정이 된다. 따라서 한도를 초과하는 경우는 모두 손금불산입 즉, 비용불인정 된다.

그러나 계정과목 상으로는 전액 업무추진비로 처리할 수 있다. 세무에서 업무추진비는 다음의 금액을 한도로 해서 비용으로 인정된다.

업무추진비 한도액 = ❶ + ❷[특수법인 (❶ + ❷) × 50%]

❶ 1,200만원(중소기업의 경우에는 3,600만원) × 당해 사업연도의 월수/12

❷ (수입금액 × 적용률) + (특정 수입금액(특수관계자 거래) × 적용률 × 10%)

🔄 월수는 역에 따라 계산하며, 1월 미만은 1월로 본다. 예를 들어 6월 14일에 신설한 법인으로서 첫 사업연도가 6월 14일부터 12월 31일이라면 사업연도 개시일인 6월이 포함되므로 사업연도 월수는 7개월이다.

문화업무추진비 한도액 = 적은금액(❶ + ❷)

❶ 문화업무추진비

❷ 일반업무추진비 한도액 × 20%

전통시장 업무추진비 한도액 = 적은금액(❶ + ❷)

❶ 전통시장 업무추진비

❷ 일반업무추진비 한도액 × 10%

수입 금액	수입금액 적용율
100억원 이하	3/1,000
100억원 초과 500억원 이하	2/1,000
500억원 초과	0.3/1,000

4 기부금은 얼마까지 비용 인정받나?

차가감소득금액 = 결산서 상 당기순이익 + 익금산입·손금불산입 − 손금산입·
익금불산입
기준소득금액 = 차가감소득금액 + 특례기부금 + 우리사주조합기부금 + 일반기부금

구 분	종 류	한 도
특례 기부금	국가 또는 지방자치단체에 기부한 금품, 국방헌금과 위문금품, 천재지변 또는 특별재난구역 이재민구호금품 가액, 자원봉사 용역가액, 사회복지시설에 기부한 금품 등이 해당된다.	❶ [기준소득금액 − 세법상 이월결손금] × 50% = 특례기부금 한도액 ❷ 특례기부금지출액 − 특례기부금 한도액 = 특례기부금 한도 초과액(△ 한도 미달액) ❸ 특례기부금 세무조정 가. 한도초과액 : 손금불산입(기타사외유출) 나. 한도미달액 : 세무조정은 하지 않으나, 직전 연도 한도 초과액이 있는 경우 ❶과 ❷ 중 적은 금액을 손금산입한다(기타). ❶ 직전연도 한도초과액 ❷ 당해 연도 한도미달액
우리사주 조합 기부금	법인이 우리사주조합에 지출한 기부금	소득금액의 30% (기준소득금액 − 세법상 이월결손금 − 특례기부금 손금산입액) × 30% 가. 한도초과액 : 손금불산입(기타사외유출) 나. 한도미달액 : 세무조정 없음
일반 기부금	일반기부금단체(사회복지법인, 학술연구단체, 종교단체 등)의 고유목적	(기준소득금액 − 세법상 이월결손금 − 특례기부금 손금산입액 − 우리사주조합 기부금 손금산입액)의 10%(사회적 기업 20%)

구 분	종 류	한 도
	사업비로 지출하는 기부금, 학교장이 추천하는 개인에게 장학금 등으로 지출하는 기부금, 공익신탁 기부금 등이 있다.	가. 한도초과액 : 손금불산입(기타사외유출) 나. 한도미달액 : 세무조정은 하지 않으나, 직전 10년간의 한도 초과액이 있는 경우 ❶과 ❷ 중 적은 금액을 손금산입한다(기타). ❶ 직전 10년간의 한도초과액 ❷ 당해 연도 한도미달액
비지정 기부금	특례기부금과 우리사주 조합기부금 및 일반기부금 이외의 기부금으로 동창회, 종친회, 향우회 기부금 등을 말한다.	비지정기부금은 전액 손금불산입한다.

각 사업연도 소득금액 = 차가감 소득금액 - 기부금 한도초과 이월손금산입 + 기부금 한도 초과액

⑤ 비용인정 안 되는 지급이자도 있다.

법인의 각 사업연도 소득금액 계산상 차입금의 지급이자는 원칙적으로 손금산입하나 채권자 불분명 사채이자, 비실명채권·증권이자, 건설자금이자, 업무무관 자산 등의 이자는 손금불산입한다.

❶ 채권자가 불분명한 사채이자

❷ 비실명채권·증권의 이자·할인액 또는 차익

❸ 건설자금에 충당한 차입금의 이자

❹ 업무무관자산 및 가지급금 등의 취득·보유와 관련한 지급이자

지급이자에 포함되는 것	지급이자에 포함되지 않는 것
• 금융어음 할인료	• 상업어음 할인액
• 회사정리 인가 결정에 의해 면제받은 미지급이자	• 선급이자
	• 현재가치할인차금상각액
• 금융리스료 중 이자상당액	• 연지급 수입에 있어 취득가액과 구분해 지급이자로 계상한 금액
• 사채할인발행차금상각액	
• 전환사채 만기 보유자에게 지급하는 상환할증금	• 지급보증료·신용보증료 등
	• 금융기관 차입금 조기상환 수수료

6 · 퇴직급여충당금은 얼마까지 비용인정 되지?

 퇴직급여충당금 손금산입 한도

퇴직급여충당금을 설정할 수 있는 법인은 사업연도 종료일 현재 설립한 지 1년 이상이 된 법인, 개인에서 법인전환 된 경우, 분할 신설법인의 경우에만 가능하므로 그 외 설립한 지 1년이 안 되는 신설법인은 퇴직급여충당금을 설정할 수 없으나, 1년 미만 근무자에게도 퇴직금을 지급한다는 규정이 있는 경우는 충당금 설정이 가능하다.

기업 회계상 확정기여형에 가입한 경우를 제외하고, 결산 때 퇴직급여충당금을 전액 재무제표에 반영해야 하지만 세법에서는 결산 조정

사항에 해당하므로 충당금 설정 여부는 법인의 선택에 달려있다. 따라서 충당금을 설정하지 않고 실제 근로자의 퇴직 시마다 당기 비용 처리도 가능하다.

❶과 ❷ 중 적은 금액을 한도로 한다. : 실질적으로 세법상 한도는 ❷에 따라 0%

❶ 총급여 기준 : 총급여액(비과세소득, 손금산입되지 않는 인건비, 인정상여, 퇴직소득 중 퇴직소득에 속하지 않는 소득은 제외) × 5%
퇴직급여 지급대상 임원 또는 사용인(확정기여형 퇴직연금 등 설정자 제외)의 당해 사업연도 총급여액

❷ 추계액 기준(사업연도 종료일 현재 재직하는 임원 또는 사용인 전원의 퇴직급여 추계액) : Max[일시퇴직기준, 근로자퇴직급여보장법상 보험수리적 기준] × 0% + 퇴직금전환금 잔액 − 세법상 퇴직급여충당금 이월잔액
단, 旣 손금 인정된 충당금은 충당금 한도가 축소되더라도 한도 초과분을 익금에 산입하지 않는다(경과조치).
총급여 기준과 추계액 기준 중 적은 금액이므로 추계액 기준이 0%이므로 사실상 추계액 기준인 0%를 적용하므로 한도액은 0원이 나온다.

퇴직급여추계액이란 사용인 전원이 퇴직할 때 정관이나 퇴직급여지급규정 및 근로기준법 등에 의거 퇴직급여로 지급할 법적 의무가 있는 금액으로서 근로기준법상 금액을 최소금액으로 한다.

그리고 1년 미만 근무자에 대해서도 퇴직급여지급규정상 퇴직금을 지급하도록 규정하고 있는 경우에는 퇴직급여추계액에 가산한다.

반면, 보험수리적 기준은 전체근로자의 예상퇴직시기, 임금상승률, 이

자율 등을 고려해서 산정한 예상 퇴직금을 현재가치로 환산하는 방법으로서 통상 일시 퇴직기준에 비해 높다.

퇴직연금(확정급여형) 손금산입 한도

퇴직연금충당금 한도액 = Min(❶, ❷) − 세법상 퇴직연금충당금 이월 잔액(직전 사업연도 종료일까지 납부한 부담금)
❶ 추계액 기준 : 추계액 중 퇴직급여충당금 미설정분 금액(확정급여형으로 납부할 수 있는 최대금액)
퇴직급여 추계액[MAX(일시 퇴직기준 추계액, 보험수리 기준 추계액)] − 세법상 퇴직급여충당금 기말잔액
❷ 운영자산 기준 : 당기말 현재 퇴직연금운영자산 잔액(확정급여형으로 실제 납부한 금액)

 ⑦ 대손충당금은 얼마까지 비용인정 되지?

법인세법에서는 일정한 한도에서 대손충당금을 손금으로 인정하고 있다.

내국법인이 각 사업연도에 외상매출금·대여금, 그 밖에 이에 준하는 채권의 대손에 충당하기 위해서 대손충당금을 손금으로 계상한 경우 (결산조정만 인정)는 일정한 한도에서 해당 사업연도의 손금에 산입한다.

📝 대손충당금 설정대상 채권

① 외상매출금, 대여금, 기타 이에 준하는 채권
② 금전소비대차계약에 의하여 주주 · 임원 · 종업원에게 대여한 금액은 대손충당금 설정 대상 채권에 해당한다.
③ 일반적으로 공정 · 타당하다고 인정되는 기업회계기준 및 관행에 따라 계상한 진행률에 의한 공사미수금은 대손충당금 설정 대상 채권에 해당한다.
④ 부가가치세 매출세액 미수금은 대손충당금을 설정할 수 있다.
⑤ 법인이 동일인에 대하여 매출채권과 매입채무를 가지고 있는 경우에는 당해 매입채무를 상계하지 않고 대손충당금을 계상할 수 있다. 다만, 딩사자 간의 약정에 의하여 상계하기로 한 경우에는 그러하지 아니한다.

📝 대손충당금 설정 제외채권

① 채무보증(「독점규제 및 공정거래에 관한 법률」 제10조의2 제1항 각호의 어느 하나에 해당하는 채무보증 등 대통령령으로 정하는 채무보증은 제외한다)으로 인하여 발생한 구상채권
② 지급이자손금불산입 규정을 적용받는 특수관계자에 대한 업무무관가지급금
③ 특수관계자 간의 거래에서 자산을 시가보다 높은 가액으로 거래한 경우 시가를 초과하는 채권 금액에 대해서는 대손충당금을 설정할 수 없다.

④ 영업 거래에서 발생한 받을어음을 금융기관을 통하여 할인한 경우 대손충당금 설정 대상 채권에 포함되지 아니한다.

⑤ 법인세법상 익금의 귀속시기가 도래하지 아니한 미수이자의 경우에는 대손충당금의 설정 대상 채권에 포함되지 아니한다.

📝 대손충당금의 설정 한도

> 대손충당금 한도액 = 설정 대상 채권의 장부가액 × 설정률
> - 설정 대상 채권의 장부가액 = 재무상태표 상 채권 잔액 − 재무상태표 상 채권 중 제외채권 + 대손충당금 설정 대상 채권에 대한 유보(매출채권누락액 · 대손금부인액 등) − △ 유보
> - 설정률
> 큰 금액 [1%, 당해 사업연도의 대손금 ÷ 직전 사업연도 종료일 현재의 대손충당금 설정 대상 채권의 장부가액]

8) 감가상각비의 비용인정 한도는?

감가상각비는 내국법인이 각 사업연도에 손금으로 계상한 경우에만 상각범위액을 한도로 해당 사업연도의 소득금액을 계산할 때 이를 손금에 산입하고, 그 계상한 금액 중 상각범위액을 초과하는 부분의 금액은 손금에 산입하지 않는다. 다만, 해당 내국법인이 법인세를 면제 · 감면받은 경우 및 업무용자동차는 해당 사업연도의 소득금액을 계산할 때 강제로 감가상각비를 손금에 산입해야 한다.

감가상각자산

감가상각자산	감가상각 제외대상
① 유형고정자산 ② 무형고정자산	① 사업에 사용하지 아니하는 것(유휴 설비를 제외한다) ② 건설 중인 것 ③ 시간의 경과에 따라 그 가치가 감소 하지 아니하는 것

 상각범위액 및 감가상각 방법

구 분	감가상각 방법
건축물과 무형고정자산	정액법
건축물 외의 유형고정자산	정률법 또는 정액법(무신고시 정률법)
광업권 또는 폐기물매립시설	생산량비례법 또는 정액법(무신고시 생산량비례법)
광업용 유형고정자산	생산량비례법·정률법 또는 정액법(무신고시 생산량비례법)
개발비	관련 제품의 판매 또는 사용이 가능한 시점부터 20년 이내의 기간 내에서 연 단위로 신고한 내용연수에 따라 매 사업연도별 경과 월수에 비례하여 상각하는 방법(무신고시 5년 균등 상각)
사용수익 기부자산 가액	당해 자산의 사용수익기간(그 기간에 관한 특약이 없는 경우 신고내용연수를 말한다)에 따라 균등하게 안분한 금액(그 기간 중에 당해 기부자산이 멸실 되거나 계약이 해지된 경우 그 잔액을 말한다)을 상각하는 방법

구 분	감가상각 방법
주파수이용권, 공항시설관리권 및 항만시설관리권	주무관청에서 고시하거나 주무관청에 등록한 기간 내에서 사용기간에 따라 균등액을 상각하는 방법

 잔존가액

감가상각자산의 잔존가액은 "0"으로 한다. 다만, 정률법의 경우에는 취득가액의 5%에 상당하는 금액으로 하되, 그 금액은 당해 감가상각자산에 대한 미상각잔액이 최초로 취득가액의 5% 이하가 되는 사업연도의 상각범위액에 가산한다.

감가상각이 종료되는 감가상각자산에 대해서는 취득가액의 5%와 1,000원 중 적은 금액을 당해 감가상각자산의 장부가액으로 하고, 동 금액에 대해서는 이를 손금에 산입하지 않는다.

 내용연수와 상각률

① 시험연구용 자산과 무형고정자산(영업권, 특허권 등) : 기준내용연수 및 상각률

구 분	내용연수	무형고정자산
1	5년	영업권, 디자인권, 실용신안권, 상표권
2	7년	특허권
3	10년	어업권, 「해저광물자원 개발법」에 의한 채취권(생산량비례법 선택 적용), 유료도로관리권, 수리권, 전기가스공급시설이용권, 공업용수도시설이용권, 수도시설이용권, 열공급시설이용권

구 분	내용연수	무형고정자산
4	20년	광업권(생산량비례법 선택 적용), 전신전화전용시설이용권. 전용측선이용권, 하수종말처리장시설관리권, 수도시설관리권
5	50년	댐사용권

② 기타 감가상각자산 : 기준내용연수에 25% 가감하여 신고한 신고 내용연수 및 상각률(단, 무신고 시 ①의 방법 적용)

구분	기준내용연수 및 내용연수 범위(하한~상한)	구조 또는 자산명
1	5년(4년~6년) [주] 기준내용연수 25% 가감 = 5년 × 75%(또는 125%)	차량 및 운반구(운수업, 기계장비 및 소비용품 임대업에 사용되는 차량 및 운반구를 제외한다), 공구, 기구 및 비품
2	12년(9년~15년)	선박 및 항공기(어업, 운수업, 기계장비 및 소비용품 임대업에 사용되는 선박 및 항공기를 제외한다)
3	20년(15년~25년)	연와조, 블록조, 콘크리트조, 토조, 토벽조, 목조, 목골모르타르조, 기타 조의 모든 건물(부속 설비를 포함한다)과 구축물
4	40년(30년~50년)	철골·철근콘크리트조, 철근콘크리트조, 석조, 연와석조, 철골조의 모든 건물(부속 설비를 포함한다)과 구축물

기준내용연수의 50%를 가감하는 경우

① 사업장의 특성으로 자산의 부식·마모 및 훼손의 정도가 현저한 경우

② 영업개시 후 3년이 경과한 법인으로서 당해 사업연도의 생산설비 가동률 직전 3개 사업연도의 평균가동률보다 현저히 증가한 경우
③ 새로운 생산기술 및 신제품의 개발·보급 등으로 기존 생산설비의 가속상각이 필요한 경우
④ 경제적 여건의 변동으로 조업을 중단하거나 생산설비의 가동률이 감소한 경우

기준내용연수의 25%를 가감하는 경우

① 국제회계기준을 최초로 적용하는 사업연도에 결산내용연수를 변경한 경우
② 감가상각자산에 대한 기준내용연수가 변경된 경우

📝 중고자산 등의 상각범위액

내국법인이 기준내용연수(해당 내국 법인에게 적용되는 기준내용연수를 말한다)의 50% 이상이 경과된 자산을 취득한 경우는 그 자산의 기준내용연수의 50%에 상당하는 연수와 기준내용연수의 범위에서 선택하여 납세지 관할 세무서장에게 신고한 연수를 내용연수로 할 수 있다. 할 수 있다는 강제가 아닌 선택 사항이라는 의미이다.

📝 감가상각의 의제

법인세가 면제되거나 감면되는 사업을 하는 법인으로서 법인세를 면제받거나 감면받은 경우는 개별자산에 대한 감가상각비 범위액까지

감가상각비를 손금에 산입해야 한다. 다만, 국제회계기준을 적용하는 법인은 개별자산에 대한 감가상각비를 추가로 손금에 산입할 수 있다.

📝 즉시상각의 의제

감가상각자산을 취득하기 위하여 지출한 금액과 감가상각자산에 대한 자본적 지출에 해당하는 금액을 손금으로 계상한 경우는 이를 감가상각한 것으로 보아 상각범위액을 계산한다.

(즉시상각의제 금액을 상각범위액과 회사 계상 상각비에 가산함)

여기서 자본적 지출이란 법인이 소유하는 감가상각자산의 내용연수를 연장시키거나 당해 자산의 가치를 현실적으로 증가시키기 위해서 지출한 수선비를 말한다.

수선비 중 자본적 지출 포함	수선비 중 자본적 지출 제외
① 본래의 용도를 변경하기 위한 개조 ② 엘리베이터 또는 냉난방장치의 설치 ③ 빌딩 등에 있어서 피난시설 등의 설치 ④ 재해 등으로 인하여 멸실 또는 훼손되어 본래의 용도에 이용할 가치가 없는 건축물·기계·설비 등의 복구	① 개별자산별로 수선비로 지출한 금액이 600만 원 미만인 경우 ② 개별자산별로 수선비로 지출한 금액이 직전 사업연도 종료일 현재 재무상태표상의 자산가액(취득가액에서 감가상각누계액 상당액을 차감한 금액을 말한다)의 5%에 미달하는 경우 ③ 3년 미만의 기간마다 주기적인 수선을 위하여 지출하는 경우

다음의 자산은 취득 시 감가상각을 통해 비용처리를 하거나 당기 비용처리 방법 중 선택해서 적용할 수 있다.

구 분		즉시 상각 대상 자산
취득시	금액적으로 소액인 자산	거래 단위별 취득가액 100만 원 이하의 지출금액. 단 고유업무의 성질상 대량으로 보유하는 자산과 그 사업의 개시 또는 확장을 위해서 취득한 자산은 제외
	대여사업용 비디오테이프 등	대여사업용 비디오테이프와 음악용 콤팩트디스크로서 개별 자산의 취득가액이 30만원 미만인 자산
	단기사용자산	시험기기·영화필름·공구·가구·전기기구·가스기기·가정용 기구 및 비품·시계·측정기기 및 간판
	어업의 어구	어업에 사용하는 어구(어선용구 포함)는 금액의 제한이 없음
	전화기, 개인용 컴퓨터	전화기(휴대용 전화기 포함), 개인용 컴퓨터(그 주변기기 포함). 이는 금액의 제한이 없다.
보유시	소액수선비	개별자산별 수선비(자본적 지출과 수익적 지출) 합계액이 소액수선비 판단기준에 미달하는 경우 ㊟ 소액수선비 판단기준 = Max(600만 원, 전기말 B/S상 장부가액의 5%)
	주기적 수선비	3년 미만의 기간마다 지출하는 주기적 수선비
폐기시	시설개체와 시설낙후로 인한 폐기자산	시설을 개체 하거나 기술의 낙후 등으로 생산설비의 일부를 폐기한 경우는 장부에 비망가액 1,000원만 남기고 나머지는 폐기한 사업연도의 손금에 산입할 수 있다.

9 — 재고자산의 평가방법도 법으로 정해져 있다.

내국법인이 재고자산을 보유하는 경우 해당 재고자산 평가는 다음의
방법 중 법인이 세무서장에게 신고한 방법에 따른다.

❶ 원가법 : 개별법, 선입선출법, 후입선출법, 총평균법, 이동평균법,
매출가격환원법

❷ 저가법 : 저가법으로 신고하는 경우는 시가와 비교되는 원가법을
함께 신고해야 한다.

평가대상 자산	평가방법		
	신고 시 : 신고한 방법	법정기한 내 무신고시	임의변경 시(신고 방법외의 방법으로 평가 시, 변경신고 없이 신고 방법 변경 시)
❶ 제품 · 상품 ❷ 반제품 · 재공품 ❸ 원재료 ❹ 저장품	❶ 원가법 : 개별법, 선입선출법, 총평균법, 이동평균법, 매출가격환원법 ❷ 저가법 : 원가법과 기업회계기준에 따라 시가로 평가한 가액 중 낮은 가액	❶ 부동산 : 개별법 ❷ 기타자산 : 선입선출법	선입선출법(매매용 부동산은 개별법) · 신고한 평가 방법 중 큰 금액의 평가 방법

구 분	신고기한	기간경과 후 신고한 경우
최초 신고	법인의 설립일이 속하는 사업연도의 법인세 과세표준의 신고기한 내에 : 예를 들어 12월말 결산법인인 경우 3월 31일 납세지 관할 세무서장에게 신고한다.	신고일이 속하는 사업연도까지는 무신고 시 평가방법에 의하고, 그 후의 사업연도에 있어서는 법인이 신고한 평가방법에 의한다.

구 분	신고기한	기간경과 후 신고한 경우
변경 신고	변경할 평가방법을 적용하고자 하는 사업연도 종료일 이전 3개월이 되는 날까지 : 예를 들어 12월말 결산법인인 경우 9월 30일까지 납세지 관할 세무서장에게 신고한다.	변경신고일이 속하는 사업연도까지는 임의변경 시 평가방법에 의하고, 그 후의 사업연도에 있어서는 법인이 신고한 평가방법에 의한다.

(10) 유가증권의 평가방법도 법으로 정해져 있다.

내국법인이 유가증권을 보유하는 경우 해당 유가증권의 평가는 다음의 방법 중 법인이 세무서장에게 신고한 방법에 의한다(원가법).

❶ 채권 : 개별법, 총평균법, 이동평균법

❷ 주식 : 총평균법, 이동평균법

평가대상 자산	평가방법		
	신고 시 : 신고한 방법	법정기한 내 무신고시	임의변경 시(신고방법외의 방법으로 평가 시, 변경신고 없이 신고방법 변경 시)
❶ 주식	원가법 중 총평균법, 이동평균법	원가법 중 총평균법	총평균법과 신고한
❷ 채권	원가법 중 개별법, 총평균법, 이동평균법		평가방법 중 큰 금액으로 평가
❸ 투자회사 보유 집합투자자산	시가법	시가법	시가법

법인세 과세표준의 계산

법인세 과세표준은 각 사업연도 소득금액에서 이월결손금, 비과세소득, 소득공제를 차감한 금액으로 한다.

법인결산상 당기순이익	+	익금산입 및 손금불산입	−	손금산입 및 익금불산입	=	**각 사업연도 소 득 금 액**
각 사업연도 소 득 금 액	−	이 월 결손금	−	비과세 소 득	− 소 득 공 제 =	**법 인 세 과세표준**

1) 이월결손금

법인세법상 결손금이란 손금의 총액이 익금의 총액을 초과하는 금액을 말한다.

그리고 이월결손금이란 각 사업연도 개시일 전 15년 이내에 개시한 사업연도에서 발생한 결손금을 말한다.

법인세법상 각 사업연도의 소득금액의 범위 내에서 공제되는 이월결손금의 범위는 당해 사업연도 개시일 전 15년 이내 개시한 사업연도에서 발생한 이월결손금으로서 그 후 사업연도의 소득계산에서 공제하지 않은 금액은 그 법인의 각 사업연도 과세표준 계산 시 공제하도록 규정하고 있다. 만일 법인이 몇 개 사업연도에서 계속하여 결손금이 생겨서 이월결손금이 누적되어있는 경우는 먼저 발생한 사업연도의 결손금부터 순차로 공제한다.

 공제 한도

구 분	공제한도
2015년 12월 31일 이전에 개시한 사업연도까지 이월결손금 공제 한도	각 사업연도 소득금액의 100%(한도 없음)
2016년 1월 1일 이후 개시하는 사업연도분부터 이월결손금 공제 한도	① 중소기업과 회생 계획을 이행 중인 기업 등 : 각 사업연도 소득금액의 100% ② 위 ① 외의 내국법인 : 각 사업연도 소득금액의 60% 가. 2016년 1월 1일~2017년 12월 31일 : 80% 나. 2018년 1월 1일~2018년 12월 31일 : 70%

공제배제

다음 중 어느 하나의 결손금은 각 사업연도의 과세표준 계산에 있어서 공제된 것으로 본다. 따라서 이월공제가 안 된다.

① 결손금 소급공제 규정에 따라 공제받은 결손금

② 자산수증이익·채무면제이익으로 충당된 이월결손금

③ 특정 법인이 출자전환 채무면제이익으로서 출자전환 이후 사업연도에 발생하는 결손금의 보전에 충당한 경우의 결손금

🖊 추계 시 불이익

법인세의 과세표준과 세액을 추계하는 경우는 결손금의 이월공제를 적용하지 않는다. 다만, 천재지변 기타 불가항력으로 장부나 그 밖의 증거서류가 멸실되어 추계하는 경우는 이월공제가 가능하다.

이월결손금이 많이 나는 기업의 세테크

이월결손금이 많은 기업의 절세대책으로는 과세표준에서 공제되는 이월결손금을 충분히 활용하는 것이라 할 수 있다. 이월결손금을 활용하는 방안으로 다음의 것을 고려할 수 있다.

1. 익금의 조기 계상과 손금의 이연 계상

이월결손금의 공제는 15년의 시한이 적용되므로 가능한 한 빨리 공제되도록 해야 한다. 따라서 가능한 각 사업연도 소득을 앞당겨 계상하여 15년이 경과되어 소멸되기 전에 활용할 수 있도록 해야 한다. 이익을 앞당기는 방법으로는 크게 익금을 조기에 계상하는 방법과 손금을 차기 사업연도로 이월시키는 방법이 있다. 익금을 조기 계상 하는 방법으로는 현행 법인세법상의 규정으로는 쉽지 않다.

그러나 영업 기술상으로 매출을 조기에 집행하는 식으로 익금을 앞당겨 계상하는 방법을 고려해 볼 수 있겠다. 손금을 차기 사업연도로 이월시키는 방법으로는 법인세법상의 규정에 따라 다음 사항을 고려해 볼 만하다.

① 감가상각비의 미계상

② 대손충당금의 미계상

③ 퇴직급여충당금의 미계상

④ 각종 준비금의 조기환입

⑤ 인건비 등 지출의 이월

2. 이익이 많이 나는 사업의 취득

이월결손금은 15년 이내에 이익이 발생해야 활용할 수 있다. 그러나 현행의 사업으로는 이익이 나는 것을 기대하기 어려운 경우 이익이 많이 나는 기업을 영업양수도 또는 합병 등의 방법을 사용하여 취득하는 것을 고려할 수 있다. 이렇게 하여 누적된 이월결손금을 새로운 사업에서 발생하는 이익에서 차감시킬 수 있게 된다.

3. 결손이 나는 사업의 처분

상기한 이익이 많이 나는 사업의 취득과 같은 효과로 결손나는 사업 부분을 처분함으로써 차기에 이익이 나는 것을 기대해 볼 수 있다. 다만, 유의할 점은 결손이 나는 법인을 흡수합병하는 합병법인의 경우 이월결손금은 승계되지 않으므로 피합병법인의 이월결손금을 활용할 수 없다는 것이다.

② 결손금 소급 공제

중소기업에 해당하는 내국법인은 각 사업연도에 결손금이 발생한 경우 그 결손금에 대해서 직전 사업연도의 법인 세액을 한도로 소급공제하여 법인 세액을 환급받을 수 있다.

소급공제 요건

① 전기 법인 세액이 있는 조세특례제한법 시행령에 따른 중소기업

② 직전 사업연도 납부세액이 있는 경우(가산세, 토지 등 양도차익에 대한 법인세 제외)

③ 해당 사업연도와 직전 사업연도의 과세표준 및 세액을 각각 신고한 경우

④ 신고납부 기한까지 납세지 관할 세무서장에게 환급신청을 해야 하며, 제출하지 않은 경우 자동으로 15년간 이월결손금으로 공제되고 결손금 소급공제의 경정청구는 불가능하다.

🖼️ 환급세액 계산

결손금 소급공제에 따른 환급세액은 직전 연도 납부세액을 한도로 한다.

①, ② 중 적은금액
① 직전 사업연도 법인세액 = 직전 사업연도의 법인세 산출세액 − 직전 사업연도 공제 · 감면세액)
② 직전 사업연도의 법인세 산출세액 − (직전 사업연도의 과세표준 − 소급공제 결손금액) × 직전 사업연도의 세율
🔁 직전 사업연도의 법인세 산출세액 계산 시 토지 등 양도소득에 대한 법인세는 제외한다.
🔁 소급공제 결손금은 직전 사업연도의 과세표준을 한도로 납세자가 결정하며, 잔액은 이월공제한다.

🖼️ 환급세액의 추징

환급 후 경정에 의하여 결손금이 발생한 사업연도의 결손금이 감소

된 경우에는 과다하게 환급받은 세액 상당액과 이자 상당액을 당해 결손금이 발생한 사업연도의 법인세로서 징수당하게 된다.

이때, 결손금 중 그 일부 금액만을 소급공제 받은 경우는 소급공제 받지 않은 결손금이 먼저 감소된 것으로 본다.

① 법인세를 환급한 후 결손금이 발생한 사업연도에 대한 법인세 과세표준과 세액을 경정함으로써 결손금이 감소한 경우

추징세액 = ① + ②

① 환급취소세액 = 당초 환급세액 × $\dfrac{\text{소급공제 결손금 중 감소액}}{\text{소급공제 결손금}}$

② 이자 상당액 = 환급취소세액 × (일수 × 22/100,000)

▣ 일수 : 당초 환급세액 통지일의 다음 날부터 환급취소세액의 고지일까지의 일수

▣ 납세자가 법인세액을 과다하게 환급받은데, 정당한 사유가 있는 때는 국세 환급가산금 이자율을 적용한다.

② 결손금이 발생한 사업연도의 직전 사업연도에 대한 법인세 과세표준과 세액을 결정함으로써 결정세액이 감소한 경우

추징세액 = ① + ②

① 환급취소세액 = 과다하게 환급된 세액 상당액

② 이자 상당액 = 환급취소세액 × (일수 × 22/100,000)

③ 비 중소기업이 법인세를 환급받은 경우 환급세액을 추징한다.

추징세액 = 환급세액 + 이자 상당액

③ 비과세소득

비과세소득이란 법인의 각 사업연도 소득의 구성항목 중 국가가 조세 정책적으로 처음부터 과세권을 포기한 소득을 말한다. 따라서 비과세소득은 일정한 요건과 관계없이 당연히 법인세가 부과되지 않는다.

그리고 현행 법인세법상 비과세소득은 공익신탁의 신탁재산에서 생기는 소득과 중소기업창업투자회사 등의 주식양도차익 등에 의한 비과세 등이 있다.

④ 소득공제

소득공제란 법인세 과세표준 계산 시 법인의 각 사업연도 소득에서 일정액을 공제하여 줌으로써 법인세 부담을 줄여주는 제도이다. 현재 법인세법상 소득공제는 유동화전문회사 등에 대한 소득공제가 있다.

유동화전문회사 등에 대한 소득공제는 유동화전문회사·투자회사 등 명목회사가 배당가능이익의 90% 이상 배당한 경우 배당금액 전액을 해당 사업연도의 소득금액 범위 내에서 공제하는 것을 말한다. 이는 소득공제 신청을 해야 가능하다.

법인세 산출세액과 납부세액의 계산

1 ─ 법인세 산출세액

법인세 산출세액은 과세표준에 법인세율을 적용해서 계산한 금액을 말한다.

📝 일반적인 경우

산출세액 = 과세표준 × 세율

📝 사업연도가 1년 미만인 경우

$$\text{법 인 세} \atop \text{산출세액} = \left[\text{과세표준} \times \frac{12}{\text{사업연도의 월수}} \times \text{세율} \right] \times \frac{\text{사업연도의 월수}}{12}$$

🔳 월수의 계산에 있어 1월 미만은 이를 1월로 한다.

② 법인세 납부세액

법인세 납부세액은 산출세액의 합계액에서 세액공제와 세액감면을 차감하고, 가산세와 추가 납부세액을 가산하여 계산한다.

산출세액이 없는 경우에도 세액공제신청서를 제출하라

산출세액이 없는 경우 세무조정을 대충 마무리하는 경우가 많은데, 그 경우에도 세액공제 대상 여부를 확인하고, 해당하는 경우는 세액공제신청서를 반드시 제출해야 한다. 그래야만 추후 산출세액이 발생할 때 이월공제를 받을 수 있기 때문이다.

법인세의 신고·납부 방법

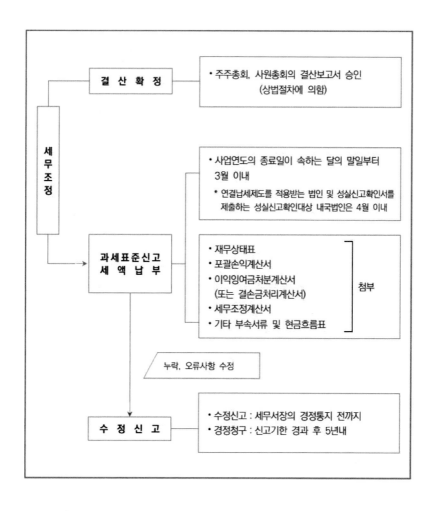

결 산 확 정
- 주주총회, 사원총회의 결산보고서 승인
  (상법절차에 의함)

세무조정

과세표준신고 세 액 납 부
- 사업연도의 종료일이 속하는 달의 말일부터 3월 이내
- * 연결납세제도를 적용받는 법인 및 성실신고확인서를 제출하는 성실신고확인대상 내국법인은 4월 이내

- 재무상태표
- 포괄손익계산서
- 이익잉여금처분계산서 (또는 결손금처리계산서)
- 세무조정계산서
- 기타 부속서류 및 현금흐름표

첨부

누락, 오류사항 수정

수 정 신 고
- 수정신고 : 세무서장의 경정통지 전까지
- 경정청구 : 신고기한 경과 후 5년내

1 법인세 신고기한

법인은 법인세 과세표준 및 세액신고서를 작성하여 각 사업연도 종료일이 속하는 달의 말일부터 3월 이내에 관할세무서에 신고하고 세금을 납부해야 한다. 신고기한의 말일이 공휴일인 경우 그다음 날까지 신고납부하면 된다.

연결납세제도를 적용받는 법인은 4월 30일(12월말 법인의 경우)까지 법인세를 신고납부하면 된다.

구 분	법정 신고기한	제출 대상 서류
12월 결산법인	3월 31일	1. 법인세 과세표준 및 세액신고서
3월 결산법인	6월 30일	2. 재무상태표
6월 결산법인	9월 30일	3. 포괄손익계산서 4. 이익잉여금처분계산서(결손금처리계산서)
9월 결산법인	12월 31일	5. 세무조정계산서 6. 세무조정계산서 부속서류 및 현금흐름표

2 법인세 신고 시 꼭 제출해야 할 서류

법인세 신고는 법인세 과세표준 및 세액신고서에 다음 서류를 첨부해야 한다.

❶ 기업회계기준을 준용하여 작성한 개별 내국법인의 재무상태표, 포괄손익계산서

❷ 기업회계기준을 준용하여 작성한 이익잉여금처분(결손금처리)계산서

❸ 세무조정계산서

❹ 기타 부속서류 및 현금흐름표, 표시통화재무제표·원화 재무제표

❺ 피합병법인 등의 재무상태표, 합병·분할로 승계한 자산·부채 명세서 등

❶~❸의 서류를 첨부하지 않은 경우는 신고하지 않은 것으로 본다.

❶, ❷ 및 ❹의 현금흐름표는 국세 정보통신망을 이용하여 표준대차대조표, 표준손익계산서 및 손익계산서 부속명세서를 제출하는 것으로 갈음할 수 있다.

③ 공제·감면의 신청

법인세법·조세특례제한법 등에서는 조세의 감면에 관한 방법과 범위 등을 규정하고 있는데, 감면의 종류에 따라서는 신청서 또는 명세서를 소정 기한 내에 반드시 제출해야만 조세감면을 인정하고 있는 예도 있으므로 특별히 유의해야 한다.

④ 전자 신고 방법

신고 대상 법인 및 전자 신고자

구 분	내 용
신고대상법인	전자신고를 하고자 하는 모든 법인

구 분	내 용
전자신고자	전자신고를 하고자 하는 모든 법인 또는 외부조정 세무대리인 및 단순 신고 대리를 하는 세무대리인

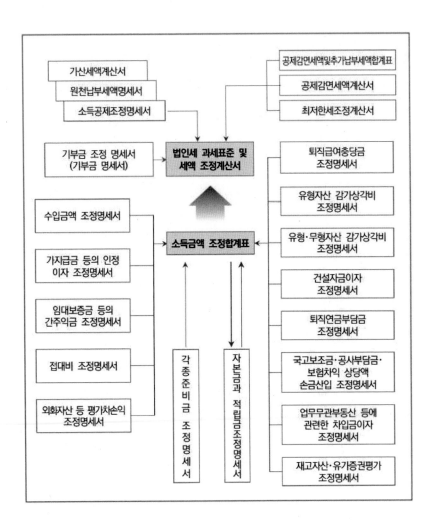

📝 신고방법 및 신고기한

법인세 법정 신고기한까지 국세청 홈택스(www.hometax.go.kr)에 접속한 후, 신고서를 변환·전송하면 된다.

5 │ 법인세의 납부 방법

법인세 과세표준 및 세액신고서에 기재된 납부할 세액을 과세표준 신고기한 내에 납부서를 작성하여 가까운 은행(국고수납대리점) 또는 우체국에 납부한다. 이때 지방세인 법인세분 지방소득세도 별도의 납부서를 작성하여 반드시 내야 한다.

법인세 중간예납

법인의 중간예납 세액은 중간예납기간인 6개월(1월~6월) 말일이 경과한 날로부터 2개월 이내에 신고납부해야 하므로 8월 31일까지 신고납부해야 한다. 여기서 중간예납이란 각 사업연도 기간 중 별도로 중간예납 기간을 두어 당해 사업연도의 법인세 추산액의 일부를 미리 납부하는 제도이다.

중간예납은 법인세 신고제도가 아니라 납부제도이므로 이를 이행하지 않은 경우에도 신고불성실가산세는 부과되지 않고 납부불성실가산세만 부과된다.

중간예납은 각 사업연도에 대한 확정된 과세표준 및 세액이 아니므로 자기계산 방식에 의한 중간예납 세액계산 시 상여 · 배당 등의 소득처분 대상 금액은 원천징수를 하지 않는다.

① 중간예납 신고 · 납부 대상 법인

 중간예납 신고 의무가 있는 법인

중간예납 의무가 있는 법인은 중간예납 세액이 없는 경우에도 중간예납 신고는 반드시 해야 하며, 중간예납 시에는 세액을 환급하지는 않는다.

❶ 전년부터 계속해서 사업한 영리 내국법인(신설법인은 아님)

❷ 수익사업이 있는 비영리 내국법인(수익사업 부분에 한정)

❸ 분할신설법인 또는 분할합병법인의 상대방법인

❹ 국내사업장이 있는 영리 외국법인 및 수익사업이 있는 비영리외국법인으로 사업연도가 6월을 초과하는 법인

📝 중간예납 신고 의무가 없는 법인

❶ 당해 연도 중에 새로 설립한 법인(합병 또는 분할에 의한 신설법인은 제외). 단, 합병·분할에 의해서 새로이 설립된 법인은 최초 사업연도 기간이 6월을 초과하는 경우 중간예납 의무가 있다.

❷ 중간예납 기간 중 휴업 등의 사유로 사업수입금액이 없는 법인. 단, 사업실적이 있는 단순 폐업법인은 중간예납 신고납부 의무가 있다.

❸ 사업연도가 6개월 이하인 법인

❹ 청산법인 및 국내사업장이 없는 외국법인

❺ 직전 사업연도 법인세액이 없는 유동화전문회사, 자본시장과 금융투자업에 관한 법률에 따른 투자회사, 기업구조조정투자회사 등의 법인

❻ 조세특례제한법에 의해 법인세가 전액 면제되는 외국인 투자기업

❼ 이자소득만 있는 비영리법인. 다만, 중간예납기간 중에 이자소득 이외의 수익사업이 최초로 발생한 비영리법인은 중간예납 신고·납부 의무가 있다.

❽ 사립대학(고등교육법 제3조에 따른 사립학교를 경영하는 학교법인) 및 산학협력단

② 중간예납 신고·납부세액의 계산

모든 법인에 대해서 적용하는 일반법인세액이 중간예납 대상이다.

즉, 중간예납 대상 법인세는 각 사업연도 소득에 대한 과세표준에 법인세율을 곱해서 계산한 세액이다.

❶ 원칙 : 직전 사업연도의 실적 기준과 당해 중간예납 기간의 실적 기준(가결산 방식)으로 계산하는 방법 중 임의선택가능

❷ 예외 : 다음에 해당하는 경우는 당해 중간예납 기간의 실적 기준(가결산 방식)으로 중간예납 세액을 계산해야 한다.

가. 직전 사업연도의 법인세로서 확정된 산출세액이 없는 경우(소득공제를 적용받는 유동화전문회사, 투자회사, 기업구조조정투자회사 제외)

나. 직전 사업연도의 법인세액이 해당 사업연도의 중간예납 기간 만료일까지 확정되지 아니한 경우

다. 합병당사법인 모두 직전 사업연도의 법인세액이 없거나 확정되지 않은 경우

라. 분할신설법인 또는 분할합병의 상대 법인의 분할 후 최초 사업연도의 경우(설립등기일로부터 6월이 경과한 경우)

📝 직전 사업연도 실적 기준 중간예납세액 계산

직전 사업연도에 과세소득이 있어 법인세 산출세액이 있는 경우라면 직전 사업연도 법인세 산출세액을 기준으로 해서 중간예납 세액을 계산할 수 있다. 이 경우 직전 사업연도와 당해 중간예납 기간에 세법개정으로 인해서 적용되는 법인세율의 차이가 있는 경우도 있는데, 이러한 경우도 직전 사업연도의 법인세 산출세액을 기준으로 중간예납 할 수 있다. 따라서 세율변동 등이 있어도 당해 연도에 대해 구태여 가결산 할 필요까지는 없다. 직전 사업연도 산출세액은 있으나 중간예납 등으로 결산 시 납부할 세액이 없는 경우도 포함한다.

> 직전 사업연도의 실적 기준 중간예납 세액 = ㉮ 직전 사업연도의 확정된 산출세액(가산세는 포함) − ㉯ 감면세액 · 원천징수 납부세액 · 수시부과 세액 × 6/직전 사업연도의 월수
> 극단적으로 작년의 ㉮ < ㉯이면 음수(−)이므로 중간예납 할 세액이 없다. 따라서 신고서만 내고 납부할 세액은 없다.

사업연도가 변경되는 경우 직전 사업연도 월수가 변경되면 변경된 직전 사업연도의 월수가 직전 사업연도 월수가 되며, 사업연도의 변경으로 직전 사업연도가 1년 미만인 경우는 그 기간을 직전 사업연도로 본다.

직전 사업연도의 확정된 산출세액

직전 사업연도의 확정된 산출세액은 직전 법인세 신고 시 확정된 세액을 말하며, 가산세는 포함하나 토지 등 양도소득 관련 법인세는 상·하반기 불규칙하므로 직전 연도 확정 세액에는 포함하지 않는다.

직전 사업연도에 감면된 법인세액

❶ 직전 및 당해 사업연도 간 감면범위가 같은 경우에는 직전 사업연도 법인세 기준으로 할 때는 감면세액 등을 산출세액에서 공제한다.
❷ 직전 및 당해 사업연도 간 감면범위가 변경된 경우 당해 사업연도에 적용될 감면범위로 계산된 금액만을 직전 사업연도 산출세액에서 공제한다.

직전 사업연도에 법인세로서 납부한 원천징수 세액

법인에 귀속되는 이자소득, 증권투자신탁수익금의 분배금에 대해 당해 법인 이외의 자가 당해 법인에 소득 지급 시 원천징수 한 세액을 말한다.

직전 사업연도에 납부한 수시부과 세액

세무서장이나 국세청장은 법인의 신고 없이 본점이나 주사무소를 이전하거나 사업 부진 등의 사유로 휴업이나 폐업 등의 상태에 있고 기타 조세 포탈의 우려가 있다고 인정되는 상당한 사유가 있다면 이러한 기간에 대해서 법인세를 수시로 부과할 수 있다고 규정하고 있다. 이와 같은 수시부과 세액으로서 직전 사업연도에 납부하는 것을 직전 사업연도 산출세액에서 차감하는 것이다.

📝 당해 사업연도 실적 기준 중간예납 세액계산(가결산 방식)

가결산이란 1사업연도가 아니고 6개월만 대상으로 한다고 해서 "가"라는 개념을 쓸 뿐이지, 제반 절차나 계산 관련 사항은 일반법인세 계산 절차와 같다. 따라서 해당 6개월간의 감면세액, 원천징수 세액 및 수시부과 세액도 가결산으로 인한 계산세액에서 공제된다.

그러나 가결산시 공제될 금액은 당해 중간예납 기간에만 발생하거나 해당하는 금액이다. 가결산 감면세액의 계산에 대해서는 당해 연도 반기 사업연도에 적용될 감면세액 계산 방법을 준용한 감면세액을 공제한다.

당해 중간예납기간의 실적 기준(가결산 방식)에 의한 중간예납 세액
= 중간예납 기간의 과세표준 × 12/6 × 법인세율 × 6/12 − 중간예납 기간 감면세액 − 중간예납 기간에 기납부한 원천징수 세액 − 중간예납 기간의 법인세 수시부과 세액

중간예납 기간 중의 수익과 비용의 확정 결산 방법 준용

중간예납 기간 중 발생한 모든 수익과 비용은 모두 결산에 반영(법인 장부에 기장)되어야 하며, 이를 기초로 한 중간예납 가결산을 해야 한다.

감가상각비·퇴직급여충당금 등

❶ 감가상각비 등의 반년 안분 손금산입

감가상각비의 손금산입에 있어서 각 사업연도 소득에 대한 법인세 계산 시의 감가상각범위액 계산과 관련된 제반 규정은 모두 1년을 기준으로 하고 있는데 중간예납 기간의 상각범위액을 결정함에 있어서도 1년간의 정상 상각률 및 1년 감가상각비에 중간예납 기간의 해당 월수인 6개월이 1년에서 차지하는 비율을 곱해서 중간예납 기간의 감가상각률을 계산한다. 즉, 1년분 정상 감가상각비 × 월수(6개월)/12개월의 방법으로 계산한다.

이밖에, 자산재평가 신고를 한 법인의 감가상각비 계산에서 아직 재평가 결정이 안 되었다고 해도 재평가신고액을 기준으로 사업연도 초부터 감가상각비를 계산한다.

❷ 퇴직급여충당금 손금산입 한도액 계산

세법상 퇴직급여충당금은 퇴직급여충당금의 누적액이 당해 사업연도 종료일 현재 사용인 전원이 퇴직한 경우 퇴직급여로 지급되어야 할 퇴직금 추계액의 0%와 해당 사업연도에 사용인에게 지급한 총급여액의 5% 중 적은 금액을 한도로 하도록 규정되어 있다.

❸ 최저한세 등도 적용함

중간예납 세액계산 시에도 조세특례제한법의 규정에 따라 최저한세를 적용한다.

각종 준비금의 6개월분 손금산입 및 익금환입

❶ 준비금 등의 손금산입과 익금 환입 방법

법인이 중간예납을 가결산 방식으로 계산하는 경우에도 일반과세 연도의 법인세 계산에서와 같이 세법상의 준비금의 손금 용인을 위해서는 결산에 반영해야 한다. 따라서 이미 손금산입된 준비금을 법인세법이나 조세특례제한법에서 정한 방법에 의거 환입 시에는 일시환입 사유 해당 분은 전액을, 기타 1년분은 당해 중간예납 기간인 6개월의 해당 금액(즉 50%)을 환입해서 익금산입한다.

❷ 결산 반영 없이 세무조정만으로 손금산입하는 준비금 등

세무조정계산서 상 손금산입된 금액은 당기순손익 감액이 아니라 이익잉여금 처분 방법으로 적립금을 적립하며, 향후 일반 세무조정 계산상의 일반상각비 해당액과 상쇄해서 익금산입한다. 여기서 준비금은 법인세법이나 조세특례제한법상의 제반 준비금을 말한다.

이월결손금

이월결손금도 15년 이내의 것만 과세소득과 상계처리 된다. 중간예납의 경우도 개시일 전부터 15년 이내에 개시한 사업연도에서 발생한 이월결손금은 당해 중간예납기간을 1사업연도로 보므로 전액을 중간예납기간의 소득금액에서 차감한다. 즉, 이월되는 결손금 전액이 공제대상이지 1년 치의 50% 등 안분 개념이 아니다. 여기서 이월결손금은 세무상 이월결손금이다.

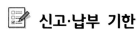

③ 중간예납 신고 및 납부 절차

📝 신고·납부 기한

법인의 중간예납 세액은 중간예납 기간인 6개월의 종료일이 경과한 날로부터 2개월 이내에 신고납부해야 한다.

📝 필수적 첨부서류

신고·납부 시 법인세 중간예납신고납부계산서는 법인세 중간예납 세액을 직전 연도 기준으로 계산하건 가결산 방식으로 하건 필수적 서류이고, 가결산 방식에 의한 중간예납 세액의 신고·납부 시에는 재무상태표, 손익계산서, 세무조정계산서 및 기타 부수서류를 제출해야 한다.

외부조정지정대상 법인인 경우도 중간예납에서는 세무사·회계사 등 외부조정자의 조정계산서는 불필요하다.

직전 사업연도 실적 기준 중간예납

❶ 법인세 중간예납 신고납부 계산서

❷ 세액공제신청서

❸ 성실 중소법인 법인세 중간예납 신고납부계산서(성실납세 방식 적용 중소기업의 경우)

당해 사업연도 실적 기준 중간예납 세액(가결산 방식)

❶ 법인세 중간예납 신고납부 계산서 및 법인세 과세표준 및 세액조정 계산서

❷ 톤 세적용 법인은 선박 표준이익 산출명세서 추가 제출

❸ 가결산에 의해서 작성한 재무상태표, 손익계산서, 세무조정계산서 및 기타 참고서류를 추가로 제출

가. 세무조정계산서는 당해 법인이 작성·첨부할 수 있다.

나. 외부세무조정대상법인의 경우에도 중간예납 시에는 법인 스스로 세무조정계산서를 작성할 수 있다.

📝 중간예납 세액의 분납

각 사업연도 법인세에 대한 6개월간의 중간예납 세액이 1천만 원을 초과하면 납부할 세액 일부를 납부기한 경과 일부터 일반 법인이면 1월, 중소기업인 경우는 2개월 이내에 분납할 수 있다.

납부할 세액이 2,000만 원 이하인 경우 1,000만 원을 초과하는 금액, 납부할 세액이 2,000만 원을 초과하면 세액의 50% 이하의 금액을 분납할 수 있다. 이밖에 법인세를 분납하려는 법인이 분납 해당 세액을 납부하지 않거나 미달납부 해도, 법인세의 분납 의사가 중간예납 신고·납부계산서에 의해서 확인된다면 법인세법상의 분납 규정이 적용된다.

구 분	분납 가능 금액
납부할 세액이 2,000만 원 이하	1,000만 원을 초과하는 금액
납부할 세액이 2,000만 원 초과	세액의 50% 이하의 금액

불법 경비처리 시 반드시 걸리는 지출

평소에는 아무 문제 없이 마음대로 쓰고 경비처리 후 세금도 안 내니 1석 2조 너무 행복한 사장님, 하지만 세무조사만 나오면 무조건 걸리는 항목이 있다. 걸리면 1석 2조로 혜택 봤던 것에 가산세까지 더해서 납부해야 한다.

나만 머리가 좋아 안 걸리고 넘어가는 것 같지만 누구나 다 똑같이 사용하는 방법이다 보니 조사관도 이거 털면 무조건 탈세 자료 나온다고 알고 있는 지출이다. 단지 내가 걸리는 순번이 돌아오지 않았을 뿐이다. 따라서 이를 잘 관리해 괜히 가산세까지 더해서 낼지 아니면 설마 내가 걸리겠어! 라는 마음으로 계속 현 상태를 유지할지는 사업주의 마음이다. 하지만 왜 담당자가 막지 못 했느냐고 원망하지는 말아야 한다. 잘못은 나에게 있으니....

구 분	유의 사항
신용카드 사적 사용	신용카드 사적 사용(개인적으로 사용한 신용카드 매출전표)은 꼭 걸린다. 특히 대표 또는 대표의 가족, 임직원의 사적 경비를 법인카드 등을 사용하는 경우 100% 걸린다고 보면 된다.

구 분	유의 사항
	예를 들어 골프비용을 지출하거나 일요일에 마트에 가서 장을 보고 법인카드로 결제한 경우가 이에 해당한다. 평소엔 아무 문제 없으니 막 쓰다가 한방에 가산세까지 더해서 납부할 수 있다.
가족의 인건비 처리	근로를 제공하지 않은 기업주 가족(친인척)에게 인건비를 지급하고 비용처리를 하는 경우 조심한다. 세무 조사관이 세무조사를 나오기 전에 가장 먼저 파악하는 것이 그 사업주와 관련된 가족이다. 사업주의 가족, 친인척의 실제 근무 여부를 가장 우선해서 파악한다. 물론 실제 근무 여부는 세무조사를 해봐야 알 수 있지만, 해당 사업장에서 매달 신고한 급여 원천징수 신고자료를 바탕으로 그 가족의 명단과 지급 내역 등 인건비를 파악한 후 리스트를 만든다. ① 법인계좌에서 가족에게 실제로 나간 급여 내역 ② 출퇴근 기록 카드 ③ 업무상 결제 내역을 파악한다. 하물며, 지문인식까지 검증한다.
적격증빙 사용내역을 확인하고 나온다.	사업자 명의 데이터를 분석해 세금계산서, 신용카드 매출전표, 현금영수증, 계산서 등이 적절하게 수취 되었는지? 확인한다. 또한, 해당 적격증빙을 바탕으로 소득세나 법인세 및 부가가치세가 적절하게 신고가 되었는지까지 검증을 하고 나온다. 금융거래 증빙까지도 파악한다. 결국, 증빙과 신고내역을 자세히 들여다보면 원칙에 어긋난 비용처리 사항이 파악되고 세무조사 과정을 통해 세금을 추징당하게 된다.
자료상 거래	자료상 거래라고 전혀 거래 없는 자에게 자료를 사고파는 것만을 의미하는 것이 아니라, 서로 거래하는 사이에 거래와 관계없이 부가가치세를 받고 자료를 끊어주거나 실제 거래금액보다 더 많은 자료를 발행하는 경우도 포함한다. 또한 거래처 사이에 원칙은 재화의 인도나 용역의 제공 시점에 세금계산서를 발행해야 하지만,

구 분	유의 사항
	서로 기간을 맞추어 임의의 기간에 세금계산서를 주고받는 경우도 포함한다. 이는 실무에서 많이 발생하므로 인해 불법처럼 인식하지 않지만 실제로 불법이므로 세무조사에 대비해 조심해야 한다.
상품권 구입 내역	일반 물품을 구입하여 거래처에 접대목적으로 지급하는 경우엔 어떤 물품을 구입했는지? 를 알 수 있으므로 그 물품의 종류나 지급 경위를 보면 업무추진비 성격의 비용인지를 유추할 수 있다. 그런데 상품권은 구입 후 직원에게 주었는지, 거래처에 지급했는지, 다시 현금화했는지, 개인적으로 사용했는지를 명확히 알 수가 없으므로 증빙을 갖추지 않으면 문제가 될 소지가 크다. 국세청에서도 주의 깊게 보는 항목 중의 하나이므로 상품권으로 업무추진비를 지출하는 회사가 있다면 반드시 증빙 처리에 신경을 써야 한다. 업무추진비는 적격증빙을 수취해야만 인정받을 수 있으므로 상품권을 구입할 때는 반드시 신용카드로 구입해야 한다. 그리고 업무추진비로 지출한 것에 대한 증빙을 구비해 놓아야 추후 국세청과의 마찰을 피할 수 있다. 상품권으로 업무추진비 처리 시 관련 증빙은 내부 품의서와 업무추진비 지급 대장(거래처별 일자와 거래처, 금액 기재)을 갖춰두는 것이 좋다. 만약 증빙을 갖추지 못하면 상품권을 구입하고 이를 현금화해서 대표자 등이 개인적인 목적으로 사용하거나, 거래처에 대한 접대 및 임직원 복리후생 목적으로 지급했더라도 그 실제 귀속자를 제시하지 못하면 전액 대표자에 대한 상여로 처리된다. 상품권을 장부에는 전액 비용처리 한 후 세무조사 시 거래목적으로 지급하였다고 주장해도 받은 자를 밝히지 못하는 경우 법인세 및 개인 상여에 대한 급여 세금 등 막대한 세금이 추징될 수 있다는 점을 간과해서는 안 된다. 또한 회사자금 사정으로 인해 "상품권 깡"으로 의심받을 수 있다.

구 분	유의 사항
	그러므로 상품권을 신용카드로 구입했다고 해서 안심해서는 안 되고 지출금액에 따라 금액이 과다한 경우에는 지급 대장을 구비 해서 추후 국세청의 소명 요구에 대비해야 한다.
특수관계자간 거래내역 파악	개인사업자의 경우 친인척 또는 가족 간에 물품을 사고판 거래 내역이 있는지 우선 파악한다. 또한 친인척 간의 급여도 주의해야 한다. 법인의 경우 주주구성을 파악한 후 해당 주주와 다른 특수관계 법인과의 거래를 더욱 면밀하게 검증한다. 즉, 해당 명단과 거래 내역을 다 확정해서 나온다. 거래금액과 시기 및 실질적으로 대금이 오고 간 내역까지 검증한다.
임원의 퇴직금 과다 지급	임원 퇴직금의 경우 회사의 지급 규정에 따라 지급하는 경우는 문제가 없으나 규정보다 과다하게 지급하는 경우 문제가 될 수 있다.
연구인력개발 세액공제	실제 조사관이 나가서 연구인력 전담부서를 점검한다. 따라서 다음의 서류를 잘 관리해야 한다. ① 연구소 및 연구 전담부서의 등록서류 ② 연구소 및 연구 전담부서 조직도 ③ 연구 전담 요원의 인사이동 관련 내부 공문 ④ 연구 전담 요원의 타임시트, 작업성과물, 특허출원 자료 ⑤ 연구 전담 요원의 이력서(학력, 자격 사항 등) ①을 제외하고는 모두 연구인력개발비 대상 지출액 중 인건비를 표적으로 하는 서류이다. 즉 특별한 경우를 제외하고는 인건비를 가장 조심해야 한다는 의미이다.
업무용 승용차	업무전용자동차보험에 가입하고 운행일지를 반드시 작성해야 한다.

구 분	유의 사항
기타 점검 사항	① 접대성 경비를 복리후생비 등으로 분산처리
	② 재고자산 계상 누락 등을 통해서 원가를 조절하는 경우
	③ 세무조사 후 신고소득률 하락 등
	국세청은 기업소득 유출, 수입금액 누락, 소득 조절, 조세 부당 감면 등으로 세금을 탈루할 우려가 있는 자영업 법인, 취약·호황 업종의 신고내용을 개별 정밀 분석한 자료로 성실신고를 별도 안내한다.
	④ 소비지출 수준을 통해 소득 추정분석
	소득신고에 비해 해외여행 등 소비지출이 상대적으로 많은 경우 세무조사 대상이 될 수 있다.
	⑤ 원가를 과대계상 한 경우
	상호 증빙 없이 세무조사만 안 받으면 걸리지 않을 거라는 생각에 임의로 원가를 과대계상 해 세금을 탈루하는 행위는 세무조사를 받을 확률이 높다.

인적용역에 대한 세금 원천징수

사람을 쓰면 원천징수 후 납부

구 분		비용인정 및 가산세
고용한 내부임직원	1일 단위 고용	일용근로자. 3개월 이상 고용 시에는 상용근로자로 전환
	최초 고용 시 기간의 정함이 없거나 기간의 정함이 있더라도 3개월 이상 고용	상용근로자
고용 안 한 외부 인적용역	비반복적, 비계속적 사용	기타소득
	반복적, 계속적 사용	사업소득

사람의 노동력을 세법에서는 인적용역이라고 한다.

인적용역을 사용하면 대가를 지급하는데, 대가를 지급할 때 대가의 일정액을 공제한 후 다음 달 10일 신고납부를 한다.

이때 대가의 일정액을 공제하는 세금을 원천징수라고 한다.

원천징수는 원천징수 대상이 되는 소득이나 수입금액을 지급할 때 이를 지급하는 자(원천징수의무자)가 해야 한다.

인적용역은 내가 임직원으로 고용한 후 월급을 주느냐, 아니면 고용은 안 한 상태에서 인적용역을 사용하느냐로 구분할 수 있다.

고용해서 사용할 때 1일 단위 고용은 일용근로자, 일용근로자를 제외한 임직원은 상용근로자로 구분한 후 근로소득세를 원천징수 한다.

반면 고용은 안 했지만, 일시적으로 외부의 인적용역을 사용하는 때는 기타소득, 계속적 반복적으로 사용할 때는 사업소득을 원천징수한다. 인적용역 소득을 지급하고도 원천징수를 하지 않으면 지급하는 자가 세금을 내야 한다.

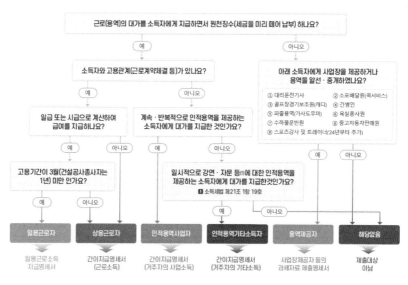

〈표 : 국세청 참고〉

원천징수 대상 소득은 다음과 같다.

- 봉급, 상여금 등의 근로소득
- 이자소득, 배당소득
- 퇴직소득, 연금소득
- 상금, 강연료 등 일시적 성질의 기타소득
- 인적용역소득(사업소득)
- 공급가액의 20%를 초과하는 봉사료

인적용역에 대한 세금 원천징수 《 **333**

1. 원천징수 한 세액의 납부

원천징수 한 세액은 다음 달 10일까지 은행·우체국 등 가까운 금융 회사에 납부하고, 원천징수이행상황신고서는 세무서에 제출한다.

관할 세무서장으로부터 반기별 납부 승인 또는 국세청장의 지정을 받은 자는 상반기 원천징수 한 세액을 7월 10일까지, 하반기 원천징수한 세액을 다음 해 1월 10일까지 납부한다.

2. 지방소득세 소득분의 원천징수

소득세를 원천징수 할 때는 원천징수 세액의 10%를 지방소득세로 함께 원천징수해서 납부한다.

원천징수 세액을 대신 부담하는 경우 계산 방법

① 해외기업으로 사용료 소득 지급 시 : 제한세율 10%를 뺀 0.9(=1−0.1)로 역산한다. : 100,000원 ÷ 0.9 = 111,110(총대가)원

② 국내에 지급하는 일시·우발적 기타소득으로서 필요경비 60%가 있는 소득 지급 : 0.912(=1 − 0.088)로 역산함. : 100,000원 ÷ 0.912 = 109,650원

③ 국내 개인에게 손해배상 지급 시 필요경비 없는 소득 0.78(=1−0.22)로 역산한다. : 100,000원 ÷ 0.78 = 128,200원

④ 국내 독립 자유직업 인에게 사업소득 지급 : 0.967(=1−0.033)로 역산한다. : 100,000원 ÷ 0.967 = 103,410(총대가)원

⑤ 상용근로소득을 역산하는 방법 : 근로소득은 공제대상가족수와 급여에 따라 세율이 달라지며, 부담한 후에는 이를 다시 급여에 포함해야 하는 등 여러 가지 조건이 반복되므로 역산할 수가 없다.

⑥ 일용근로소득을 역산하는 방법 : 0.973(= 1-0.027)로 역산한다.
: 100,000 ÷ 0.973 = 102,775(총대가)원

외부 강사나 아르바이트생에게 지급하는 인건비는 근로소득, 기타소득, 사업소득 중 어느 소득에 해당하나요?

구 분		소득 구분
고용한 내부 임직원(고용관계가 있는 경우)	임금을 일급 또는 시급으로 지급하고, 고용 기간이 3개월(건설공사의 경우 1년) 미만	일 용 근 로 소 득
	임금을 월급으로 지급하거나, 고용 기간이 3개월(1년) 이상	상 용 근 로 소 득
고용 안 한 외부 인적용역(고용관계가 없는 경우)	일시적·우발적으로 인적용역을 제공한 경우	기 타 소 득
	계속적·반복적으로 인적용역을 제공한 경우	사 업 소 득

지급 안 해도 귀속 연도에 원천징수 해야 하는 소득(지급 시기의 의제)

소득세의 원천징수 의무는 소득의 귀속 연도나 수입 시기와 관계없이 현실적으로 소득금액을 지급하는 때에 발생하게 되므로 소득금액의 미지급상태에서는 원칙적으로 원천징수 할 수 없다. 즉 원천징수 의무자는 소득을 지급할 때 원천징수 해서 다음 달 10일까지 신고납부하는 것이 원칙이다.

그러나 원천징수 세액의 적기 확보 등 과세의 편의상 실제로 지급하지 아니한 경우에도 그 소득금액을 지급한 것으로 보아 원천징수 하도록 예외를 두고 있는데, 이를 지급 시기의 의제라고 한다. 즉 지급 시기의 의제란 정상적으로 지급해야 할 시기에 지급하지 않고 미지급상태로 남아 있다 하더라도 일정 기간이 되면 지급한 것으로 보아 원천징수를 하는 것을 말한다.

예를 들어 2024년 12월 귀속 근로소득을 2025년 1월에 지급한 경우 지급일 기준이라면 2025년 소득이 되나, 지급시기의제에 따른 예외로써 2024년 소득으로 봐서 2024년 귀속 연말정산 및 지급명세서를 제출해야 한다.

구 분		지급시기
근로소득	1월부터 11월까지 근로소득을 12월 31일까지 지급하지 않은 경우	12월 31일
	12월분 근로소득을 다음연도 2월 말일까지 지급하지 않은 경우	2월 말일
이자·배당소득	법인이 이익처분 등에 따른 배당·분배금 처분을 결정한 날부터 3개월이 되는 날까지 지급하지 아니한 경우	3개월이 되는 날
	11월 1일부터 12월 31일까지의 사이에 결정된 처분에 따라 다음 연도 2월 말일까지 배당소득을 지급하지 아니한 경우	처분을 결정한 날이 속하는 과세기간의 다음 연도 2월 말일
기타소득	법인세법에 따라 소득 처분되는 배당소득과 기타소득 (법인세 과세표준 결정 또는 경정) (법인세 과세표준 신고)	 소득금액변동통지서를 받은 날 그 신고일 또는 수정 신고일
연말정산 대상 사업소득	1월~11월의 연말정산 사업소득을 12월 31일까지 미지급	12월 31일
	12월분 연말정산 사업소득을 다음 연도 2월 말일까지 미지급	2월 말일
퇴직소득	1월~11월 퇴직자의 퇴직소득을 12월 31일까지 미지급	12월 31일
	12월 퇴직자의 퇴직소득을 다음 연도 2월 말일까지 미지급	2월 말일

인적용역의 제공에 대한 사업소득 귀속시기는 용역대가를 지급받기로 한 날, 용역의 제공을 완료한 날 중 빠른 날이 된다. 즉 지급시기의 의제 규정이 없다.

비영업대금 이자의
세금 공제와 신고 방법

지급자	지급받는 자	원천징수	지방소득세
개인	개인	이자소득세 25%	이자소득세의 10%
	법인	법인세 25%	법인세의 10%
	금융기관 등에 이자 지급	징수하지 않음	징수하지 않음
법인	개인	이자소득세 25%	이자소득세의 10%
	법인	법인세 25%	법인세의 10%
	금융기관 등에 이자 지급	징수하지 않음	징수하지 않음

1 개인이 금전을 차입하고 이자를 지급하는 경우 원천징수

금전의 대여를 사업목적으로 하는 자(대부업자)가 금전을 대여하고 지급받는 이자는 '사업소득'에 해당하며, 원천징수 대상에 해당하지 않는다.

금전의 대여를 사업목적으로 하지 않는 자가 일시적·우발적으로 금전을 대여함에 따라 받는 이자 등은 '이자소득(비영업대금의 이익)'

에 해당하며, 원천징수 대상에 해당한다.

비영업대금의 이익을 지급하는 자는 이자 지급 시 25%(지방세 2.5% 별도)를 원천징수하고, 원천세 신고납부 및 이자소득 지급명세서를 제출한다. 여기서 비영업대금의 이익은 금전의 대여를 사업목적으로 하지 아니하는 자가 일시적·우발적으로 금전을 대여함에 따라 지급받는 이자 또는 수수료 등을 말한다.

원천징수의무자가 비영업대금의 이익을 지급하여 소득세(법인세)를 원천징수할 때 적용하는 세율은 25%다. 다만,「온라인투자연계금융업 및 이용자 보호에 관한 법률」에 따라 금융위원회에 등록한 온라인투자연계금융업자를 통하여 지급받는 이자소득에 대해서는 14%다.

2 직원이 법인으로부터 금전을 차입한 때 법인이 대신 신고

내국법인에 이자소득을 지급하는 자는 법인세를 원천징수한 후 다음 달 10일까지 신고납부해야 하고, 다음연도 2월 말일까지 이자소득 지급명세서를 제출한다. 이 경우 원천징수이행상황신고서의 원천징수의무자란에는 사업자등록번호를 기재하되, 사업자등록번호가 없는 개인은 주민등록번호를 기재하여 제출한다. 단, 직원이 법인에게 원천징수 의무를 위임한 경우 법인이 원천징수의무자가 되어 직원 대신 원천세 신고납부 및 지급명세서를 제출할 수 있다. 대리하는 경우 원천징수이행상황신고서의 작성 방법은 다음과 같다.

구 분	업무처리
법인이 해당 이자의 원천징수의무자로 원천세 신고 및 납부	원천징수이행상황신고서의 원천징수의무자란에는 법인의 인적 사항 기재 후 이자소득을 기재하는 곳에 기재한다.
법인이 지급명세서 제출	징수의무자란에는 법인의 인적 사항을 기재하고 소득자란에도 법인의 인적 사항을 기재한다.

기타소득의 원천징수

1 기타소득의 원천징수와 종합과세

기타소득에 대한 과세 방법

고용관계가 없는 자가 다수 인에게 강연하고 받는 강사료는 기타소득에 해당한다.

기타소득은 다른 소득과 합산해서 과세하는 것이 원칙이다. 하지만, 기타소득금액의 연간 합계액이 300만 원 이하인 경우는 납세자가 원천징수에 의해서 납세의무가 종결되는 분리과세를 택하든지, 다른 소득과 합해서 종합과세를 적용받든지 선택할 수 있다. 기타소득금액이 300만 원을 초과하는 경우는 선택의 여지가 없이 종합과세가 된다.

여기서 기타소득금액이 300만 원이라고 하면, 강연료의 경우 60%를 필요경비로 공제한 금액이므로 실제 강연료로는 750만 원이다. 다만, 실제 소요된 필요경비가 60%를 초과할 경우 실제 소요경비이다.

기타소득금액(300만 원) = 750만 원 − (750만 원 × 60%)

문제는 분리과세가 유리한지 아니면 종합과세가 유리한지를 따져봐야 하는데, 원천징수 세율은 20%이고, 종합소득세율은 최저 6%에서 최고 45%까지 있으므로 자신의 다른 소득금액이 얼마나 되느냐에 따라 달라진다. 기타소득과 근로소득만이 있는 자인 경우, 기타소득금액의 합계액과 연말정산 한 근로소득원천징수영수증 상의 과세표준을 합한 금액(종합소득과세표준)이 5,000만 원 이하인 경우는 종합과세를 적용받으면 세액 일부를 환급받을 수 있다.

이는 종합소득과세표준이 1,400만 원 이하면 6%, 5,000만 원 이하면 15%의 세율이 적용되나 원천징수를 할 때는 20%의 세율을 적용하기 때문이다. 종합소득과세표준이 5,000만 원을 초과하면 24%의 세율이 적용되므로 분리과세를 받는 것이 유리하다.

[기타소득금액이 300만 원 미만인 경우]

기타소득 원천징수로 끝낼까?

종합과세가 유리할까?

과세표준 5,000만 원 기준

- 종합소득 기본세율 24% 적용부터(과세표준 5,000만 원이하) :
→ 분리과세가 유리
- 종합소득 기본세율 24% 이하 적용(과세표준 5,000만 원 초과) :
→ 종합과세가 유리

기타소득과 근로소득 외에 부동산임대소득이 있는 때에는 기타소득 금액 및 부동산임대소득의 합계액과 근로소득원천징수영수증 상의 과세표준을 합한 금액이 5,000만 원을 초과하는지? 여부를 보고 판단하면 된다.

분리과세를 받는 경우는 강사료 등을 받을 때 소득세를 원천징수했으므로 별다른 조치가 필요 없으며, 종합과세를 적용받고자 하는 경우는 다음 해 5월에 종합소득세 확정신고를 하면 된다.

📝 종합과세와 분리과세

복권당첨소득, 승마투표권 등 환급금, 슬롯머신 당첨 금품 등은 무조건 분리과세 한다.

뇌물, 알선수재 및 배임수재에 의해서 받는 금품과 계약의 위약 또는 해약으로 인해서 받는 위약금·배상금(계약금이 위약금·배상금으로 대체되는 경우 한함)은 무조건 종합과세 된다.

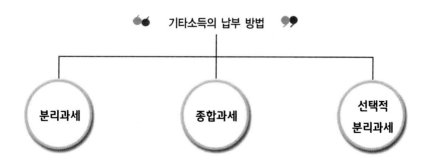

기타소득의 납부 방법

분리과세　　종합과세　　선택적 분리과세

구 분	기타소득	원천징수 세율
무 조 건 분리과세 기타소득	아래의 소득을 지급하는 자가 원천징수 함으로써 납세의무가 종결된다. (단, 가상자산소득은 종합소득세 확정신고 기간에 분리과세 신고·납부한다.) • 복권 당첨금, 승마투표권·승자투표권 등의 구매자가 받는 환급금 • 슬롯머신 등의 당첨 금품 • 가상자산소득(2025년 1월 1일 이후 양도·대여분부터) 및 서화·골동품의 양도로 발생하는 소득	• 일반적인 경우 : 20% • 복권 당첨금, 승마투표권 등 환급금, 슬롯머신 당첨 금품 등 3억 초과분 : 30%
무 조 건 종합과세 기타소득	아래의 기타소득은 반드시 다른 종합소득과 합산하여 종합소득세 신고를 해야 한다. • 뇌물, 알선수재 및 배임수재에 의하여 받는 금품	–
선 택 적 분리과세 기타소득	무조건 분리과세 기타소득과 무조건 종합과세 기타소득을 제외한 기타소득금액이 연간 300만 원 이하이면서 원천징수 된 경우 선택에 따라 종합과세하거나 분리과세한다.	• 일반적인 경우 : 20% • 소기업·소상공인 공제부금 해지 일시금(2018년 1월 1일 이후 해지) : 15%

② 기타소득금액 계산

소득금액은 총수입금액에서 필요경비를 공제해서 계산한다. 사업소득의 경우는 장부와 증빙서류에 의해서 지출 사실이 인정되어야 필요경비로 인정해주지만, 기타소득은 비용이 지출되지 않는 경우가 많으며, 비용이 지출되더라도 증빙을 갖추기 어려운 경우가 대부분이다. 기타소득의 필요경비도 사업소득에 대한 필요경비와 같이 총수입금액을 얻기 위하여 지출한 비용을 인정해주는 것이 원칙이다.

그러나 다음의 경우는 기타소득 지급액의 60%를 필요경비로 인정해주고 있다. 다만, 실제 소요된 필요경비가 60%(서화·골동품의 보유 기간이 10년 이상의 경우는 80%)에 상당하는 금액을 초과하면 그 초과하는 금액도 필요경비로 인정된다.

> **기타소득 원천징수액 = 기타소득 지급액 − 필요경비 = 기타소득금액**
> **= 기타소득금액 × 8.8%(지방소득세 포함)**

① 지급액은 1,000,000원(1,000,000원 × 1회 = 1,000,000원)
② 소득세(80,000원)는 다음과 같이 산정한다.
㉠ 기타소득금액 : 1,000,000원 − 600,000원 = 400,000원
(필요경비 60%가 인정되는 기타소득에 해당)
㉡ 소득세 : 400,000원 × 20% = 80,000원(원천징수 세율 20%를 적용한다)
약식 계산 : (1,000,000원 × 8% = 80,000원)
㉢ 원천징수 할 소득세는 기타소득세의 1회 합계액 80,000원이다.
③ 지방소득세는 8,000원(8,000원×1회) 이다(소득세의 10%를 적용한다).

기타소득금액이 건별 5만 원 이하인 경우에는 소득세
를 납부하지 않는다.

- 기타소득금액 ➡ 지급액 - 필요경비

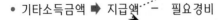
필요경비가 60% 인정되는 경우 지급액이 125,000원까지

> 강연료 125,000원 지급 시 필요경비는 지급금액의 60%에 해당하는 것으로 가정
> 기타소득금액 50,000원 = 125,000원 - 125,000원 × 60%(과세최저한에 해당)

📝 지급금액의 60%를 필요경비로 인정하는 기타소득

⊙ 광업권 · 어업권 · 산업재산권 · 산업정보, 산업상 비밀, 상표권 · 영
   업권, 토사석(土砂石)의 채취 허가에 따른 권리, 지하수의 개발 ·
   이용권, 기타 이와 유사한 자산이나 권리를 양도 또는 대여하고
   받는 금품

⊙ 「전자상거래 등에서 소비자 보호에 관한 법률」에 따라 통신판매
   중개를 하는 자를 통하여 물품 또는 장소를 대여하고 연간 수입
   금액 5백만 원 규모 이하의 사용료로서 받는 금품

⊙ 공익사업과 관련된 지역권 · 지상권을 설정 또는 대여하고 받는
   금품

⊙ 문예 · 학술 · 미술 · 음악 또는 사진에 속하는 창작품에 대한 원작
   자로서 받는 원고료, 인세 등

⊙ 다음의 인적용역을 일시적으로 제공하고 받는 대가

- 고용관계가 없는 자가 다수 인에게 강연하고 받는 강연료 등

- 라디오, 텔레비전방송 등을 통하여 해설·계몽 또는 연기의 심사 등을 하고 받는 보수 등
- 변호사, 공인회계사, 세무사, 건축사, 측량사, 변리사, 그 밖에 전문적 지식 또는 특별한 기능을 가진 자가 그 지식 또는 기능을 활용하여 용역을 제공하고 받는 보수 등
- 그 밖에 고용 관계없이 용역을 제공하고 받는 수당 등

지급금액의 80%를 필요경비로 인정하는 기타소득

- 공익법인이 주무관청의 승인을 얻어 시상하는 상금과 부상
- 다수가 순위 경쟁하는 대회에서 입상자가 받는 상금과 부상
- 계약의 위약 또는 해약으로 인하여 받는 위약금과 배상금 중 주택 입주 지체상금
- 점당 6천만 원 이상인 서화·골동품(국내 생존작가의 작품 제외)을 양도하고 받는 금품(1억 원 이하 또는 10년 이상 보유 후 양도하는 경우는 지급금액의 90%)
- 2천만 원 이하의 종교인 소득[1,600만 원 + (2,000만 원 초과 50%), 2,600만 원 + (4,000만 원 초과 30%), 3,200만 원 + (6,000만 원 초과 20%)]

기타의 경우

지급금액의 60%(80%)를 필요경비로 인정하는 기타소득에 해당하지 않는 기타소득은 수입금액을 얻기 위해서 실제로 지출한 비용을 필

요경비로 한다.

구 분	필 요 경비율	과세최저한 (원천징수 안 함)	기 타 소득세	분리과세 한 도
2018년 4월 이전	80%	250,000원	4.4%	1,500만원
2018년 4월~12월	70%	166,666원	6.6%	1,000만원
2019년 이후	60%	125,000원	8.8%	750만원

[주] 기타소득 수입금액이 125,000원 이하이면 기타소득금액이 5만 원 이하로 소득세 원천징수 대상에 해당하지 않는다. 다만, 이 경우에도 기타소득 지급명세서는 제출해야 한다.

● 기타소득 과세최저한의 건별 적용 범위

기타소득금액(세액공제 받은 연금계좌 납입액과 연금계좌 운용 실적에 따라 증가된 금액을 연금 외 수령한 소득 제외)이 건별로 5만 원 이하인 경우 소득세를 과세하지 않는다.

과세최저한 기준의 건별은 기타소득의 발생 근거, 지급 사유 등을 고려하여 거래별로 판단한다.

● 기타소득 과세최저한의 경우 원천징수이행상황신고 및 지급명세서

과세최저한으로 소득세가 과세되지 않은 소득을 지급할 때는 원천징수를 하지 않는 것이나, 원천징수이행상황신고서는 원천징수하여 납부할 세액이 없는 자에 대한 것도 포함하여 신고한다. 원천징수이행상황신고서 상에 인원과 총지급액만 기재하면 된다.

과세최저한으로 소득세가 과세되지 않은 기타소득은 지급명세서 제출 의무가 면제되나, 「소득세법」 제21조 제1항 제15호(일시적 문예창작소득) 및 제19호(일시적 인적용역소득)의 기타소득은 지급명세서 제출 의무가 면제되지 않는다.

위의 두 가지 사항에 해당하지 않는 이상 지급명세서 제출 의무는 없다.

사업소득의 원천징수

1 원천징수 대상 사업소득

- ⊙ 저술 · 서화 · 도안 · 조각 · 작곡 · 음악 · 무용 · 만화 · 삽화 · 만담 · 배우 · 성우 · 가수와 이와 유사한 용역
- ⊙ 연예에 관한 감독 · 각색 · 연출 · 촬영 · 녹음 · 장치 · 조명과 이와 유사한 용역
- ⊙ 건축감독 · 학술용역과 이와 유사한 용역
- ⊙ 음악 · 재단 · 무용(사교 무용 포함) · 요리 · 바둑의 교수와 이와 유사한 용역
- ⊙ 직업운동가 · 기수 · 운동지도가(심판을 포함) 또는 이와 유사한 용역
- ⊙ 보험가입자의 모집, 저축의 장려 등을 권유하고 실적에 따라 보험회사 또는 금융회사로부터 모집수당 · 장려수당 또는 이와 유사한 성질의 대가를 받는 용역과 서적 · 음반 등의 외판원이 판매실적에 따라 대가를 받는 용역

② 원천징수의무자

⊙ 사업소득 지급 시 원천징수의무자는 법인 전체와 개인사업자(이들의 대리인이나 위임을 받은 자 포함)가 해당한다.

⊙ 법인에는 법인세 납세의무자. 국가·지방자치단체·지방자치단체조합, 비영리법인, 국세기본법의 규정에 의하여 법인으로 보는 단체가 해당한다.

⊙ 사업소득을 부서 단위에서 지급하는 경우 원천징수의무자는 부서별 사업소득 지급 내역을 합산해서 원천징수이행상황신고서를 작성해야 한다.

③ 원천징수 세율

지급금액의 3%(봉사료는 지급금액의 5%)

[간편 계산] 지급액 × 3.3%(지방소득세 포함)

❶ 지급액은 3,000,000원

❷ 소득세(90,000원)는 다음과 같이 산정한다.

지급액 3,000,000원 × 3% = 90,000원

❸ 원천징수 할 소득세는 90,000원이다.

❹ 지방소득세는 9,000원이다(소득세의 10%를 적용).

사업소득과 기타소득의 구분

소득 종류에 따라 소득금액을 계산하는 구조가 다르고, 신고 및 납부 절차도 다르므로 소득을 정확하게 구분하는 것은 매우 중요하다. 일시적으로 용역을 제공하고 대가를 받으면 이는 기타소득에 해당하며, 근로계약에 의하여 정기적으로 일정한 과목을 담당하고 강사료를 받으면 이는 근로소득에 해당한다.

최근 탤런트나 영화배우가 CF에 출연하고 받은 대가가 사업소득(인적용역 소득)에 해당하는지 기타소득에 해당하는지가 문제가 된 적이 있는데, 대법원에서는 탤런트 등의 CF 출연은 일시적인 것이 아니라 직업적인 것으로 보아 사업소득이라고 판결한 바 있다.

사업소득에 해당하는지 기타소득에 해당하는지를 다투는 이유는 필요경비로 인정하는 범위가 서로 달라 세금 부담의 차이가 크기 때문이다.

사업소득과 기타소득 구분기준은 "계속적·반복적" 여부이며, 소득귀속자의 상태에 따라 달라지는 것으로 수차례, 수개월 또는 다수연도에 걸쳐 반복적으로 인적용역을 제공하거나 직업으로 하는 경우는 사업소득으로 구분하는 것이 실무상 편리하다.

가령 1~2개월 단기간에 인적용역을 제공했더라도 사업성을 띠고 반복적으로 제공하는 경우는 소득자의 의사에 따라 사업소득으로 구분하고, 한두 번 우연한 기회에 영리 목적 없이 제공하는 인적용역은 기타소득으로 구분한다.

사업소득과 기타소득의 구분이 모호하여 원천징수의무자가 기타소득으로 원천징수 하였더라도 해당 소득이 사업소득인 경우, 소득자는 종합소득세 확정신고 시 기타소득을 사업소득으로 신고해야 사후에 불이익을 받지 않는다.

❶ 독립성
사업자등록 여부에 불문하고 사업과 관련하여 다른 사업자에게 종속 또는 고용되지 않고 대외적으로 독립하여 자기계산과 자기책임 하에 사업을 영위하는 것을 말한다.
❷ 계속 · 반복성
동종의 행위를 계속적 · 반복적으로 하는 것을 말한다. 애초에 계속적 · 반복적인 의사가 있었던 경우에도 사업소득으로 보는 것이다.
❸ 영리 목적성
경제적 이익을 얻기 위한 직업적 의도를 가지고 행하는 것을 의미한다.

근로소득세의 계산흐름도

∨

● 계산 산식

총 급 여 액

(−) 비 과 세 소 득

(−) 근 로 소 득 공 제

근 로 소 득 급 액

(−) 각 종 소 득 공 제

과 세 표 준	× 세 율

산 출 세 액

(−) 세 액 공 제

납 부 할 세 액

● 근로소득공제(2,000만 원 한도)

- 500만 원 이하 총급여의 70%
- 500만 원 초과~1,500만 원 이하 : 350만 원 + 500만 원 초과 금액의 40%
- 1,500만 원 초과~4,500만 원 이하 : 750만 원 + 1,500만 원 초과 금액의 15%
- 4,500만 원 초과~1억 원 이하 : 1,200만 원 + 4,500만 원 초과 금액의 5%
- 1억 원 초과 : 1,475만 원 + 1억 원 초과 금액의 2%
- 일용근로자 1일당 15만 원

일 용 근 로 자	일당 15만 원

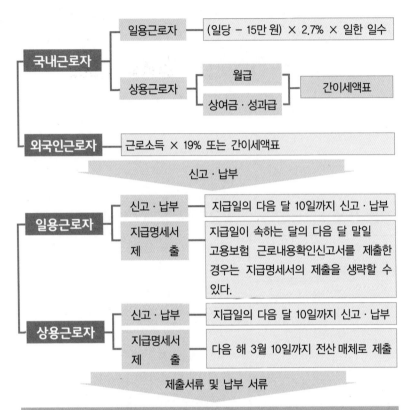

세법에서는 근로자를 상용근로자와 일용근로자로 구분한다.

이중 상용근로자는 급여를 지급할 때 매달 간이세액표에 의한 원천징수를 한 후 다음 연도 2월 말에 연말정산을 통해 세금을 정산한다.

반면, 일용근로자는 일당에서 15만 원을 차감한 금액의 2.7%를 원천징수한 후 납부하며, 상용근로자와 같은 연말정산 제도가 없다.

세법에 의한 근로자별 원천징수

상용근로자	일용근로자
간이세액표에 의해 원천징수	(일당 - 15만원) × 2.7% × 일수

구 분	일용근로자	상용근로자
개 념	특정 고용주에게 계속하여 고용되어 있지 아니하고, 일급 또는 시간급 등으로 받는 급여	특정 고용주에게 계속해서 고용되어 지급받는 급여
특 징	1일 또는 시간으로 급여를 계산해서 지급받는 근로자로 동일 고용주에게 3개월(건설공사는 1년) 이상 계속 고용되어 있지 않은 근로자	근로계약상 근로 제공에 대한 시간 또는 일수나 그 성과에 의하지 않고 월정액에 의해 급여를 지급받는 경우
연말정산	연말정산 대상에 해당하지 않고 지급 시 원천징수로 납세의무 종료	연말정산 대상

일용근로자 세금 공제와 신고 방법

① 세법에서 말하는 일용근로자

일용근로자는 근로계약을 1일 단위로 체결하고, 계속 고용이 보장되지 않는 근로자로서(일당, 시간제, 아르바이트 등) 동일 고용주에게 3월(건설업종 1년) 이상 계속 고용되지 않는 근로자를 말한다.

법에서 근로계약에 따라 동일한 고용주에게 3월(건설노무자는 1년) 이상 계속 고용되어 있지 않은 자를 일용근로자로 규정하고 있으므로, 3월(또는 1년) 이상 계속 동일한 고용주에게 고용된 경우, 계속 고용으로 3월(또는 1년)이 되는 날이 속하는 월부터 상용근로자로 보아 근로소득 간이세액표를 적용해서 원천징수를 한다.

당초 근무 계약 시 3월 이상 근무할 조건으로 취업하였으나, 3월 미만 근무 후에 퇴직한 경우에도 상용근로자로 분류하여 급여 지급 시 근로소득 간이세액표를 적용해서 원천징수를 한다.

일용근로 여부를 판단 시 3월 이상 근무란 매일 근로를 제공하지 않더라도 월 단위로 근로 월수를 판단한다.

구 분	내 용
상용근로소득	• 일정한 고용주에게 계속해서 고용되어 지급받는 급여 • 근로계약상 근로 제공에 대한 시간 또는 일수나 그 성과에 의하지 않고 월정액에 의하여 급여를 지급받는 경우에는 그 고용기간에 불구하고 상용근로자의 근로소득이다.
일용근로소득	일용근로자란 근로를 제공한 날 또는 시간에 따라 근로대가를 계산하거나, 근로를 제공한 날 또는 시간의 근로 성과에 따라 급여를 계산해서 받는 사람을 말한다. ① 건설공사에 종사하는 자로서 다음의 자를 제외한 자 가. 동일한 고용주에게 계속하여 1년 이상 고용된 자 나. 다음의 업무에 종사하기 위하여 통상 동일한 고용주에게 계속하여 고용되는 자 (1) 작업준비를 하고 노무에 종사하는 자를 직접 지휘·감독하는 업무 (2) 작업 현장에서 필요한 기술적인 업무, 사무, 타자, 취사, 경비 등의 업무 (3) 건설기계의 운전 또는 정비업무 ② 하역작업에 종사하는 자(항만 근로자를 포함한다)로서 다음의 자를 제외한 자 가. 통상 근로를 제공한 날에 근로 대가를 받지 아니하고 정기적으로 근로 대가를 받는 자 나. 다음의 업무에 종사하기 위하여 통상 동일한 고용주에게 계속하여 고용되는 자 (1) 작업준비를 하고 노무에 종사하는 자를 직접 지휘·감독하는 업무 (2) 주된 기계의 운전 또는 정비업무 (3) (1) 또는 (2)외의 업무에 종사하는 자로서 근로계약에 따라 동일한 고용주에게 3월 이상 계속해서 고용되어 있지 아니한 자

② 일용근로자 비과세소득

보통의 상용근로자처럼 비과세되는 소득이 있는지 알아두어야 한다. 소득세법에서는 제12조에서 비과세 되는 소득을 규정하고 있는데 근로소득 중 비과세 되는 대표적인 항목으로는 생산직 근무자의 야근수당이 있다.

생산직 근무자가 월정액 급여(210만 원)와 직전연도 총급여(3,000만 원 이하) 요건을 충족하는 경우 연간 240만 원의 비과세 한도를 적용받는데 이때 생산직 일용근로자 월정액급여 요건이라든가 직전 연도 총급여액 요건을 따지지 않고 야근수당이 240만 원을 초과하더라도 전액을 비과세한다. 단, 건설현장은 해당하지 않으므로 과세된다.

참고로, 일용근로자가 3개월 이상 근로로 상용근로자가 된 경우 비과세는 상용근로자로 보아 적용하는 것이지, 일용근로기간 따로, 상용근로기간 따로 계산하는 것이 아니다.

③ 소득공제금액에 대해서 체크한다.

일용근로자의 경우 매일 받는 급여에서 15만 원을 소득공제 한다.

④ 근로소득세액공제 금액에 대해서 체크한다.

받은 일급여에서 근로소득공제 15만 원을 공제하고 난 후의 금액에 기본세율 중 최저세율인 6%를 적용 후 산출된 세액의 55%를 근로소득세액공제로 공제하고 공제 후 금액을 원천징수 한다.

원천징수 할 소득세의 계산 방법은 다음과 같다.

● 산출세액 = {(일급여액 - 비과세소득) - 근로소득공제(일 15만 원)} x 6%
● 원천징수 할 세액 = 산출세액 - (산출세액 x 55%)
[간편 계산] (일 급여액 - 15만 원) × 2.7%(지방소득세 포함)

---

⑤ 소액부징수 규정에 대해 알아두어야 한다.

소득 지급 시 원천징수 할 세액이 1,000원 미만인 경우는 소액부징수 규정을 적용하여 원천징수 하지 않고 전액을 지급한다. 즉, 일당을 187,000원 주는 경우 (일당 - 15만 원) × 2.7%에 따라 999원이 나와 소액부징수로 세금을 내지 않는다.

그러나 여기서 주의할 사항은 일당을 매일매일 지급하는 경우 적용되는 것으로 주, 월 단위로 일당을 지급하는 경우 총액을 기준으로 소액부징수를 판단해야 한다는 점이다.

예를 들어 187,000원을 매일 주는 경우 소액부징수를 적용받지만 1주일분을 한꺼번에 지급하는 경우 999원 × 7일 = 6,993원으로 소액부징수에 해당하지 않는다.

1. 일당 150,000원 이하는 소득세가 발생하지 않는다.
15만 원 - 15만 원 = 0원이므로 소득세 미발생

2. 일당 150,000원 이하는 소득세가 발생하지 않는다.

하루 단위로 주든 몰아서 주든 15만 원 - 15만 원 = 0원이므로 0원에 1일을 곱하나 30일을 곱하나 어차피 0원이다.

3. 일당 150,000원 이상 187,000원 이하까지는 매일 지급하는 경우 소득세가 발생하지 않는다.

(187,000원 - 15만 원) × 2.7% = 999원

건당 1,000원 미만으로 납부할 세엑이 없다.

4. 15만 원 이상 187,000원 이하 금액을 일당이 아닌 한 달에 몰아서 받을 경우, 150,000원 이하 일당과 달리 소득세가 누적되어 계산되어 소득세가 발생한다.

(187,000원 - 15만 원) × 2.7% = 999원

999원 × 30일 = 29,970원

건당 1,000원을 넘으므로 29,970원을 납부해야 한다.

⑥ 매월 다음 달 말일까지 지급명세서를 제출

이자소득, 배당소득, 사업소득, 근로소득, 연금소득, 기타소득 등과 달리 일용근로소득지급명세서는 제출시기가 특이하다.

지급일이 속하는 달의 다음 달 말일까지 제출해야 한다. 즉 3월 지급분은 4월 말일까지 6월 지급분은 7월 말일까지 제출해야 한다. 단, 매달 고용보험에 따라 일용근로자 근로내용확인신고서를 제출하는 경우는 지급명세서의 제출을 안 해도 된다.

7 세법과 4대 보험 일용근로자는 다르다.

4대 보험 적용 시 일용근로자와 세법 적용 일용근로자는 다르다는 점을 알아야 한다.

간혹 세법상 규정인 3개월 미만 일용근로자 규정을 4대 보험에도 적용해 3개월 미만 근로 시 일용근로자로 생각하는 때도 있는데, 4대 보험 미적용을 위한 일용근로자는 1개월간 8일 미만 근로(1개월간 60시간 미만 근로자는 단시간근로자)하는 경우를 생각하면 된다.

8 거짓으로 일용근로자를 신고하지 마라

일용근로자의 세금 문제와 관련해 문제가 되는 것은 세금을 줄이기 위해 일하지 않은 일용근로자를 일한 것으로 해 비용처리를 하는 경우이다. 이는 전산이 발달하지 않았던 오래전 수법으로 요즘은 누구나 너무 많이 써먹는 수법이라 걸릴 확률이 높다.

9 일용근로자는 연말정산을 하지 않는다.

3개월 미만의 일용근로자는 원천징수로 모든 세금의무가 끝나고, 연말정산을 하지 않는다. 다만, 상용근로자가 되는 경우는 일용근로자일 때 소득과 합산해 연말정산을 한다.

구 분	해 설
일용근로자 신고 및 납부 의무사항	• 일용근로자 4대 보험 가입 및 근로내용확인신고서 제출 근무 다음 달 15일까지 제출한다. • 지급명세서 제출 : 지급일의 다음 달 말일 제출한다(매달 말일 제출). 매월 15일까지 「근로내용확인신고서」를 제출하는 경우 지급명세서의 제출을 생략할 수 있다. 미제출 · 불분명 제출 등은 0.25%, 지연제출은 0.125% 가산세가 부과된다. 미제출은 법정기한까지 제출하지 않은 경우를 말하며, 불분명 제출은 지급자 또는 소득자의 주소 · 성명 · 납세번호 · 고유번호(주민등록번호) · 사업자등록번호, 소득의 종류 · 지급액 등을 적지 않았거나 잘못 적어 지급 사실을 확인할 수 없는 경우다. 지연제출은 제출기한이 경과된 후 1개월 이내 제출한 경우를 말한다. • 원천세 신고/납부 : 급여를 지급한 달의 익월 10일까지 신고납부를 한다. 원천징수이행상황신고서 작성 방법은 다음과 같다. ❶ 납부세액이 있는 경우 원천징수이행상황신고서 일용근로자란에 작성해서 제출하고 납부세액은 금융기관에 납부 ❷ 납부세액이 없는 경우 원천징수이행상황신고서 일용근로자 〉 총급여액란만 작성해서 제출
증빙 관리 — 적격증빙	원천징수영수증(지급명세서), 원천징수이행상황신고서
증빙 관리 — 내부증빙	일용근로자 임금(노임)대장, 주민등록등본(또는 주민등록증 사본), 계좌이체 내역 등

상용근로자 세금 공제와 신고 방법

1 ─ 세법에서 말하는 상용근로자

세법에서는 근로자는 일용근로자와 상용근로자로 구분한다. 이 중 앞서 설명한 동일한 고용주에게 3월(건설업은 1년) 이상 계속해서 고용되어 있는 자를 상용근로자로 본다.

2 ─ 상용근로자 비과세급여

급여에는 포함되나 세금을 내지 않아도 되는 비과세급여의 종류는 다음과 같다. 비과세급여는 4대 보험 계산을 할 때도 차감된다.

⊙ 식사·기타 음식물을 받지 아니하는 근로자가 받는 월 20만 원 이하 식대

⊙ 중소기업 또는 벤처기업의 기업부설연구소와 연구개발 전담부서에서 연구 활동에 직접 종사하는 자가 지급받는 연구활동비 중 월 20만 원 이내의 금액은 실비변상적 급여

⊘ 일직료·숙직료 또는 여비로서 실비변상 정도의 금액 : 종업원이 출퇴근을 위하여 차량을 제공받는 경우 운임에 상응하는 금액은 근로소득에서 제외되는 것이나 차량 제공 대신 단지 종업원의 출·퇴근 편의를 위하여 지급하는 교통보조금은 근로소득에 해당함(서면 1팀-293, 2008.3.6.).

⊘ 자가운전보조금액 중 월 20만 원 이내의 금액

⊘ 생산직에 종사하는 직전 연도 수입금액이 3,000만 원 이하이면서 월정액 급여 210만 원 이하인 근로자가 연장시간 근로·야간근로 또는 휴일근로로 인하여 받는 급여(연 240만 원 한도, 일용근로자 전액)

⊘ 선원이 받는 월 20만 원 이내의 승선 수당과 광산근로자가 받는 입갱 수당 또는 발파수당

⊘ 북한지역에서 근로를 제공하고 받은 급여 중 월 100만 원(원양어업 선박 또는 국외 등을 항행하는 선박이나 항공기, 국외 건설현장(감리업무 포함)에서 근로를 제공하고 받는 보수는 월 500만 원) 이내의 금액

⊘ 근로자 또는 배우자의 출산, 6세 이하 자녀의 보육 관련하여 사용자로부터 받는 월 20만 원 이내 금액

⊘ 벽지에 근무함으로써 받는 월 20만 원 이내의 벽지 수당

⊘ 국민건강보험법 등에 따라 국가·지방자치단체 또는 사용자가 부담하는 부담금

⊘ 병원, 실험실, 금융회사 등, 공장, 광산에서 근무하는 사람 또는 특수한 작업이나 역무에 종사하는 자가 받는 작업복이나 그 직장에서만 착용하는 피복은 실비변상적 급여

- 고용보험법에 따라 근로자가 받는 출산휴가급여는 비과세소득에 해당하며, 사업주가 근로자에게 미리 지급하고 대위신청한 것을 포함한다.

- 고용보험법에 따라 받는 육아휴직급여, 육아기 근로시간 단축 급여 및 출산휴가급여, 국가공무원법 및 지방공무원법에 따른 공무원 또는 사립학교교직원연금법 및 별정우체국법의 적용을 받는 자가 관련 법령에 따라 받는 육아휴직수당은 비과세소득에 해당한다. 반면, 근로기준법에 따라 임산부의 보호 휴가 기간 중 사용자가 지급하는 출산휴가급여는 과세대상 근로소득에 해당한다.

- 고용보험법에 따라 근로자가 지급받는 배우자 출산휴가 급여는 비과세

- 산업재해보상법에 따라 수급권자가 받는 요양급여 · 휴업급여 · 장해급여 · 간병급여 · 유족급여 · 유족특별급여 · 장해특별급여 · 장의비는 비과세한다.

- 근로기준법 또는 선원법에 따라 근로자 · 선원 및 그 유족이 받는 요양보상금 · 휴업보상금 · 상병보상금 · 일시보상금 · 장해보상금 · 유족보상금 · 행방불명보상금 · 소지품유실보상금 · 장의비 및 장제비는 비과세한다.

- 근로의 제공으로 인한 부상 · 질병 · 사망과 관련하여 근로자나 그 유족이 받는 배상금 · 보상금 · 위자료 등은 비과세한다.

- 중소기업의 종업원이 주택의 구입, 임차금을 대여받음으로써 얻는 이익은 근로소득 비과세한다.

⊘ 주주 또는 출자자가 아닌 임원, 소액주주인 임원, 임원이 아닌 종
   업원(비영리법인 또는 개인의 종업원을 포함함), 국가 또는 지방
   자치단체로부터 근로소득을 지급받은 자가 사택을 제공받음으로
   써 얻는 이익은 근로소득을 비과세한다.

⊘ 방송, 뉴스통신, 신문을 경영하는 언론기업 및 방송채널사용사업
   에 종사하는 기자가 취재 활동과 관련하여 받는 취재수당 중 월
   20만 원 내의 금액은 실비변상적 급여

⊘ 근로자별로 1인당 월 20만 원 한도 내에서 지급받는 출산보육수
   당은 비과세한다. 각 회사의 보육수당 합계금액 중 월 20만 원
   이내의 금액에 대해서만 비과세한다.

③ 상용근로자는 간이세액표에 따라 공제

상용근로자는 월급에서 비과세급여를 차감한 후 간이세액표에 따라
근로소득세를 공제한 후 납부한다.

공제 금액은 계산된 금액에서 80%, 100%, 120%를 근로자가 선택
해서 적용한다. 80%를 선택하면 연말정산 때 납부하는 금액이 늘어
날 것이고, 120%를 선택해서 납부하면 연말정산 때 납부할 금액이
조금이라도 줄어들 것이다.

간이세액표의 적용 방법을 살펴보면 다음과 같다.

❶ 월급여와 전체 공제 대상 가족 수(본인 포함)에 해당하는 조견표
상 금액을 구한다.

❷ 전체 공제대상 가족 중 8세 이상 20세 이하 자녀가 있는 경우 인원수에 따라 ❶에서 산정된 금액에서 차감한다. 다만, 공제한 금액이 음수인 경우의 세액은 0원으로 한다.

가. 8세 이상 20세 이하 자녀가 1명인 경우 : 12,500원

나. 8세 이상 20세 이하 자녀가 2명인 경우 : 29,160원

다. 8세 이상 20세 이하 자녀가 3명 이상인 경우 : 29,160원 + 2명 초과 자녀 1명당 25,000원

월 급여 3,500,000(비과세 및 자녀 학자금 지원금액 제외)원
부양가족의 수 : 본인 포함 4명(8세 이상 20세 이하 자녀 2명 포함)

해설

1. 공제대상가족의 수 : 4명(49,340원)(8세 이상 20세 이하 자녀 2명 미반영 후 적용)
2. 원천징수 세액 = 49,340원 − 29,160원(8세 이상 20세 이하 자녀 2명) = 20,180원

월급여(천원) [비과세 및 학자금 제외]		공제대상가족의 수					
이상	미만	1	2	3	4	5	6
3,500	3,520	127,220	102,220	62,460	49,340	37,630	32,380

4 간이지급명세서 및 지급명세서를 제출

구 분	소득 지급 시기	제출기한	가산세 50% 경감 기한
근로 · 퇴직 · 사업	1월~12월	다음연도 3월 10일	다음연도 6월 10일

구 분	소득 지급 시기	제출기한	가산세 50% 경감 기한
간이지급명세서(근로소득)	1월~6월	7월 말일	10월 말일
	7월~ 12월	다음연도 1월 말일	다음연도 4월 말일

1. 12월 근로소득을 12월 말일까지 지급하지 않고 다음연도 1월에 지급했다면, 아래와 같이 처리한다.

- 하반기분 간이 지급명세서의 12월 지급분(12월 귀속분)에 포함하여 제출
- 다음연도 상반기분 제출 시 12월 귀속분은 제외하고 제출

2. 6월 30일(상반기)에 퇴사했는데 6월 근무에 대한 근로소득을 7월 10일(하반기)에 지급했다면 아래와 같이 처리한다.

- 소득자 인적 사항과 근로소득 내용을 하반기 간이 지급명세서에 포함하여 제출
- 근무 기간은 지급일인 7월 15일 – 7월 15일로 기재

5 거짓으로 급여 신고하지 마라

배우자가 가족이 사장의 회사에서 근무하고 급여를 지급하는 경우 해당 배우자 또는 가족도 일반근로자(가족이 아닌 종업원)와 동일하게 급여에 대한 원천징수 후 신고 및 납부를 하면 된다. 또한, 사장 입장에서는 가족 급여라도 해당 급여가 나중에 종합소득세(법인세) 신고 및 납부 시 필요경비로 인정되어서 세금을 줄여주는 역할을 한다. 다만, 주의해야 할 사항은 배우자나 가족이라고 해서 동일한 직급이나 업무를 하는 다른 직원과 차별적으로 급여를 주어서는 안 된다. 즉, 동일한 업무를 하는 경우 가족이라고 더 주는 것이 아니라 제3자인 종업원에게 주는 급여와 같아야 한다는 점이다.

결과적으로 가족이라도 남에게 급여를 지급하는 것과 같이 지급해야 한다는 의미다.

가족 인건비를 계상하면 사장인 가족은 비용이 늘어 실질적인 과세소득이 줄어들고, 해당 비용으로 사용한 만큼 수익이 분산되기 때문에 세금이 절약된다.

많은 사업주가 가족 인건비를 비용 처리하여 세금을 줄여보려고 시도를 해보다가 4대 보험 납부액 발생과 장부기장의 번거로움 때문에 포기하는 경우가 많다.

이러한 번거로움과 비용 때문에 실제 근무하는 가족에게 지급하는 인건비에 대해서 경비처리를 하지 않는다면, 종합소득세 신고 시 세금을 줄일 수 있는 가장 명백한 사업상 비용인 인건비를 포기하는 것이다.

특히 배우자가 사업장에 나와서 일하고 매달 사업주에게 생활비를 받는 경우가 많은데, 많은 사업 주들이 이것을 인건비로 미처 생각하지 못한다. 물론 반대로 일하지도 않는 가족에 대한 인건비를 계상해 탈세하는 예도 있는데, 이는 세무조사 시 중점 검증 대상이다.

실제로 배우자가 사업장에서 일하는 경우 장부에 기장하여 인건비로 비용 처리해 세금을 조금이라도 줄이기를 바란다.

물론, 개인사업자가 혼자서 매달 급여 신고와 4대 보험 처리, 장부기장, 각종 서류까지 챙기는 일을 하는 것이 어려운 일임을 알지만, 본인이 챙기지 않으면 세금은 줄어들지 않는다.

사업자의 부양가족이나 배우자가 해당 사업 관련 일에 종사하고 급여를 지급하는 경우 종업원으로 인정해주며, 필요경비산입(비용으로 인정)이 되어 절세에 도움을 받을 수 있다.

하지만 정상적으로 고용되어 관련 업무를 하고 있다는 증명으로, 근로소득에 대한 세금을 원천징수 해야 하고, 4대 보험료를 납부한다. 즉, 정상적인 다른 종업원들과 똑같은 처리를 해주어야 한다.

급여 수준에 정당성이 있어야 한다.

최소한 너무 적은 급여를 주거나 비용을 많이 올리려는 목적의 과도한 급여는 문제가 될 수 있다. 즉 같은 일을 하는 다른 직원보다 많은 급여를 주는 경우 문제가 발생할 수 있다.

⊚ 인건비 신고 내역과 일치하는지 확인할 수 있도록 근로자 명의 통장에 계좌이체 해서 지급한다.

⊚ 인건비 신고는 제대로 했어도 실제로 근로하지 않는 사람에게 급여를 지급한다면, 세금을 줄이기 위해 가짜 경비를 반영하는 탈세 행위에 해당한다.

⊚ 근로계약서, 근무일지, 근로소득원천징수영수증, 급여 계좌이체 내역, 4대 보험 가입 내역 및 보험료 납부내역 등 가족의 실제 근무 사실을 입증할 수 있는 서류 구비

⊚ 가족이 아닌 다른 직원과 동일하게 원천세와 지급명세서를 기한에 맞춰 제출한다.

⊚ 가족 월급도 타 직원들과 기준을 맞추어 지급한다.

⊚ 세금을 덜 내기 위해 '유령직원'을 등록하면 세금폭탄을 맞게 된다.

6. 상용근로자는 연말정산을 한다.

급여에 대한 세금은 매월 월급을 줄 때 그 소속기관이나 사업자(원천징수 의무자)가 우선 간이세액표에 의해 원천징수하고 다음 해 2월분 월급을 줄 때 1년분의 정확한 세금을 정산하게 된다. 이를 연말정산이라고 한다.

근로자가 본인의 부담 수준에 맞게 원천징수 세액을 간이세액표의 80%, 100%, 120%로 선택이 가능하다.

급여 이외에 다른 소득이 없으면 연말정산으로 납세의무가 종결되고, 다른 소득이 있으면 연말정산을 한 후 다른 소득과 근로소득을 합산하여 다음 해 5월에 종합소득세 확정신고를 하고 세금을 납부한다.

참고로 3.3% 근로자는 연말정산을 하지 않고 무조건 종합소득세를 신고납부한다.

3.3% 프리랜서
세금 공제와 신고 방법

근로자를 채용하면서 3.3% 근로계약을 하는 것은 불법이다. 물론 실질적인 프리랜서에게 3.3% 계약을 하는 것은 합법이다.

직원(아르바이트 포함)을 대상으로 3.3% 프리랜서 계약을 하는 것은 순전히 4대 보험 사업주 부담분을 회피하기 위한 경우며, 다른 하나의 이유는 근로자의 요구가 있는 경우다.

하지만 요즘 현실을 고려하면 둘 다 사업주에게 절대적으로 분리한 계약이다.

노사 간 3.3% 계약은 노사 간 절대적인 신뢰와 믿음이 있어야만 문제없이 넘어간다.

하지만 얼마 전 자영업 커뮤니티에 매장이 장사가 안되어 폐업하는 상황에서 평소에 직원과 사이도 좋았고 회식 후 기분 좋게 헤어졌는데, 얼마 후 해고예고수당을 지급하지 않았다는 이유로 임금체불을 노동청에 신고한 사례가 올라왔다.

이같이 비록 노사 간 3.3% 근로계약을 했어도 일반근로자와 동일하게 수당, 퇴직금 등 금전적 보상을 정확하게 해주지 않으면 해당 직원이 노동청에 신고하게 되고, 그럴 경우 아끼려던 4대 보험 부담분

뿐만 아니라 직원부담분까지 3년 치를 내야 하는 불상사가 발생한다. 결국은 3.3% 계약은 언제 문제가 발생해도 이상하지 않은 불편한 동거를 하는 것이다.

사장님은 3.3% 근로계약으로 모든 수당과 퇴직금도 안 줘도 되고, 4대 보험도 안 들어 줘도 된다고 안심하고 살겠지만 결국 나중에 목돈으로 줘야 하고, 과태료까지 부담할 수 있다.

요즘 MZ세대의 행동으로 봤을 때는 그 확률은 더욱 올라간다.

결국은 3.3% 계약은 안 터지면 이익, 터지면 폭탄이 된다. 따라서 폭탄을 줄이기 위해서는 3.3% 계약이라도 직원과 동일하게 각종 수당과 퇴직금을 줘야 한다.

물론 4대 보험도 해당 근로자가 실업급여를 타려고 하면 폭탄이 터지게 되어있다. 즉 실업급여를 타려고 하는데 3.3% 계약으로 못 타게 된다면 이를 신고하게 될 것이고 실제로 근로자였음이 입증되면, 역시 최대 3년 치의 4대 보험료를 내야 한다.

현재 잠깐 이익으로 미래 위험을 감수할 것인지? 여부를 신중히 생각해 봐야 한다.

① 3.3% 근로자의 세금 업무처리

3.3% 소득자는 이론상으로 프리랜서를 지칭한다.

세법상 사업소득자이다. 따라서 3.3% 근로자는 없다.

세법상 사업소득자는 소득을 지급할 때 3.3% 원천징수를 한 후 지급하고, 근로소득자는 간이세액표에 따라 원천징수한다.

그럼 3.3% 근로자는 무엇인가?

회사에서는 근로자로 채용해야 하는데, 4대 보험 문제 등 여러 가지 부담으로 인해 프리랜서 형태로 고용하는 것을 의미한다. 즉 실질은 근로자이지만 형식은 사업자(프리랜서) 형태를 취함으로써 세금도 형식에 따라 3.3% 원천징수 한다. 실질은 근로자, 형식은 사업자 형태로 고용된 직원을 일컬어 3.3% 근로자라고 한다.

모든 법은 형식보다는 실질이 원칙이므로 이는 당연히 불법이다. 하지만 직원은 이를 모르고 입사하는 경우가 많다. 4대 보험을 급여에서 차감하지 않으므로 이익이라고 말하는 사장과 당연히 이익이라고 생각하는 근로자도 있다.

이러한 3.3% 근로자는 프리랜서이므로 매월 급여 신고를 안 하는 대신 5월에 종합소득세 신고납부를 해야 한다.

전 직장에서 근로자였던 때는 5월에 근로소득 + 사업소득을 합산해 종합소득세 신고납부를 한다.

 일반 근로계약과 3.3% 근로계약의 차이

 4대 보험 가입계약(일반 근로계약)

4대 보험 가입은 고용계약이며 회사의 직원으로서 권리와 의무가 있기에 근로기준법에 준하여 근무하면서 권리와 의무를 지는 것이다.

📝 3.3% 계약

3.3%의 사업소득세를 회사가 공제하는 경우 해당 계약은 근로계약이 아니라 사업자 간의 용역 서비스 공급계약으로 보면 된다. 따라서 회사 측에서는 4대 보험 가입 의무도 없으며 업무상 발생한 재해나 상해 등 모든 것은 사업자로서 계약한 당사자(근로자 본인)가 책임진다. 이 계약은 자영업자와 같이 자신이 하나의 업체일 뿐이고 4대 보험 역시 본인이 가입해서 소득액에서 납부한다. 물론 근로기준법 등 노동법의 보호도 받지 못한다.

사실상 직원 채용 공고를 내면서 직접 면접을 본 경우 두루 뭉실하게 이런 선택을 제시한다면 불법적인 계약을 원하는 회사라고 보면 된다.

실제 직원으로 채용하는 것이 아니기에 사실 직원과 근로계약이 아닌 기업의 협력업체로서 용역계약서를 작성하고, 회사가 근로자에게 당연히 부담해야 할 4대 보험 등 각종 비용을 근로자가 직접 부담할 수도 있다. 또한 언제든지 계약 해지도 가능하다.

법을 잘 모르는 사회초년생이나, 사회적 약자들이 주로 이런 꼼수에 당한다. 3.3% 계약서에 서명하는 순간, 하나하나 지시에 따라야 하는 노동자 신분인데도, 권리는 모두 사라진다.

③ 3.3% 계약을 모르고 한 경우

3.3% 계약의 의미를 모르고 계약한 경우 근로자성을 입증하면 근로

자로 인정받아 근로자로서 받아야 할 권리를 인정받을 수 있다.

근로자성의 판단은 근로계약서를 썼느냐, 4대 보험에 가입하였느냐와 같은 형식적인 기준만으로 판단하는 것은 아니다. 가장 중요한 것은 사업주로부터 업무지시를 받아 일하고 있느냐 하는 것이다. 이는 업무 내용이 사용자에 의하여 정해지는지, 근로시간과 근무 장소가 사용자로부터 지정되고 구속받는지, 취업규칙이나 인사 규정(특히 징계) 등의 적용을 받는지, 계속 일을 하는지, 다른 사업장에는 근로 제공을 할 수 없는 전속성이 있는지, 비품이나 원자재의 소유관계나 비용 부담을 사업주가 부담하는지, 보수가 기본급이나 고정급으로 정해져 있는지 등 구체적이고 실질적인 사정을 기준으로 근로자인지를 판단한다. 4대 보험 가입이니 근로소득세 원천징수 여부도 하나의 판단 요소가 된다.

근로계약서, 급여대장, 회사 내 규정, 업무분장표 등을 통해 실제로 종속적인 관계에서 근로를 제공하고 있는지를 판단한다.

① 근로관계 : 근로계약서, 인사기록카드 등

② 급여내역 : 급여대장, 근로소득 원천징수영수증, 급여 계좌이체 내역

③ 근로 실태 : 출근부, 휴가원, 출장부 등 복무·인사 규정 적용자료, 출퇴근 교통카드 이력 등 복무상황에 대한 자료, 업무분장표, 업무일지, 업무보고 내역 등 담당업무 관련 자료 등

④ 기타 : 타 사회보험 가입 내역(보험료 납부내역), 조직도, 근로자 명부 등

원천징수이행상황신고서 작성 방법

1 │ 매월 납부 사업자의 작성 방법

소득을 지급한 내역이 있는 경우에는 소득세가 없더라도 인원수 및
총지급금액만 입력하고 소득세 등 징수세액 항목은 입력하지 않고
신고한다.

📝 신고 구분

- 매월분 신고서는 "매월"에, 반기별 신고서는 "반기"에, 수정신고
서는 "수정"에, 인정상여 등 소득처분에 따른 신고 시에는 "소득
처분"에 "○" 표시를 한다.
- 지점법인·국가기관 및 개인은 "소득처분"에 "○" 표시할 수 없다.
- 매월분 신고서에 계속 근무자의 연말정산 분이 포함된 경우는 "매
월" 및 "연말" 란 두 곳에 모두 "○" 표시한다.
- 원천징수 세액을 환급신청하는 경우 "환급신청" 란에 "○" 표시하고,
「㉑환급신청액」 기재 및 원천징수세액환급신청서 부표를 작성한다.

① 신고구분						☐ 원천징수이행상황신고서	② 귀속연월	2024년 7월
(매월)	반기	수정	연말	소득 처분	환급 신청	☐ 원천징수세액환급신청서	③ 지급연월	2024년 7월

원천징수의무자	법인명(상호)	○○○	대표자(성명)	△△△	일괄납부 여부	여 (부)
					사업자단위과세 여부	여 (부)
	사업자(주민)등록번호	xxx-xx-xxxxx	사업장 소재지	○○○○○	전화번호	xxx-xxx-xx xx
					전자우편주소	00@00.00

❶ 원천징수 명세 및 납부세액 (단위 : 원)

			코드	원천징수명세					납부 세액		
소득자 소득구분				소득지급 (과세 미달, 일부 비과세 포함)		징수세액			⑨ 당월 조정 환급세액	⑩ 소득세 등 (가산세 포함)	⑪ 농어촌 특별세
				④ 인원	⑤ 총지급액	⑥ 소득세등	⑦ 농어촌특별세	⑧ 가산세			
개인 (거주자·비거주자)	근로소득	간이세액	A01	5	20,000,000	900,000					
		중도퇴사	A02								
		일용근로	A03	2	2,000,000	0					
		연말정산 합계	A04								
		연말정산 분납신청	A05								
		연말정산 납부금액	A06								
		가감계	A10	7	22,000,000	900,000				900,000	
	퇴직소득	연금계좌	A21								
		그 외	A22	1	25,000,000	500,000					
		가감계	A20	1	25,000,000	500,000				500,000	
	사업소득	매월징수	A25								
		연말정산	A26								
		가감계	A30								
	기타소득	연금계좌	A41								
		종교인소득 매월징수	A43								
		종교인소득 연말정산	A44								
		그 외	A42	2	1,000,000	200,000					
		가감계	A40	2	1,000,000	200,000				200,000	
	연금소득	연금계좌	A48								
		공적연금(매월)	A45								
		연말정산	A46								
		가감계	A47								
	이자소득		A50								
	배당소득		A60								
	저축 등 해지 추징세액 등		A69								
	비거주자 양도소득		A70								
법인	내·외국법인원천		A80								
	수정신고(세액)		A90								
	총합계		A99	10	48.000.000	1.600.000				1.600.000	

❷ 환급세액 조정 (단위 : 원)

전월 미환급 세액의 계산			당월 발생 환급세액				⑱조정 대상 환급세액 (⑭+⑮+⑯+⑰)	⑲ 당월조정 환급세액 계	⑳ 차월이월 환급세액 (⑱-⑲)	㉑ 환급 신청액
⑫ 전월미환급세액	⑬ 기환급신청세액	⑭ 차감잔액 (⑫-⑬)	⑮ 일반환급	⑯ 신탁재산 (금융회사 등)	⑰ 그밖의 환급세액 금융회사 등	⑰ 그밖의 환급세액 합병 등				

📝 귀속연월, 지급연월

- 귀속연월은 소득발생 연월을 기재하고, 지급연월은 원천징수 대상 소득 지급한 월을 기재한다.

- 귀속연월이 다른 소득을 같은 월에 함께 지급하여 소득세 등을 원천징수하는 경우에는 원천징수이행상황신고서를 귀속연월별로 각각 별지로 작성하여 제출한다.

- 사업자 단위로 등록한 경우 법인의 본점 또는 주사무소에서는 사업자 단위 과세 사업자로 전환되는 월 이후 지급하거나 연말정산하는 소득분에 대해 작성 제출한다.

- 반기납 포기를 하는 경우 반기납 개시 월부터 포기 월까지의 내역을 한 장에 작성해야 한다. 즉, 포기 월이 5월에 해당하는 경우 1월 귀속, 5월 지급으로 하여 반기 신고서를 작성하면 된다.

- 귀속연월, 지급연월을 잘못 기재하여 신고서를 전송한 경우 삭제요청서를 제출하여 신고내역을 삭제하고 정확하게 기재하여 다시 신고한다.

〈삭제요청서 제출 방법〉

[세금신고] → [전자신고 삭제 요청] → [삭제요청서 작성하기]를 클릭 → 원천세 신고 내역 선택 후 작성

📝 총지급액

총지급액은 세전(세금 떼기 전) 금액을 입력한다.

일반적으로 자가운전보조금 20만 원은 원천세 신고 시 비과세 항목으로 총지급액에서 제외하고(미제출 비과세) 신고하지만, 비과세 항목이라도 원천세 신고 시 총지급액에 반영(제출 비과세)해야 하는 식대, 보육수당 등 비과세 항목이 있다.

📝 퇴사자

〈8월 퇴사한 직원에게 8월 급여를 지급한 경우 신고 방법〉

퇴사자뿐만 아니라 계속 근무 중인 직원이 있으면 포함하여 신고해야 한다.

1. (A01) : 퇴사자 및 계속근무 중인 직원의 8월 지급 내역을 포함하여 작성한다(계속 근무 + 퇴사자).

2. (A02) : 중도 퇴사한 직원의 정산내역을 입력한다.

① 중도 퇴사자의 연말정산 후 근로소득 지급명세서를 작성한다.

② 원천세 신고서의 중도퇴사(A02) 항목의 (5) 총지급금액에는 1월에서 8월까지 총지급한 급여액을 입력한다.

③ ⑥ 소득세 등 항목에는 근로소득 지급명세서의 차감징수세액 금액을 입력한다.

3. (A22) : 1년 이상 근무하여 퇴직금이 발생하였고, 8월에 퇴사하고 8월에 퇴직금을 지급하는 경우라면, 퇴직소득의 그 외(A22) 항목에 퇴직금에 대한 내역을 작성한다.

만약, 8월에 퇴사하였으나 9월에 퇴직금을 지급하는 경우 9월 지급분 신고 시 원천세 신고서에 퇴직소득을 반영하여 신고한다.

- 퇴직금 발생 직원의 퇴직연금이 DC형인 경우는 회사에서 퇴직소 득을 신고하지 않는다.
- 사업장에서 퇴직금을 직접 지급하는 경우와 퇴직연금 DB형으로 지급하는 경우 사업장에서 퇴직소득을 신고하며 이때 퇴직소득 항 목의 그 외(A22)란에 반영하여 신고한다.
- 중도 퇴사자가 발생했더라도 퇴직금이 발생하지 않은 경우라면 퇴 직소득 항목은 작성하지 않는다.
- 퇴직연금 DB형의 경우 인원수(퇴직금 받은 인원), 총지급금액(퇴직 금 금액)을 입력하고 소득세는 과세이연되었기에 0원으로 작성하 여 신고한다.

📝 환급액 작성과 환급신청

전월에 이월시킨 환급세액이 존재할 경우, [환급세액 조정]의 (12) 전월 미환급세액란에 전월 신고서의 (20) 차월이월 환급세액(이월시 킨 세액) 금액을 입력한다.

① 기본정보 입력화면에서 환급신청에 체크 후 소득 종류를 임의로 근로소득으로 체크하고 저장후 다음 이동한다.

② 해당 지급분 지급한 내역이 없으므로 [원천징수내역 및 납부세 액]에는 작성하지 않음

③ [환급세액 조정]의 ⑫ 전월미환급세액에 금액을 입력하고 ㉑ 환 급신청액도 입력한다.

④ [원천징수 세액 환급신청서 부표] 화면이 나올 때까지 [저장후 다음이동] 클릭하여 이동한다.

⑤ 환급신청내역을 입력한 후 [전월미환급세액 조정명세서 작성]

⑥ [기납부세액 명세서 작성] 각각 클릭하여 작성

⑦ 환급 계좌 정보 입력 후 신고서 작성 완료하여 신고서 제출하면 된다.

- 차월이월 환급세액 반영방법은 해당 소득 가감계 항목(A10, A20, A30 등)의 ⑨ 당월조정환급세액 칸에 조정할 세액을 양수(+)로 입력하면 납부세액 ⑩ 소득세 등에 금액이 차감되어 보여진다.

- 환급신청서부표 작성 시 [결정세액 – 기납부세액 = 차감세액] 계산식으로 진행되는데 원 단위 차이로 인한 차감 세액의 불일치로 환급신청액이 다른 경우 입력한 '인원' 기준으로 인당 오차 ± 9원까지 차감 세액을 수정하여 신고할 수 있다.

- 수정신고 시에는 환급신청을 할 수 없다. 당월 정기 신고 시 환급신청 체크하고 [수정신고 세액] 선택하여 수정신고 세액(A90)란에 환급금액 마이너스로 입력한 후 환급 부표를 작성한다.

📝 반기별 신고·납부자의 신고서 작성방법

가. 인원

- 간이세액(A01) : 반기(6개월)의 마지막 달의 인원을 적는다.

- 중도퇴사(A02) : 반기(6개월) 중 중도 퇴사자의 총인원을 적는다.

- 일용근로(A03) : 월별 순인원의 6개월 합계 인원을 적는다.

- 사업(A25)·기타소득(A40) : 지급명세서 제출 대상 인원(순인원)을 적는다.

- 퇴직(A20)·이자(A50)·배당(A60)·법인원천(A80) : 지급명세서

제출 대상 인원을 적는다.

나. 지급액 : 신고 · 납부 대상 6개월 합계액을 적는다.

다. 귀속월, 지급월, 제출일은 다음과 같이 적는다.

- 1월 신고 · 납부 : 귀속월 201X년 7월, 지급월 201X년 12월, 제출일 201X년 1월

- 7월 신고 · 납부 : 귀속월 201X년 1월, 지급월 201X년 6월, 제출일 201X년 7월

[주] 귀속 연월과 지급 연월은 수정할 수 없다. 잘못 제출된 신고서는 홈택스에서 삭제 요청서를 제출하여 신고내역을 삭제해야 하며, 제출해야 하는 귀속 연월, 지급 연월의 신고서는 다시 신고한다.

라. 반기납 포기를 하는 경우 반기납 개시 월부터 포기 월까지의 신고서를 한 장으로 작성한다.

[예시] 2024년 4월 반기납 포기 : 귀속연월에는 반기납 개시월(2024년 1월)을, 지급연월에는 반기납 포기 월(2024년 4월)을 적는다.

② 급여가 2달에 걸친 경우 귀속 월과 지급 월

원천징이행상황신고서의 제출 및 납부는 귀속 월별, 지급 월별로 구분하여 그 지급 월의 다음 달 10일까지 제출해야 한다.

또한 귀속연월이 다른 소득을 같은 월에 함께 지급하여 소득세 등을 원천징수 하는 경우는 원천징수이행상황신고서를 귀속연월 별로 각각 별지로 작성하여 제출하도록 하고 있다.

따라서 예를 들면, 11월 26일~12월 25일 급여가 12월 25일에 지급

되는 경우 11월분 급여는 11월 귀속으로 지급연월은 12월이 되며 12월분 급여는 귀속 연월이 12월로서 지급 연월 또한 12월이 되도록 각각 작성한 후 신고납부해야 한다.

📝 인건비 귀속시기(비용 인식 시점, 손금귀속 시기)

구 분	귀속시기
급여	일반급여의 손금 귀속 사업연도는 근로를 제공한 날이 속하는 사업연도이다. 따라서 시간급·일급에 의하여 급여를 지급하는 경우는 근로를 제공하는 날에 따라 인건비를 손금에 산입할 수 있으며, 근무한 월 단위나 반월 단위로 하여 지급하기로 한 경우에는 그 지급하기로 한 날이 속하는 사업연도에 손금산입하게 된다.
상여금과 성과급	상여금과 성과급은 지급의무가 확정된 날이 속하는 사업연도의 손금으로 한다.
퇴직급여	퇴직급여의 손금 귀속 사업연도는 현실적인 퇴직일이 속하는 사업연도의 손금에 산입한다.

📝 원천세징수 시기

원천징수는 손금 귀속시기가 아닌 지급 시기를 기준으로 원천징수 후 그다음 달 10일까지 신고납부한다.

📝 실무상 회계처리

매월 1일부터 말일까지의 급여를 다음 달 10일 지급한 경우 손금 귀속시기와 원천세징수 시점이 다르므로 연말정산 작업 등에 소득금액이 오류 없이 반영되도록 하기 위해서는 평달은 아래의 매월 말 회계처리 기준에 따라 회계처리 하되 다만 12월 말 분은 연말 회계처리 기준에 따라 회계처리 하는 것이 실무상으로 편리하다.

1. 매월 말 회계처리(세무 : 근로 제공 일이 손익귀속 시기)

| 급여(손금) | ××× | 현금 | ××× |
| | | 원천세예수금 | ××× |

2. 연말 회계처리

| 급여(손금) | ××× | 미지급비용 | ××× |
| | | 원천세예수금 | ××× |

3. 소득처분 원천징수이행상황신고서 작성 방법

법인세법에 따른 소득처분으로 증가된 금액과 세액은 수정신고 대상이 아니며, 반기별 납부자도 소득처분이 있는 경우 매월 납부자와 동일하게 소득금액 변동통지일 등 다음 달 10일까지 원천징수이행상황신고서를 별도로 작성하여 제출하고 추가 납부(가산세 대상 아님)한다.

구분	소득금액 변동통지를 받은 경우	법인세 과세표준 신고 (수정신고) 시
원천징수시기	소득금액변동통지서를 받은 날	법인세 과세표준 신고일(수정신고일)
귀속연월	당초 연말정산 등의 귀속 연월	당초 연말정산 등의 귀속 연월

구분	소득금액 변동통지를 받은 경우	법인세 과세표준 신고 (수정신고) 시
지급 연월	소득금액변동통지서를 받은 날	법인세 과세표준 신고연월일 (수정신고일)
원천세 신고서 상 기재 대상	○ 인정상여 : A04(연말정산) ① 신고구분 : 소득처분 선택 ② 귀속연월 : 당초 연말정산 시 귀속연월. 2024년 귀속 연말정산의 경우 2025년 2월에 하므로 2025년 2월로 기재한다. ③ 지급연월 : 소득처분이 있는 때가 속하는 연월. 소득금액변동통지서를 수령한 달 ④ A04란 연말정산) 가. 인원 : 소득처분 인원 나. 총지급액 : 소득처분 금액 다. 소득세 등 : 총급여액(해당 귀속분)에 소득처분 금액을 가산하여 재정산 시 추가 납부세액 ⑤ A90 수정신고 세액에 기재하지 않는 것에 주의한다. ○ 인정배당 : A60(배당소득) 인원, 지급액, 소득세 등 ○ 인정 기타소득 : A42(그 외) 인원, 지급액, 소득세 등	

 4 원천징수 수정신고

국세청에 이미 제출했던 신고서 내용에 수정사항이 있을 때 [신고마감 후 다음 날]부터 수정신고를 할 수 있다.

• 조회되는 이전 신고서 내용이 수정신고 하고자 하는 자료가 맞는지 반드시 확인하고 작성하며, 세무대리인이 수임 사업장 수정신고는 자료 조회되지 않으므로 직접 입력하여 신고한다.

- 수정신고의 납부서 출력 및 조회 납부는 지원되지 않으므로 [납부 고지·환급]-[자진 납부]에서 직접 입력 후 출력, 납부한다.
- 수정신고 시에는 환급신청을 할 수 없다. 당월 정기 신고 시 환급 신청 체크하고 [수정신고세액] 선택하여 수정신고세액(A90)란에 환급금액 마이너스로 입력한 후 환급 부표를 작성한다.

① 신고 구분						[ ]원천징수이행상황신고서 [ ]원천징수세액환급신청서		② 귀속연월	2023년 2월
매월	반기	수정	연말	소득처분	환급신청			③ 지급연월	2023년 3월
원천징수 의무자	법인명(상호)			대표자(성명)				일괄납부 여부	여, ㉯
								사업자단위과세 여부	여, ㉯
	사업자(주민) 등록번호			사업장 소재지				전화번호	
								전자우편주소	@

❶ 원천징수 명세 및 납부세액 (단위: 원)

소득자 소득구분			코드	원천징수명세					⑨ 당월 조정 환급 세액	납부세액	
				소득지급 (과세미달, 일부비과세 포함)		징수세액				⑩ 소득세 등 (가산세 포함)	⑪ 농어촌 특별세
				④ 인원	⑤ 총지급액	⑥ 소득세 등	⑦ 농어촌 특별세	⑧ 가산세			
개인 (거주자·비거주자)	근로소득	간이세액	A01								
		중도퇴사	A02								
		일용근로	A03								
	연말정산	합계	A04	1	50,000,000	10,000,000					
		분납신청	A05								
		납부금액	A06			10,000,000					
	가감계		A10	1	50,000,000	10,000,000				10,000,000	
수정신고(세액)			A90								
총 합 계			A99								

(개요) 2024년 6월 A의 근로자 홍길동의 5월분 근로소득 3,000,000원(소득세 100,000원)을 신고 누락한 사실을 확인하여 2024년 7월 10일 원천세 수정신고 및 납부

(6월 신고) 2024년 6월분 A회사의 급여 지급 10명 지급액 30,000,000원(소득세 1,000,000원)

(5월 신고) 2024년 5월분 A회사의 급여 지급 9명 지급액 27,000,000원(소득세 900,000원)

---

1. 수정신고(5월분)

① 신고구분						☑ 원천징수이행상황신고서	②귀속연월	2024년 5월
매월	반기	수정	연말	소득처분	환급신청	☐ 원천징수세액환급신청서	③지급연월	2024년 5월

❶ 원천징수 명세 및 납부세액(단위 : 원)

소득자 소득구분		코드	원천징수명세						⑨ 당월 조정 환급세액	납부 세액	
			소득지급		징수세액					⑩ 소득세 등 (가산세 포함)	⑪ 농어촌 특별세
			④인원	⑤총지급액	⑥소득세 등	⑦농어촌 특별세	⑧가산세				
근로소득	간 이 세 액	A01	9	27,000,000	900,000						
			10	30,000,000	1,000,000						
	중 도 퇴 사	A02									
	가 감 계	A10	9	27,000,000	900,000					900,000	
			10	30,000,000	1,000,000					1,000,000	
총 합 계		A99	9	27,000,000	900,000					900,000	
			10	30,000,000	1,000,000					1,000,000	

2. 정상 신고(6월분)

① 신고구분						☑ 원천징수이행상황신고서	②귀속연월	2024년 6월
매월	반기	수정	연말	소득처분	환급신청	☐ 원천징수세액환급신청서	③지급연월	2024년 6월

❶ 원천징수 명세 및 납부세액(단위 : 원)

소득자 소득구분		코드	원천징수명세						⑨ 당월 조정 환급세액	납부 세액	
			소득지급		징수세액					⑩ 소득세 등 (가산세 포함)	⑪ 농어촌 특별세
			④인원	⑤총지급액	⑥소득세 등	⑦농어촌 특별세	⑧가산세				
근로소득	간 이 세 액	A01	10	30,000,000	1,000,000						
	중 도 퇴 사	A02									
	일 용 근 로	A03									
	연말정산	합 계	A04									
		분납신청	A05									
		납부금액	A06									
	가 감 계	A10	10	30,000,000	1,000,000					1,000,000	
수 정 신 고 (세 액)		A90			100,000					100,000	
총 합 계		A99	10	30,000,000	1,100,000					1,100,000	

원천징수이행상황신고서의 총지급액과 지급명세서 총급여액이 차이 나는 원인(제출 비과세와 미제출 비과세)

비과세의 종류에는 제출 비과세와 미제출 비과세가 있다. 실무편의상 사용하는 단어인데 이를 잘 구분해야 하는 이유는 원천징수이행상황 신고서를 작성할 때와 지급명세서를 작성할 때 영향을 미쳐, 원천징수이행상황신고서 상의 '총지급액' 합계와 지급명세서상의 '총급여액' 의 합계의 차이가 발생하는 이유가 되기 때문이다.

📄 제출 비과세 : 지급명세서에 기재하여 제출해야 하는 비과세

📄 미제출 비과세 : 지급명세서에 기재 안 하면서 미제출하는 비과세

즉 지급명세서 작성 여부의 구분에 따른 비과세소득을 의미한다.

근로소득 원천징수영수증(지급명세서)의 Ⅱ. 비과세 및 감면 소득 명세란은 비과세소득을 기재하는 칸으로 여기에 기재하는 비과세소득을 제출 비과세라고 한다.

자주 쓰이는 항목으로는 식대, 야간근로수당, 보육수당, 육아수당, 연구보조비 등이 있다.

미제출 비과세는 원천징수영수증 항목에 따로 나오지 않으며 금액 또한 포함되지 않는다. 대표적으로 자가운전보조금이 있다.

원천징수이행상황신고서 총지급액란에는 원칙적으로 비과세 등을 포

함한 총지급액을 기재해야 하는데, 비과세 중에서 일부 제외하는 것이 있다.

미제출 비과세는 원천징수이행상황신고서상의 '총지급액'란에서도 제외하여 기재해야 한다.

제출 비과세의 경우는 원천징수이행상황신고서에 집계가 되는 비과세 항목으로써 원천징수이행상황신고서에 총지급액란에 합산해 같이 신고해야 하며, 미제출 비과세는 원천징수이행상황신고서에 총지급액란에 포함되지 않아 신고할 의무가 없는 비과세 항목이다.

그러므로 원천징수이행상황신고서 총지급란에 식대는 포함되지만 자가운전보조금은 집계가 되지 않는다. 즉, 원천세 신고 시, 총지급액을 기재하는 경우 제출 비과세는 포함하되, 미제출 비과세는 제외해야 한다.

구 분	제출 비과세	미제출 비과세
원천징수이행상황신고서	총지급액에 포함	총지급액에서 제외
지급명세서	II. 비과세 및 감면 소득 명세란에 기재 총급여액에서 제외	II. 비과세 및 감면 소득 명세란에 미 기재 총급여액에서 제외

제출 비과세의 경우 원천징수이행상황신고서 총지급액에는 포함되지만, 총급여액에는 제외되므로 차이가 발생한다.

① 원천징수이행상황신고서의 총 지급액 = 과세 + 제출 비과세
② 근로소득 지급명세서의 총급여액 : 근로소득 − 비과세소득(구분 기재 : II. 비과세 및 감면 소득 명세란에 제출 비과세는 기재, 미제출 비과세는 미기재)

근로소득 지급명세서의 총급여액은 근무처별 소득 명세에 기재하는 과세 급여를 말한다.

예를 들어 월급 280만 원에 비과세 식대 보조금 20만 원(제출 비과세)을 지급하는 경우 원천징수이행상황신고서 총지급액란에는 300만 원(총지급액), 지급명세서 총급여란에는 280만 원(총급여 = 300만 원 − 20만 원)을 기재한다. 반면 급여 280만 원에 자가운전보조금 20만 원(미제출 비과세)을 지급하는 경우 원천징수이행상황신고서 총지급액 및 지급명세서의 총급여액란 모두 280만 원을 기재한다.

[원천징수이행상황신고서와 지급명세서 작성 예시]

구 분	금 액	비 고
기본급	2,600,000원	
식대 보조금	200,000원	제출 비과세
자가운전보조금	200,000원	미제출 비과세

① 신고 구분						[ ]원천징수이행상황신고서 [ ]원천징수세액환급신청서		② 귀속연월	
매월	반기	수정	연말	소득 처분	환급 신청			③ 지급연월	

❶ 원천징수 명세 및 납부세액 (단위 : 원)

			코 드	원 천 징 수 명 세					납부세액		
		소득자 소득구분		소 득 지 급 (과세 미달, 일부 비과세 포함)		징수세액			⑨ 당월 조 정 환급 세액	납부세액	
				④ 인원	⑤ 총지급액	⑥ 소득세 등	⑦ 농어촌 특별세	⑧ 가 산세		⑩ 소득세 등 (가산세 포함)	⑪ 농어촌 특별세
개 인 (거 주 자· 비거 주 자)	근 로 소 득	간이세액	A01	1	2,800,000						
		중도퇴사	A02								
		일용근로	A03								
	연 말 정 산	합계	A04								
		분납신청	A05								
		납부금액	A06								
		가감계	A10	1	2,800,000						
수정신고(세액)			A90								
총 합 계			A99								

	[ ]근로소득 원천징수영수증					
	[ ]근로소득 지 급 명 세 서					
	([ ]소득자 보관용 [ ]발행자 보관용 [ ]발행자 보고용)					
구 분		주(현)	종(전)	종(전)	⑯-1 납세조합	합계
Ⅰ 근 무 처 별 소 득 명 세	⑨ 근 무 처 명					
	⑩ 사업자등록번호					
	⑪ 근무기간					
	⑫ 감면기간					
	⑬ 급 여	2,600,000				
	⑭ 상 여					
	⑮ 인 정 상 여					
	⑮-1 주식매수선택권 행사이익					
	⑮-2 우리사주조합인출금					
	⑮-3 임원 퇴직소득금액 한도초과액					
	⑮-4 직무발명보상금					
	⑯ 계					
Ⅱ 비 과 세 및 감 면 소 득 명 세	⑱ 국외근로	M0X				
	⑱-1 야간근로수당	O0X				
	⑱-2 출산 · 보육수당	Q0X				
	⑱-4 연구보조비	H0X				
	⑱-5					
	⑱-6					
	~		비과세 식대 20만 원은 구분 기재 자가운전보조금 20만 원은 미기재			
	⑱-40 비과세 식대	P01	200,000			
	⑲ 수련보조수당	Y22				
	⑳ 비과세소득 계		200,000			
	⑳-1 감면소득 계					
	㉑ 총급여(⑯, 외국인 단일세율 적용 시 연간 근로소득)		2,600,000	㊾ 종합소득 과세표준		
	㉒ 근로소득공제			㊿ 산출세액		

제출 비과세	미제출 비과세
대통령령으로 정하는 학자금	대통령령으로 정하는 복무 중인 병(兵)이 받는 급여
대통령령으로 정하는 실비변상적(實費辨償的) 성질의 급여	실비변상적 급여 중 자가운전보조금 등 별도로 정하는 급여
외국정부(외국의 지방자치단체와 연방국가인 외국의 지방정부를 포함한다. 이하 같다) 또는 대통령령으로 정하는 국제기관에서 근무하는 사람으로서 대통령령으로 정하는 사람이 받는 급여. 다만, 그 외국 정부가 그 나라에서 근무하는 우리나라 공무원의 급여에 대하여 소득세를 과세하지 아니하는 경우만 해당한다.	법률에 따라 동원된 사람이 그 동원 직장에서 받는 급여
작전 임무를 수행하기 위하여 외국에 주둔 중인 군인·군무원이 받는 급여	「산업재해보상보험법」에 따라 수급권자가 받는 요양급여, 휴업급여, 장해급여, 간병 급여, 유족급여, 유족특별급여, 장해특별급여, 장의비 또는 근로의 제공으로 인한 부상·질병·사망과 관련하여 근로자나 그 유족이 받는 배상·보상 또는 위자(慰藉)의 성질이 있는 급여
국외 또는 「남북교류협력에 관한 법률」에 따른 북한지역에서 근로를 제공하고 받는 대통령령으로 정하는 급여	「근로기준법」 또는 「선원법」에 따라 근로자·선원 및 그 유족이 받는 요양보상금, 휴업보상금, 상병보상금(傷病補償金), 일시보상금, 장해보상금, 유족보상금, 행방불명 보상금, 소지품 유실보상금, 장의비 및 장제비

제출 비과세	미제출 비과세
생산직 및 그 관련직에 종사하는 근로자로서 급여 수준 및 직종 등을 고려하여 대통령령으로 정하는 근로자가 대통령령으로 정하는 연장근로·야간근로 또는 휴일근로를 하여 받는 급여	「고용보험법」에 따라 받는 실업급여, 육아휴직 급여, 육아기 근로시간 단축 급여, 출산전후휴가 급여 등, 「제대군인 지원에 관한 법률」에 따라 받는 전직지원금, 「국가공무원법」·「지방공무원법」에 따른 공무원 또는 「사립학교교직원연금법」·「별정우체국법」을 적용받는 사람이 관련 법령에 따라 받는 육아휴직수당
근로자 또는 그 배우자의 출산이나 6세 이하(해당 과세기간 개시일을 기준으로 판단한다) 자녀의 보육과 관련하여 사용자로부터 받는 급여로서 월 20만원 이내의 금액	「국민연금법」에 따라 받는 반환일시금(사망으로 받는 것만 해당한다) 및 사망일시금
월 20만 원 이내의 식대(현물 식대는 미제출 비과세)	「공무원연금법」, 「공무원 재해보상법」, 「군인연금법」, 「군인재해보상법」, 「사립학교교직원 연금법」 또는 「별정우체국법」에 따라 받는 공무상요양비·요양급여·장해일시금·비공무상 장해일시금·비직무상 장해일시금·장애보상금·사망조위금·사망보상금·유족일시금·퇴직유족일시금·유족연금일시금·퇴직유족연금일시금·퇴역유족연금일시금·순직유족연금일시금·유족연금부가금·퇴직유족연금부가금·퇴역유족연금부가금·유족연금특별부가금·퇴직유족연금특별부가금·퇴역유족연금특별부가금·순직유족보상금·직무상유족보상금·위험직무순직유족보상금

제출 비과세	미제출 비과세
	· 재해부조금 · 재난부조금 또는 신체 · 정신상의 장해 · 질병으로 인한 휴직기간에 받는 급여
	「국가유공자 등 예우 및 지원에 관한 법률」 또는 「보훈보상대상자 지원에 관한 법률」에 따라 받는 보훈급여금 · 학습보조비
	「전직대통령 예우에 관한 법률」에 따라 받는 연금
	종군한 군인 · 군무원이 전사(전상으로 인한 사망을 포함한다.)를 한 경우 그 전사한 날이 속하는 과세기간의 급여
	「국민건강보험법」, 「고용보험법」 또는 「노인장기요양보험법」에 따라 국가, 지방자치단체 또는 사용자가 부담하는 보험료
	「국군포로의 송환 및 대우 등에 관한 법률」에 따른 국군포로가 받는 보수 및 퇴직일시금
	「교육기본법」 제28조 제1항에 따라 받는 장학금 중 대학생이 근로를 대가로 지급받는 장학금(「고등교육법」 제2조 제1호부터 제4호까지의 규정에 따른 대학에 재학하는 대학생에 한정한다)
	「발명진흥법」 제2조 제2호에 따른 직무발명으로 받는 다음의 보상금(직무발명보상금)으로서 대통령령으로 정하는 금액

퇴직연금 과세이연의
원천징수이행상황신고서 작성 방법

1 원천징수이행상황신고서 작성

퇴직금을 IRP계좌로 과세이연한 사업장의 원천징수이행상황신고서 작성은 일반퇴직금은 그외(A22)란에 총지급액을 기재하고, 소득세와 지방소득세는 0원으로 기재한다.

그리고 DB형 퇴직연금 또는 회사가 직접 지급하는 퇴직금 등 원천징수의무자가 일반회사인 경우는 "그외(A22)"란에 인원, 총지급액을 기재하여 제출한다. IRP 계좌로 지급하여 과세이연된 경우 징수세액란은 0원으로 공란으로 한다.

"연금계좌(A21)"란은 원천징수의무자가 연금계좌(DC형 퇴직연금, IRP, 연금저축에서 지급되는 경우)를 취급하는 금융기관만 연금계좌란에 기재하는 것이다.

연금계좌(A21)란은 연금계좌사업자만 작성하는 란이고, 연금계좌사업자가 아닌 일반사업자는 그 외(A22)란에 이연 퇴직소득세를 작성한다.

확정기여형(DC형)	확정급여형(DB형)과 퇴직금
DC형 퇴직연금 가입 퇴직자들은 금융사에서 원천징수이행상황신고서와 퇴직소득원천징수지급명세서(=퇴직소득원천징수영수증)를 신고해준다. DC형 퇴직연금과 관련해서는 불입하는 것 이외에는 신경 쓰지 않아도 된다.	회사에서 원천징수이행상황신고서는 퇴직 월의 다음 달 10일까지 신고한다. 퇴직금을 안 줬어도 1~12월 중 발생한 퇴직금을 2월 말까지 준 것으로 간주하여 3월 10일까지 신고한다. 회사에서 퇴직소득원천징수지급명세서(=퇴직소득원천징수영수증)를 다음 해 3월 10일까지 제출한다.

② 퇴직소득원천징수영수증 작성

퇴직연금의 과세이연시 퇴직소득원천징수영수증상 15번 퇴직급여에는 총퇴직금 400만 원을 기재하고 15번 금액에서 비과세급여를 차감한 후 금액이 17번 퇴직급여에 기재되면 된다. 38번에 계좌 입금금액에는 퇴직금 총액 400만 원이 기재되어야 한다. 그래서 40번 이연퇴직소득세액이 퇴직소득세 전체 금액이 되므로 원천징수할 세액이 없게 된다.

퇴직소득세를 원천징수할 세액이 없으므로 원천징수이행상황신고서상에는 기재 될 금액이 없다.

						거주구분	거주자1 / 비거주자2
관리번호		**퇴직소득원천징수영수증/지급명세서**				내외국인	내국인1/ 외국인9
		([ ] 소득자 보관용 [ ] 발행자 보관용 [ ] 발행자 보고용)				종교관련종사자 여부	여 1/ 부 2
						거주지국	거주지국코드
						징수의무자구분	사업장

징수 의무자	①사업자등록번호		②법인명(상호)		③대표자(성명)	
	④법인(주민)등록번호		⑤소재지(주소)			
소득자	⑥성 명		⑦주민등록번호			
	⑧주 소				(9) 임원여부	부
	(10) 확정급여형 퇴직연금 제도 가입일				(11) 2011.12.31.퇴직금	

귀 속 연 도	2023-01-01 부터	(12) 퇴직사유	[ ]정년퇴직 [ ]정리해고 [●]자발적 퇴직
	2023-03-02 까지		[ ]임원퇴직 [ ]중간정산 [ ]기 타

퇴직 급여 현황	근 무 처 구 분	중간지급 등	최종	정산
	(13) 근무처명			
	(14) 사업자등록번호			
	(15) 퇴직급여	-	4,000,000	4,000,000
	(16) 비과세 퇴직급여	-	-	-
	(17) 과세대상 퇴직급여(15-16)	-	4,000,000	4,000,000

근속 연수	구 분	(18)입사일	(19)기산일	(20)퇴사일	(21)지급일	(22)근속월수	(23)제외월수	(24)가산월수	(25)중복월수	(26)근속연수
	중간지급 근속연수					-	-	-		-
	최종 근속연수	2022-01-02	2022-01-02	2023-03-02	2023-03-15	15	-	-	-	2
	정산 근속연수		2022-01-02	2023-03-02		15	-	-	-	2

과세 표준 계산	계 산 내 용	금 액
	(27)퇴직소득(17)	4,000,000
	(28)근속연수공제	2,000,000
	(29) 환산급여 [(27-28) × 12배 /정산근속연수]	12,000,000
	(30) 환산급여별공제	10,400,000
	(31) 퇴직소득과세표준(29-30)	1,600,000

퇴직 소득 세액 계산	계 산 내 용	금 액
	(32) 환산산출세액(31 × 세율)	96,000
	(33) 퇴직소득 산출세액(32 × 정산근속연수 / 12배)	16,000
	(34) 세액공제	-
	(35) 기납부 (또는 기과세이연) 세액	-
	(36) 신고대상세액(33 - 34 - 35)	16,000

이연 퇴직 소득 세액 계산		연금계좌 입금명세					(39) 퇴직급여(17)	(40) 이연 퇴직소득세 (37 × 38 / 39)
	③ 신고대상세액(36)	연금계좌취급자	사업자등록번호	계좌번호	입금일	⑱계좌입금금액		
		하나은행	000-00-00000	00-000-000-000	2023-03-15	4,000,000		
	16,000					-	4,000,000	16,000
		(41) 합 계				4,000,000		

납부 명세	구 분	소득세	지방소득세	농어촌특별세	계
	(42) 신고대상세액(36)	16,000	1,600		17,600
	(43) 이연퇴직소득세(40)	16,000	1,600		17,600
	(44) 차감원천징수세액(42-43)	-	-		-

위의 원천징수세액(퇴직소득)을 정히 영수(지급)합니다.

년 월 일

징수(보고)의무자 (서명 또는 인)

세무서장 귀하

① 신고구분						□ 원천징수이행상황신고서		② 귀속연월	2024년 3월
매월	반기	수정	연말	소득처분	환급신청	□ 원천징수세액환급신청서		③ 지급연월	2024년 3월

원천징수의 무 자	법인명(상호)	○○○	대표자(성명)	△△△	일괄납부 여부	여 부
					사업자단위과세 여부	여 부
	사업자(주민)등록번호	xxx-xx-xxxxx	사업장 소재지	○○○○○	전화번호	xxx-xxx-xxxx
					전자우편주소	00@00.00

❶ 원천징수 명세 및 납부세액 (단위 : 원)

소득자 소득구분			코드	원천징수명세					⑨ 당월 조정 환급세액	납부 세액	
				소득지급 (과세 미달, 일부 비과세 포함)		징수세액				⑩ 소득세 등 (가산세 포함)	⑪ 농어촌 특별세
				④ 인원	⑤ 총지급액	⑥ 소득세등	⑦ 농어촌 특별세	⑧ 가산세			
개인(거주자·비거주자)	근로소득	간이세액	A01	5	20,000,000	900,000					
		중도퇴사	A02								
		일용근로	A03	2	2,000,000	0					
		연말정산	합계	A04								
			분납신청	A05								
			납부금액	A06								
		가감계	A10	7	22,000,000	900,000				900,000	
	퇴직소득	연금계좌	A21								
		그 외	A22	1	4,000,000	0					
		가감계	A20	1	4,000,000	0				0	
	사업소득	매월징수	A25								
		연말정산	A26								
		가감계	A30								
	기타소득	연금계좌	A41								
		종교인소득	매월징수	A43								
			연말정산	A44								
		그 외	A42	2	1,000,000	200,000					
		가감계	A40	2	1,000,000	200,000				200,000	
	연금소득	연금계좌	A48								
		공적연금(매월)	A45								
		연말정산	A46								
		가감계	A47								
	이자소득	A50								
	배당소득	A60								
	저축 등 해지 추징세액 등	A69								
	비거주자 양도소득	A70								
법인	내·외국법인원천	A80								
수정신고(세액)	A90								
총합계	A99	10	27,000,000	1,100,000				1,100,000	

❷ 환급세액 조정 (단위 : 원)

전월 미환급 세액의 계산			당월 발생 환급세액				⑱조정대상 환급세액 (⑭+⑮+⑯ +⑰)	⑲ 당월조정 환급세액계	⑳ 차월이월 환급세액 (⑱-⑲)	㉑ 환급 신청액
⑫ 전월미환급 세액	⑬ 기 환 급 신청세액	⑭ 차감잔액 (⑫-⑬)	⑮ 일반환급	⑯ 신탁재산 (금융회사 등)	⑰ 그밖의 환급세액					
					금융회사 등	합병 등				

중도 퇴사자의 연말정산

근로자는 퇴직하는 달의 월급을 받을 때, 1월 1일부터 퇴직일이 속하는 달의 급여를 모두 합해서 미리 연말정산을 하게 되는데, 이를 중도 퇴사자 연말정산이라고 한다.

중도 퇴사 시에는 연말정산 간소화 서비스를 통해 간편하게 의료비, 교육비, 카드 사용 내역, 주택자금공제 등의 자료를 수집할 수가 없으므로 관련 자료(영수증 등)를 직접 모아 회사에 제출해야 정확한 연말정산이 가능하다.

그러나 자료 수집의 어려움으로 인해 중도 퇴사하는 직장인들은 근로자이면 누구나 받을 수 있는 기본적인 공제항목(근로소득공제, 기본공제, 표준세액공제 등)만 적용받아 약식으로 연말정산을 한 후 퇴사하는 경우가 대부분이다.

근로자가 퇴사하고, 같은 해에 다른 직장에 입사했다면 근로자는 이전 직장에서 받은 급여 확인을 위해 전 직장에서 근로소득 원천징수영수증을 발급받아 현재의 직장에 제출해야 한다.

반면, 현재의 회사에서 지난해 1년간 계속 다닌 경우 해당 근로자는 지난 1년간의 받은 급여를 전부 합산하여 연말정산을 한다.

그리고 지난해에 퇴사하고서 여러 사정으로 인해 같은 해에 다른 직장으로 이직하지 않고, 해를 넘긴 경우로서 추가로 공제받을 금액이 있는 경우 종합소득세 확정신고(5월)를 함으로써 추가로 환급금액이 발생할 수 있다.

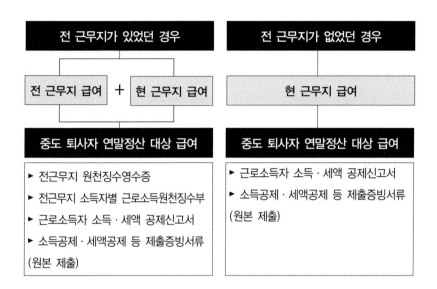

구 분	업무처리
전 직장이 있었던 경우	근로소득원천징수영수증, 소득자별 근로소득원천징수부을 발급받아 현재의 직장에 제출한 후 연말정산
현재의 직장만 있는 경우	1년간의 현 직장에서 받은 급여를 전부 합산해서 연말정산을 한다.
연말정산 시 공제를 다 받지 못한 경우	종합소득세 확정신고(5월)를 함으로써 추가로 환급금액이 발생한다.

총급여	총급여
	연봉(급여 + 상여 + 수당 + 인정상여) − 비과세소득

(−) 근로소득공제

근로소득금액	기본공제
	(1명당 연 150만 원 공제)

	추가공제
(−) 인적공제	경로우대 · 장애인 · 부녀자 · 한 부모

(−) 연금보험료 공제

(−) 특별소득공제	보험료, 주택자금, 기부금(이월분)

(−) 그 밖의 소득공제

(+) 소득공제 한도 초과액

- 개인연금저축, 소기업 · 소상공인 공제부금
- 주택마련저축, 중소기업창업투자조합 출자 등
- 신용카드 등 사용금액, 우리사주조합출연금

종합소득 과세표준

- 장기집합투자증권저축

(×) 기본세율

산출세액

(−) 세액감면 및 공제

- 세액감면(중소기업 취업자 소득세 감면 등)
- 근로소득세액공제

결정세액

- 자녀 세액공제
- 연금계좌 세액공제

(−) 기납부세액

- 특별세액공제
- 주택자금차입금이자세액공제
- 외국납부세액공제
- 월세 세액공제

차감징수세액

중도퇴사자 연말정산액 = 총급여액 − 비과세소득 − 근로소득공제 − 기본공제 (전액) − 추가공제(전액) − 자녀세액공제(전액) − 특별소득공제(근무기간 중 사용액), 신용카드 등의 사용금액에 대한 소득공제(근무기간 중 사용액) 및 특별 세액공제(근무기간 중 사용액)

위의 각종 공제액은 참고하기를 바란다.

중도 퇴사자에 대해서 연말정산을 한 결과 납부액은 납부하고 환급액은 환급해주어야 하는데, 여기서 반드시 유의해야 할 사항은 환급이 발생하는 경우 새로운 사업장에서 환급받는 것이 아니라 퇴사하는 회사에서 반드시 환급해서 퇴사시켜야 한다는 점이다. 즉, 퇴사자는 새로운 직장에서 환급받을 수 없고 중도 퇴사 시 퇴사하는 직장에서만 환급받을 수 있다.

정산을 누락한 경우 원천징수의무자는 원천징수이행상황신고서의 수정신고를 통해서 정산해야 하고 정산된 근로소득원천징수영수증을 발급해야 한다.

상여금을 지급하는 달의 원천징수

상여금을 지급하는 경우도 간이세액표에 따라 원천징수를 하게 되는데, 그 적용 방법은 약간의 차이가 있다. 즉, 상여 등이 있는 경우 다음 중 어느 하나를 선택해서 원천징수 하는 세액을 계산해서 납부하고, 잉여금처분에 의한 상여 등을 지급하는 때에는 그 상여 등의 금액에 기본세율을 적용해서 계산한다.

구 분	계산 방법
방법1	(1) 지급대상기간이 있는 상여 지급 시 원천징수세액 = (❶ × ❷) − ❸ ❶ = [(상여 등의 금액 + 지급대상기간의 상여 등외의 급여의 합계액) ÷ 지급대상기간의 월수]에 대한 간이세액표상의 해당 세액 ❷ = 지급대상기간의 월수 ❸ = 지급대상기간의 상여 등외의 급여에 대해 원천징수하여 납부한 세액 (2) 지급대상기간이 없는 상여 지급 시 원천징수 세액 그 상여 등을 받는 연도의 1월 1일부터 그 상여 등의 지급일이 속하는 달까지를 지급대상기간으로 하여 (1)의 방법으로 계산한다. 🈞 그 연도에 2회 이상의 상여 등을 받는 경우 직전에 상여 등을 지급받는 날이 속하는 달의 다음 달부터 그 후에 상여 등을 지급받는 날이 속하는 달까지로 한다.

구 분	계산 방법
방법2	상여 등의 금액과 그 지급대상기간이 사전에 정해진 경우에는 매월분의 급여에 상여 등의 금액을 그 지급대상기간으로 나눈 금액을 합한 금액에 대해 간이세액표에 의한 매월분의 세액을 징수한다. ▨ 금액과 지급대상기간이 사전에 정해진 상여 등을 지급대상기간의 중간에 지급하는 경우를 포함한다. 지급대상기간이 없는 상여 지급의 경우 방법1의 (2)에 의한 방법으로 원천징수

[지급대상기간의 계산]

9월에 지급대상기간이 없는 상여 및 지급대상기간(7~9월)이 있는 상여를 지급하는 경우 지급대상기간 계산

- 지급대상기간이 없는 상여의 지급대상기간 : 9개월
- 지급대상기간이 있는 상여의 지급대상기간 : 3개월
- 9월 상여 전체의 지급대상기간의 월수 : (9 + 3) ÷ 2 = 6

1. 지급대상기간 선택	
지급대상기간	4개월
2. 지급대상기간의 총급여	
월급여 합계액	20,000,000원
상여금	5,000,000원
3. 기 원천징수 된 세액	
소득세	1,006,410원
지방소득세	100,640원(소득세의 10%)
4. 공제대상 부양가족	
부양가족 수(본인 포함)	1인
근로자 신청률	100%

월급여액(천원)		공제대상가족의 수				
[비과세 및 학자금 제외]		1	2	3	4	5
5,000	5,020	335,470	306,710	237,850	219,100	200,350
5,020	5,040	338,270	309,500	240,430	221,680	202,930
6,240	6,260	560,340	512,840	427,400	408,650	389,900
6,260	6,280	564,870	517,350	430,040	411,290	392,540

1. 월평균 급여액		6,250,000원	2,500만 원 ÷ 4
2. 간이세액표상 원천징수세액	소득세	560,340원	간이세액표
	지방소득세	56,030원	소득세 × 10%
3. 원천징수할 세액	소득세	2,241,360원	560,340원 × 4
	지방소득세	224,130원	소득세 × 10%
4. 기납부한 세액	소득세	1,006,410원	
	지방소득세	100,640원	
5. 차감 원천징수세액	소득세	1,234,950원	2,241,360원 − 1,006,410원
	지방소득세	123,490원	소득세 × 10%

예를 들어 3개월에 한 번씩(3, 6, 9, 12월)에 상여금을 지급하는 경우 3월을 기준으로 설명한다.

❶ 1월과 2월은 평상시 급여로 간이세액표에 따라 원천징수

❷ 3월 평균급여에 해당하는 간이세액 = (1월 + 2월 + 3월 급여 + 3월 상여금) ÷ 3에 해당하는 간이세액표 금액

❸ (❷의 간이세액표 소득세 × 3개월) − (1월 + 2월에 납부한 간이세액표 소득세)

상여금이 있는 달의 원천징수 세액

퇴직소득세 원천징수

1 퇴직소득세의 계산구조

$$(퇴직소득금액 - 근속연수공제) \times \frac{1}{전체근속연수} \times 12 = 환산급여$$

$$환산급여 - 환산급여공제 = 과세표준$$

$$과세표준 \times 기본세율 \times \frac{1}{12} \times 근속연수 = 산출세액$$

2 근속연수공제

근속연수	공제액
5년 이하	100만원 × 근속연수
5년 초과 10년 이하	500만원 + 200만원 × (근속연수 - 5년)
10년 초과 20년 이하	1,500만원 + 250만원 × (근속연수 - 10년)
20년 초과	4,000만원 + 300만원 × (근속연수 - 20년)

■ 근속연수는 퇴직금 산정기준이 되는 기간을 말하며, 근속연수 계산 시 1년 미만은 1년으로 한다. 예를 들어 근속연수가 1년 1개월인 경우 2년으로 한다.

■ 당해 연도에 2회 이상 퇴직한 때도 퇴직소득공제는 1회만 적용한다.

③ 환산급여공제

환산급여	공제액
800만 원이하	환산급여 × 100%
800만원 ~ 7,000만원	800만원 + (환산급여 − 800만원) × 60%
7,000만원 ~ 1억 원	4,520만원 + (환산급여 − 7,000만원) × 55%
1억 원 ~ 3억 원	6,170만원 + (환산급여 − 1억 원) × 45%
3억 원 ~	1억 5,170만원 + (환산급여 − 3억 원) × 35%

④ 퇴직소득 세액계산 프로그램 안내

▶ 국세청 홈페이지(http : //www.nts.go.kr)에서 퇴직소득 세액계산 프로그램을 제공(왼쪽 상단의 배너에서 국세 정보 → 국세청프로그램)

▶ 홈택스 홈페이지(http : //www.hometax.go.kr) 오른쪽 상단 「모의계산」을 클릭 → 「퇴직소득 세액계산」에서 프로그램을 제공

⑤ 퇴직소득세 계산사례

■ 소득세법 시행규칙[별지 제24호서식(2)]

		거주구분	거주자1 / 비거주자2
		내외국인	내국인1/외국인9
관리번호	**퇴직소득원천징수영수증/지급명세서**	종교관련종사자 여부	여 1/ 부 2
	([ ] 소득자 보관용　[ ] 발행자 보관용　[ ] 발행자 보고용)	거주지국	거주지국코드
		징수의무자구분	사업장

징수의무자	①사업자등록번호		②법인명(상호)		③대표자(성명)	
	④법인(주민)등록번호		⑤소재지(주소)			
소득자	⑥성　명		⑦주민등록번호			
	⑧주　소				(9) 임원여부	부
	(10) 확정급여형 퇴직연금 제도 가입일				(11) 2011.12.31.퇴직금	

귀 속 연 도	2024-01-01 부터 2024-10-15 까지	(12) 퇴직사유	[ ]정년퇴직 [ ]정리해고 [●]자발적 퇴직 [ ]임원퇴직 [ ]중간정산 [ ]기 타

퇴직 급여 현황	근 무 처 구 분		중간지급 등	최종	정산
	(13) 근무처명				
	(14) 사업자등록번호				
	(15) 퇴직급여		-	41,441,080	41,441,080
	(16) 비과세 퇴직급여		-		
	(17) 과세대상 퇴직급여(15-16)		-	41,441,080	41,441,080

근속 연수	구 분	(18)입사일	(19)기산일	(20)퇴사일	(21)지급일	(22)근속월수	(23)제외월수	(24)가산월수	(25)중복월수	(26)근속연수
	중간지급 근속연수					-	-	-	-	-
	최종 근속연수	2013-01-01	2013-01-01	2024-10-15	2024-10-15	142	-	-		12
	정산 근속연수		2013-01-01	2024-10-15		142	-	-		12

과세표준 계산	계 산 내 용	금 액
	(27)퇴직소득(17)	41,441,080
	(28)근속연수공제	20,000,000
	(29) 환산급여 [(27-28) × 12배 /정산근속연수]	21,441,080
	(30) 환산급여별공제	16,064,648
	(31) 퇴직소득과세표준(29-30)	5,376,432

퇴직 소득 세액 계산	계 산 내 용	금 액
	(32) 환산산출세액(31 × 세율)	322,585
	(33) 퇴직소득 산출세액(32 × 정산근속연수 / 12배)	322,585
	(34) 세액공제	-
	(35) 기납부(또는 기과세이연) 세액	-
	(36) 신고대상세액(33 - 34 - 35)	322,585

이연 퇴직 소득 세액 계산	(37) 신고대상세액(36)	연금계좌 입금명세				(39) 퇴직급여(17)	(40) 이연 퇴직소득세 (37 × 38 / 39)
		연금계좌취급자	사업자등록번호	계좌번호	입금일	(38)계좌입금금액	
					-		
					-	-	-
	(41) 합 계				-		

납부 명세	구 분	소득세	지방소득세	농어촌특별세	계
	(42) 신고대상세액(36)	322,585	32,258	-	354,843
	(43) 이연퇴직소득세(40)				
	(44) 차감원천징수세액(42-43)	322,580	32,250	-	354,830

위의 원천징수세액(퇴직소득)을 정히 영수(지급)합니다.

년　　월　　일

징수(보고)의무자　　　　　　　　　　　　　　　(서명 또는 인)

세무서장　　귀하

인적용역에 대한 세금 원천징수 《 **409**

$(41,441,080원 - 20,000,000원) \times \dfrac{1}{12} \times 12 = 21,441,080원$

$21,441,080원 - 16,064,648원 = 5,376,432원$

- 환산급여공제 = 8,000,000원 + (21,441,080원 - 8,000,000원) × 60%

$5,376,432원 \times 기본세율 \times \dfrac{1}{12} \times 12 = 322,585원$

6 퇴직소득세의 이연

 ### 이연퇴직소득

거주자의 퇴직소득이 다음의 하나에 해당하는 경우는 퇴직소득을 지급하더라도 해당 퇴직소득에 대한 소득세를 연금외수령하기 전까지는 원천징수하지 않는다.

❯ 퇴직일 현재 연금계좌에 있거나 연금계좌로 지급되는 경우
❯ 퇴직하여 지급받은 날부터 60일 이내에 연금계좌에 입금되는 경우
이 경우 이연퇴직소득에 대한 소득세가 이미 원천징수된 경우 해당 거주자가 원천징수세액에 대한 환급신청이 가능하다.

 ### 이연퇴직소득세 계산

이연퇴직소득세는 다음의 계산식에 따라 계산한 금액으로 하며, 이연퇴직소득세를 환급하는 경우 퇴직소득금액은 이미 원천징수한 세액을 뺀 금액으로 한다.

$$\text{이연퇴직소득세} = \text{퇴직소득 산출세액} \times \frac{\text{연금계좌로 지급 · 이체된 금액}}{\text{퇴직소득금액}}$$

이연퇴직소득을 연금외수령하는 경우 원천징수의무자는 다음의 계산식에 따라 계산한 이연퇴직소득세를 원천징수 한다.

$$\begin{array}{c}\text{원천징수할} \\ \text{이연퇴직소득세}\end{array} = \begin{array}{c}\text{연금외수령 당시} \\ \text{이연퇴직소득세}\end{array} \times \frac{\text{연금외수령한 이연퇴직소득}}{\text{연금외수령 당시 이연퇴직소득}}$$

⑦ 퇴직소득 원천징수 방법

구 분	원천징수 방법
일반적인 경우	국내에서 퇴직소득을 지급하는 원천징수의무자는 퇴직소득세를 원천징수 해 그 징수일이 속하는 달의 다음 달 10일까지 납부해야 한다.
확정급여형 퇴직연금제도 (DB형)	적립금과 운용수익 귀속자가 사용자(회사)이고, 퇴직연금사업자는 회사를 대신하여 퇴직급여를 지급할 뿐이므로 확정급여형퇴직연금제도에서 퇴직금을 지급할 경우 회사가 원천징수한다.
확정기여형 퇴직연금제도 (DC형)	회사의 퇴직금 적립과 동시에 퇴직금 지급의무가 퇴직연금사업자에게 위임되고, 퇴직연금사업자는 근로자의 지시에 따라 적립금을 운용하다가 근로자 퇴직 시 퇴직금을 지급하면서 원천징수한다.

- 입사일 : 2013년 1월 11일 · 퇴사일 : 2024년 10월 15일
- 퇴직금 : 41,441,080원인 경우

■ 소득세법 시행규칙[별지 제24호서식(2)]

					거주구분	거주자1 / 비거주자2
					내외국인	내국인1 / 외국인9
관리번호		**퇴직소득원천징수영수증/지급명세서**			종교관련종사자 여부	여 1 / 부 2
		([ ] 소득자 보관용 [ ] 발행자 보관용 [ ] 발행자 보고용)			거주지국	거주지국코드
					징수의무자구분	사업장

징수 의무자	①사업자등록번호		②법인명(상호)		③대표자(성명)	
	④법인(주민)등록번호		⑤소재지(주소)			
소득자	⑥성 명		⑦주민등록번호			
	⑧주 소				(9) 임원여부	부
	(10) 확정급여형 퇴직연금 제도 가입일				(11) 2011.12.31.퇴직금	

귀속연도	2024-01-01 부터 2024-10-15 까지	(12) 퇴직사유	[ ]정년퇴직 [ ]정리해고 [●]자발적 퇴직 [ ]임원퇴직 [ ]중간정산 [ ]기 타

퇴직 급여 현황	근 무 처 구 분		중간지급 등	최종	정산
	(13) 근무처명				
	(14) 사업자등록번호				
	(15) 퇴직급여		-	41,441,080	41,441,080
	(16) 비과세 퇴직급여				
	(17) 과세대상 퇴직급여(15-16)		-	41,441,080	41,441,080

근속 연수	구 분	(18)입사일	(19)기산일	(20)퇴사일	(21)지급일	(22)근속월수	(23)제외월수	(24)가산월수	(25)중복월수	(26)근속연수
	중간지급 근속연수					-	-	-	-	-
	최종 근속연수	2013-01-01	2013-01-01	2024-10-15	2024-10-15	142	-	-		12
	정산 근속연수		2013-01-01	2024-10-15		142	-		-	12

과세 표준 계산	계 산 내 용	금 액
	(27) 퇴직소득(17)	41,441,080
	(28) 근속연수공제	20,000,000
	(29) 환산급여 [(27-28) × 12배 /정산근속연수]	21,441,080
	(30) 환산급여별공제	16,064,648
	(31) 퇴직소득과세표준(29-30)	5,376,432

퇴직 소득 세액 계산	계 산 내 용	금 액
	(32) 환산산출세액(31 × 세율)	322,585
	(33) 퇴직소득 산출세액(32 × 정산근속연수 / 12배)	322,585
	(34) 세액공제	
	(35) 기납부(또는 기과세이연) 세액	-
	(36) 신고대상세액(33 - 34 - 35)	322,585

이연 퇴직 소득 세액 계산	(37) 신고대상세액(36)	연금계좌 입금명세				(39) 퇴직급여(17)	(40) 이연 퇴직소득세 (37 × 38 / 39)
		연금계좌취급자	사업자등록번호	계좌번호	입금일	(38)계좌입금금액	
	322,585	하나은행	000-00-00000	081-00-0000	2024-03-15	41,441,080	
							41,441,080	322,585
		(41) 합 계				41,441,080	

납부 명세	구 분	소득세	지방소득세	농어촌특별세	계
	(42) 신고대상세액(36)	322,585	- 32,258		354,843
	(43) 이연퇴직소득세(40)	322,585	32,258		354,843
	(44) 차감원천징수세액(42-43)	-	-	-	-

위의 원천징수세액(퇴직소득)을 정히 영수(지급)합니다.

년   월   일

징수(보고)의무자   (서명 또는 인)

세무서장   귀하

헷갈리는 복리후생비 세금 처리

구 분	내 용
직원에게 콘도이용권을 무상으로 제공하는 경우	콘도를 임차하여 근로자에게 여름휴가 시 무상으로 이용하게 한 경우 과세대상으로 근로소득에 포함하며, 근로소득에 대한 수입금액은 지급 당시의 시가로 계산한다.
명절이나 생일선물을 주는 경우	특정 일에 선물 등 금품은 과세대상이며, 시가 상당액을 근로소득에 포함하여 원천징수한다.
직원 개인별 복지포인트를 부여하는 경우	선택적 복지제도란 종업에게 주어진 예산 범위 내에서 복지 점수를 부여한 후 자율적으로 자신에게 적합한 복지혜택을 선택할 수 있는 제도로서 종업원에게 개인별로 포인트를 부여해 이를 사용하게 하는 경우 해당 포인트 사용액은 일반 복리후생비와 동일하게 비과세소득으로 세법상 규정한 것을 제외하고는 근로소득으로 과세된다.
임직원 건강검진 비용 보조액	산업안전보건법에 의하여 사업주는 근로자의 건강보호, 유지를 위하여 고용노동부 장관이 지정하는 기관 또는 국민건강보험법에 따른 건강검진을 실시하는 기관에서 근로자에 대한 건강검진을 의무적으로 실시해야 하며, 이와 관련된 비용은 회사 비용으로 임직원의 근로소득에 해당하지 않으나, 그 외의 경우로서 추가 검진 등으로 회사가 부담한 경우는 근로소득에 해당한다.

구 분	내 용
직원들의 외국어 사설학원 수강료를 지원하는 경우	내부규정에 따라 업무를 위해 외국어 능력이 부족한 사원에게 일정 금액 내에서 실비 증빙을 첨부하여 사설어학원 수강료를 지원하는 경우 이는 근로의 대가로 지급하는 급여의 성격이라기보다는 회사가 업무에 필요한 필요경비 성격이 강하며 정기적, 관례적인 지급이 아닌 실비정산의 개념이므로 근로소득으로 과세하지 않고 통상적인 교육훈련비로 처리할 수 있다. 근로소득으로 보지 않는다. 하지만 업무와 관련 없는 학원수강료 지원액은 근로소득으로 과세한다.
장기근속자에게 제공하는 각종 선물이나 혜택	장기근속자 포상제도로 근로자가 지급받는 해외 여행권이나 황금열쇠 등 순금은 과세대상 근로소득에 해당한다. 다만 정년퇴직하는 근로자에게 퇴직의 사유로 지급하는 경우는 퇴직소득에 해당한다.
직원들 헬스, 수영장 등 체력단련 비용 보조금	회사의 업무능력을 향상하기 위한 사업과 관련이 있는 사회통념상 타당한 범위 내에서 법인이 부담하는 직원들의 체육시설 등록비용은 손금에 산입한다. 단 법인이 직원에게 복리후생 목적으로 비정기적 체력단련비와 같은 개인적 비용을 보조하는 급여 성질의 금액은 소득세법상 과세대상 근로소득에 해당한다.
임직원 휴대폰 사용료 보조금	업무와 관련한 임직원의 휴대폰 사용료는 근로소득으로 보지 않는다. 다만, 영업과 관련 없이 전 직원을 대상으로 보조금을 지급하는 경우는 해당 근로자의 근로소득으로 볼 가능성이 크다. 따라서 문제를 사전에 방지하기 위해서는 회사 명의로 휴대폰을 구입해 영업 전담 직원에게 제공하는 방법이 가장 좋다.
경조사비 지급액	경조사비 지급 규정, 경조사 내용, 법인의 지급 능력, 종업원의 직위, 연봉 등을 종합적으로 고려해 사회통념상 타당한 범위 내의 금액은 근로소득으로 보지 않는다.

구 분	내 용
사택의 전기료, 수도료, 가스료 등 개인적 비용의 보조금	임직원이 거주함으로 인해 발생하는 전기료, 수도료, 가스료 등 극히 개인적 사용 비용을 회사가 대신 납부하는 경우 해당 근로자의 근로소득으로 본다. 물론 사택 자체의 유지보수 비용은 근로소득이 아니고 수선비 등 회사 경비처리한다.
부서별 회식비용	회식비용을 받아서 임직원이 나눠 가진 경우 각 임직원의 근로소득으로 본다. 사회통념상 적정하다고 인정되는 경우는 경비로 인정되나 회식비의 과도한 지출 또는 유흥장소에서의 지출은 접대비로 오해받을 수 있으므로 회식 장소 및 참가자 등을 증빙과 함께 첨부해 보관한다.
피복비 지원금	직장에서만 착용하는 피복의 경우는 전액 복리후생비로 경비처리 가능하며, 근로자도 비과세 근로소득으로 본다. 그러나 임직원들에게 지급한 피복이 회사의 로고나 마크 등이 없고 일상복으로 입기에 불편함이 없는 경우는 과세대상 근로소득으로 원천징수 한다.

박경리 세금은 처음이지 가르쳐줘 세법 개론

지은이 : 손원준

펴낸이 : 김희경

펴낸곳 : 지식만들기

인쇄 : 해외정판 (02)2267~0363

신고번호 : 제251002003000015호

경리쉼터 : cafe.naver.com/aclove

이지경리 : cafe.naver.com/kyunglistudy

제1판 1쇄 인쇄 2024년 06월 10일
제1판 1쇄 발행 2024년 06월 19일

값 : 22,000원

ISBN 979-11-90819-39-8 13320

Korea Good Books

K.G.B
지식만들기

이론과 실무가 만나 새로운 지식을 창조하는 곳

서울 성동구 금호동 3가 839 Tel : 02)2234~0760 (대표) Fax : 02)2234~0805